Die Lehre vom Wegfall der Geschäftsgrundlage im Recht der Personengesellschaften

Europäische Hochschulschriften
Publications Universitaires Européennes
European University Studies

Reihe II
Rechtswissenschaft

Série II Series II
Droit
Law

Bd./Vol. 3050

PETER LANG
Frankfurt am Main · Berlin · Bern · Bruxelles · New York · Oxford · Wien

Klaus-Georg Baier

Die Lehre vom Wegfall der Geschäftsgrundlage im Recht der Personengesellschaften

PETER LANG
Europäischer Verlag der Wissenschaften

Die Deutsche Bibliothek - CIP-Einheitsaufnahme

Baier, Klaus-Georg:

Die Lehre vom Wegfall der Geschäftsgrundlage im Recht der Personengesellschaften / Klaus-Georg Baier. - Frankfurt am Main ; Berlin ; Bern ; Bruxelles ; New York ; Oxford ; Wien : Lang, 2001

(Europäische Hochschulschriften : Reihe 2, Rechtswissenschaft ; Bd. 3050)
Zugl.: Hagen, Fernuniv., Diss., 2000
ISBN 3-631-37266-3

D 708
ISSN 0531-7312
ISBN 3-631-37266-3

Vorwort

Diese Arbeit lag der Fernuniversität Hagen, Bereich Rechtswissenschaften, als Dissertation vor. Sie soll nicht nur ein Beitrag zur theoretischen Einbettung der Lehre von den Geschäftsgrundlagen in das Recht der Personengesellschaften sein, sondern den Praktikern auch Hinweise geben, in welchen Situationen Gesellschaftsverträge gegen den Willen einzelner Gesellschafter angepasst bzw. aufgehoben werden können.

Das Gelingen dieser Arbeit ermöglichte insbesondere Herr Professor Dr. Ulrich Eisenhardt durch seine Anmerkungen und Kritik und durch die mir während meiner Anstellung als Mitarbeiter an dem Lehrstuhl für Bürgerliches Recht und Unternehmensrecht der Fernuniversität Hagen gewährte Zeit, um diese Arbeit zu erstellen. Dafür möchte ich ihm meinen besonderen Dank aussprechen.

Mein Dank gilt ferner Frau Professorin Dr. Dauner-Lieb für die zügige Zweitkorrektur und Herrn Eberhard Knorr für die Durchsicht des Entwurfes.

Schließlich darf ich auch meiner Familie und meinen Freunden danken, die insbesondere in den letzten Monaten der Fertigstellung dieser Arbeit verständnisvoll auf gemeinsame Freizeit verzichteten.

Inhaltsverzeichnis

Einleitung ____ 15

§ 1 Wegfall der Geschäftsgrundlage ____ 19

I) Der Begriff der Geschäftsgrundlage ____ 23
1) Die subjektive Theorie ____ 23
2) Die Auffassung der Rechtsprechung ____ 25
3) Objektive und subjektive Geschäftsgrundlage ____ 28
4) Die "Vereinigungstheorie" ____ 30
5) Die Risikozuweisung als entscheidendes Merkmal ____ 30
6) Ablehnung der Lehre von der Geschäftsgrundlage ____ 32
II) Eigene Meinung zu den Voraussetzungen und Rechtsfolgen des Wegfalls der Geschäftsgrundlage ____ 34
III) Anwendungsfälle der Lehre von der Geschäftsgrundlage ____ 37
1) Äquivalenzstörungen ____ 37
2) Störungen des Verwendungszwecks ____ 39
3) Beiderseitiger Motivirrtum ____ 40

§ 2 Der Wegfall der Geschäftsgrundlage in der Rechtsprechung zum Gesellschaftsrecht ____ 43

I) Die Rechtsprechung des Reichsgerichts ____ 43
1) Anerkennung der Möglichkeit der Vertragsanpassung im allgemeinen Zivilrecht ____ 43
2) Anpassung und Auflösung von Gesellschaftsverträgen ____ 45
II) Die Entwicklung der Rechtsprechung nach dem zweiten Weltkrieg ____ 48
1) Rechtsprechung zur Rechtsfolge Vertragsauflösung bei Wegfall der Geschäftsgrundlage im Recht der Personengesellschaften ____ 48
a) Urteile zur Abgrenzung von §§ 723, 733 BGB, 133, 140 HGB und der Lehre von der Geschäftsgrundlage ____ 48
b) Zusammenfassung ____ 52

2) Abgrenzung zwischen ergänzender Vertragsauslegung und Wegfall der Geschäftsgrundlage ____ 52
a) Abfindung von Gesellschaftern ____ 52
aa) Keine Anpassung nach Nichtigkeit gem. § 138 BGB ____ 54
bb) Nichtigkeit nach § 723 Abs. 3 BGB und Anpassung mittels ergänzender Vertragsauslegung ____ 54
cc) Keine nachträgliche Nichtigkeit gem. § 723 Abs. 3 BGB und Anpassung mittels ergänzender Vertragsauslegung ____ 55
dd) Anpassung mittels der Lehre von der Geschäftsgrundlage ____ 56
ee) Zwischenergebnis ____ 58
b) Andere Urteile aus dem Bereich des Gesellschaftsrechts zu dieser Problematik ____ 58
c) Ergebnis ____ 60
3) Das Verhältnis von Treuepflicht und Wegfall der Geschäftsgrundlage ____ 60
4) Neuverhandlungspflichten im Recht der Personengesellschaften ____ 63
III) Zusammenfassung ____ 65

§ 3 Die Anwendbarkeit der Lehre von der Geschäftsgrundlage im Recht der Personengesellschaften ____ 67

I) Die Anwendbarkeit der Lehre von der Geschäftsgrundlage ____ 68
1) Die Abgrenzung zwischen Austausch- und Gesellschaftsvertrag ____ 68
a) Der Gesellschaftsvertrag als gegenseitiger Vertrag? ____ 70
b) Der gemeinsame Zweck nach § 705 BGB ____ 72
c) Kein Ausschluß der Lehre von der Geschäftsgrundlage ____ 74
aa) Die Anerkennung der Gesellschaft als Verband und eines „überindividuellen Verbandszwecks“ begründet keine Unanwendbarkeit der Lehre von der Geschäftsgrundlage ____ 74
bb) Kein Ausschluß wegen des fehlenden Austauschverhältnisses bei der Erbringung der Leistungen im Rahmen eines Gesellschaftsvertrages ____ 75
2) Der Vorrang der Sonderregelungen ____ 77
II) Die Abgrenzung von Ausschluß- und Auflösungsklage von der Lehre von der Geschäftsgrundlage ____ 79

1) Voraussetzungen der §§ 723, 737 BGB, 133, 140 HGB ____ 79
2) Die Lehre von der Geschäftsgrundlage und die Vertragslösung aus wichtigem Grund als konkurrierende Rechtsinstitute ____ 81
a) Auffassung von Haarmann ____ 81
b) Vorrang der Kündigung aus wichtigem Grund ____ 83
c) Ergebnis ____ 86
III) Zeitpunkt der Anpassung ____ 86
1) Entsprechende Anwendung der Grundsätze der fehlerhaften Gesellschaft ____ 87
a) Voraussetzungen der fehlerhaften Gesellschaft ____ 87
b) Anwendung der Regeln auf die Lehre von der Geschäftsgrundlage ____ 89
2) Rechtssicherheit und Drittschutz ____ 91
3) Vertragsanpassung und Rückwirkung ____ 92
IV) Ergebnis ____ 93

§ 4 Die Abgrenzung von ergänzender Vertragsauslegung und Wegfall der Geschäftsgrundlage ____ 95

I) Überblick ____ 95
II) Darstellung des Streitstandes ____ 97
1) Ergänzende Vertragsauslegung und Lehre von der Geschäftsgrundlage als einheitliches Rechtsinstitut zur Lückenfüllung _ 97
2) Die Abgrenzung aufgrund der Reichweite der Vertragslücke _ 98
3) Die ergänzende Vertragsauslegung als Rechtsfolge des Wegfalls der Geschäftsgrundlage ____ 100
III) Der Vorrang der ergänzenden Vertragsauslegung vor der Lehre vom Wegfall der Geschäftsgrundlage ____ 101
1) Grundlagen der „Rechtsinstitute“ ____ 102
a) Wegfall der Geschäftsgrundlage ____ 102
b) Auslegung des Vertrages ____ 105
c) Identität von Auslegung und Geschäftsgrundlage ? ____ 107
2) Die Rechtsnatur der ergänzenden Vertragsauslegung ____ 108
a) Ergänzende Vertragsauslegung als Vertragsergänzung ____ 108
b) Ergänzende Vertragsauslegung als Auslegung des Vertrages ____ 111
aa) Auffassung von Larenz ____ 111
aaa) Die Auffassung von Larenz ____ 111
bbb) Kritik ____ 112
bb) Auffassung der Rechtsprechung ____ 115

c) Eigene Meinung ____ 116
d) Schlußfolgerung für die Abgrenzung von ergänzender Vertragsauslegung und Wegfall der Geschäftsgrundlage _ 120
3) Die Lücke im Vertrag ____ 121
a) Der Vertragszweck als Anhaltspunkt für die Vertragslücke 122
aa) Der Begriff des Vertragszwecks ____ 122
bb) Die Eignung des Vertragszwecks zur Bestimmung der Vertragslücke ____ 124
b) Die Vervollständigungsbedürftigkeit als Anhaltspunkt für die Vertragslücke ____ 126
c) Der Begriff der Gesetzeslücke als Anhaltspunkt für das Bestehen einer Vertragslücke ____ 127
aa) Gesetzes- und Vertragslücke ____ 127
bb) Kritik ____ 129
d) Der Vertrag als umfassendes Funktionsschema ____ 131
aa) Das Funktionsschema ____ 131
bb) Kritik ____ 132
e) Der Sinnzusammenhang der vertraglichen Regelung ____ 133
f) Die Lücke als Scheinproblem ____ 134
g) Die Lücke als Feststellung der abschließenden Regelung des Vertrages ____ 135
IV) Ergebnis ____ 137

§ 5 Treuepflichten und die Lehre von der Geschäftsgrundlage ____ 139

I) Ablehnung der Vertragsänderungspflicht aufgrund der Treuepflicht ____ 141
II) Überblick über den Meinungsstand zur Abgrenzung der Zustimmungspflicht aufgrund der Treuepflicht und der Lehre von der Geschäftsgrundlage ____ 144
1) Identität der Lehre von der Geschäftsgrundlage und Treuepflicht im Gesellschaftsrecht ____ 145
a) „Materielle Identität“ der Rechtsinstitute ____ 145
b) Identität der Anwendungsbereiche ____ 145
2) Abgrenzung nach Fallgruppen ____ 146
3) Unterscheidung nach den tatbestandlichen Voraussetzungen _ 147
III) Treuepflicht und Lehre von der Geschäftsgrundlage ____ 149
1) Grundlagen und Voraussetzungen der Abänderung aufgrund der Treuepflicht ____ 149
a) Rechtliche Grundlagen der Treuepflicht ____ 149

b) Voraussetzungen der Vertragsänderung aufgrund der Treupflicht 150
aa) Überblick über den Meinungsstand zur Begründung der Erforderlichkeit der Vertragsänderung 150
bb) Der Gesellschaftszweck als entscheidendes Merkmal 152
aaa) Pacta sunt servanda und Treuepflicht 152
bbb) Der Vertragszweck als Begründung der Durchbrechung des Grundsatzes Pacta sunt servanda 154
ccc) Keine Berücksichtigung anderer Umstände 156
ddd) Kein Einfluß des Art. 9 Abs. 1 GG 157
eee) Ergebnis 159
2) Die Abgrenzung der Zustimmungspflicht zur Vertragsänderung aufgrund der Treuepflicht und der Lehre von der Geschäftsgrundlage 160
a) Unterschiede der beiden Rechtsinstitute 160
aa) Lehre von der Geschäftsgrundlage und Treuepflicht als identische Rechtsinstitute? 161
aaa) Die unterschiedlichen Grundlagen der Lehre von der Geschäftsgrundlage und der Treuepflicht 162
bbb) Die Unzumutbarkeit als Voraussetzung der Vertragsänderung 163
ccc) Voraussetzungen der Unzumutbarkeit 166
ddd) Die Unvorhersehbarkeit 168
eee) Ergebnis 171
bb) Identität der Anwendungsbereiche? 171
cc) Die Lehre von der Geschäftsgrundlage als Grund für die Zustimmungspflicht nach der Treuepflicht 174
b) Die Abgrenzung nach Fallgruppen 175
c) Unterscheidung nach tatbestandlichen Voraussetzungen 178
aa) Die Auffassung von Zöllner 178
bb) Die Auffassung von Pabst 179
cc) Eigene Meinung 180
3) Das Verfahren der Vertragsanpassung 183
IV) Ergebnis 189

§ 6 Neuverhandlungspflichten 193

I) Der Begriff der Neuverhandlungspflicht 194
II) Rechtsgrundlage der Neuverhandlungspflicht 195
1) Ablehnung von Neuverhandlungspflichten 195

2) Neuverhandlungspflichten und der Grundsatz der Verhältnismäßigkeit ____ 196
III) Voraussetzungen ____ 198
IV) Inhalt der Neuverhandlungspflicht ____ 200
V) Sanktion ____ 202
1) Dogmatische Begründung der Sanktionen ____ 202
2) Art der Sanktionen ____ 203
a) Die Modifikation der Rechtsfolge der Lehre von der Geschäftsgrundlage ____ 204
b) Anderweitige Sanktionen ____ 206
VI) Ergebnis und Auswirkungen auf das Personengesellschaftsrecht ____ 208

§ 7 Ergebnis ____ 211

I) Die Voraussetzungen der Anwendung der Lehre von der Geschäftsgrundlage ____ 211
II) Die Rechtsfolge der Anwendung der Lehre von der Geschäftsgrundlage ____ 212
1) Die Unzumutbarkeit des Festhaltens am unveränderten Vertrag 212
2) Art und Weise der Vertragsanpassung ____ 212
3) Neuverhandlungspflichten als Rechtsfolge der Anwendung der Lehre von der Geschäftsgrundlage ____ 213
a) Begründung für das Vorliegen von Neuverhandlungspflichten ____ 213
b) Sanktionen bei Verstoß gegen Neuverhandlungspflichten _ 213
III) Die Anwendbarkeit der Lehre von der Geschäftsgrundlage im Recht der Personengesellschaften ____ 214
1) Anwendbarkeit ____ 214
a) Anwendbarkeit trotz Unterschiede zwischen Gesellschafts- und Austauschverträgen ____ 214
b) Anwendbarkeit trotz der gesetzlichen Regelungen der §§ 723, 737 BGB, 133, 140 HGB ____ 215
2) Vorrang der §§ 723, 737 BGB, 133, 140 HGB ____ 216
3) Einschränkung der Rechtsfolge Anpassung der Lehre von der Geschäftsgrundlage im Recht der Personengesellschaften ___ 216
IV) Der Vorrang der ergänzenden Vertragsauslegung ____ 217
1) Die ergänzende Vertragsauslegung ____ 217
2) Vorrang der ergänzenden Vertragsauslegung vor der Anwendung der Lehre von der Geschäftsgrundlage ____ 218

3) Abgrenzung von ergänzender Vertragsauslegung und Lehre von der Geschäftsgrundlage 218
V) Treuepflichten und die Lehre von der Geschäftsgrundlage 220
1) Voraussetzung der Zustimmungspflicht zur Vertragsänderung aufgrund der Treuepflicht 220
2) Abgrenzung der Zustimmungspflicht zur Vertragsänderung aufgrund der Treuepflicht und der Lehre von der Geschäftsgrundlage 221
3) Alternative Anwendung beider Rechtsinstitute in dem sich überschneidenden Anwendungsbereich 222
VI) Prüfungsschema 222

Literaturverzeichnis 225

Einleitung

Ziel der Untersuchung ist zu prüfen, welchen Anwendungsbereich die Lehre von der Geschäftsgrundlage im Recht der Personengesellschaften aufgrund der Besonderheiten der Gesellschaftsverträge hat.

Gesellschaftsverträge haben einen Inhalt, der im Zeitpunkt der Vereinbarung den Vorstellungen der Gesellschafter entspricht. Diese vertraglichen Regelungen ändern sich - außer bei einer einvernehmlichen Änderung durch die Gesellschafter - nicht, unabhängig davon, ob und wie sich die dem Vertrag zugrundeliegenden Umstände ändern. Damit tritt oftmals der Fall ein, daß Gesellschaften Verträge zur Grundlage haben, welche für den jetzigen Zeitraum keine optimale Lösung bieten, teilweise sogar - aufgrund des Auseinanderfallens zwischen Gesellschaftsvertrag und Wirklichkeit - das Überleben der Gesellschaft gefährden. Zöllner[1] spricht in diesem Zusammenhang davon, daß Gesellschaftsverträge der paradoxe Versuch sind, "einem Unternehmensträger und seinem Unternehmen eine dauerhafte Verfassung zu geben". Lehre und Rechtsprechung haben diesen Zwiespalt erkannt und versucht, durch das Heranziehen bestimmter Rechtsinstitute eine Anpassung der Gesellschaftsverträge an die veränderte Wirklichkeit zu ermöglichen. Zur "Anpassung"[2] von Gesellschaftsverträgen werden in Erwägung gezogen die ergänzende Vertragsauslegung, das Rechtsinstitut der Lehre von der Geschäftsgrundlage und die Zustimmungspflicht zur Vertragsänderung aufgrund der Treuepflicht.

Von diesen Rechtsinstituten ist insbesondere die Lehre von der Geschäftsgrundlage schon ausführlich in der wissenschaftlichen Literatur diskutiert worden.[3] Dabei ist bemerkenswert, daß die meisten dieser Abhandlungen sich mit der

---

1 Zöllner, Anpassung, S. 11.

2 Das Wort Anpassung wurde in Parenthese gesetzt, da bei der ergänzenden Vertragsauslegung umstritten ist, ob es sich noch um Auslegung oder eine Vertragsanpassung handelt. Aus dem gleichen Grund wurde das Wort Rechtsinstitut in Parenthese gesetzt, soweit es im Zusammenhang mit der ergänzenden Vertragsauslegung verwandt wurde.

3 Vgl. nur Fikentscher, Geschäftsgrundlage; Brox, Irrtumsanfechtung; Chiotellis; Haarmann; Häsemeyer, FS Weitnauer, 67ff.; Hey, Huber, JuS 1972, 57ff.; Köhler, Geschäftsgrundlage; ders., JA 1979, 498ff.; Larenz, Geschäftsgrundlage; ders., 25 Jahre Karlsruher Forum, 156ff.; Lehmann, JZ 1952, 10ff.; Medicus, FS Flume I, 629ff.; Nicklisch, BB 1980, 949ff.; Oertmann, Geschäftsgrundlage; Stötter, AcP 166 (1966), 149ff.; Wieacker, FS Wilburg, 229ff.; Wieling, Jura 1985, 505ff.

Anwendbarkeit der Lehre von der Geschäftsgrundlage im allgemeinen Schuldrecht beschäftigen. Auf die Besonderheiten von Gesellschaftsverträgen im Vergleich zu den allgemeinen Austauschverträgen wird bei der Diskussion um die Lehre von der Geschäftsgrundlage kaum eingegangen. Ein Diskussionsbedarf im Rahmen der Anwendung der Lehre von der Geschäftsgrundlage ergibt sich insbesondere daraus, daß die Gesellschaft nicht nur Rechtsgeschäft, sondern auch einen Verband darstellt und die Leistungen der Gesellschafter nicht ausgetauscht, sondern zum Erreichen eines gemeinsamen Zwecks vereinigt werden. Auffallend bei der Diskussion um die Lehre von der Geschäftsgrundlage ist ferner, daß es unter den Veröffentlichungen nur sehr wenige gibt,[4] welche sich mit der Abgrenzung der Lehre von der Geschäftsgrundlage von solchen "Rechtsinstituten" befassen, welche ebenfalls die "Anpassung" oder Aufhebung des Vertrages als Ziel haben. Die Problematik der Abgrenzung der Lehre von der Geschäftsgrundlage von den anderen "Rechtsinstituten" wird auch insbesondere im Recht der Personengesellschaften aktuell, denn neben der ergänzenden Vertragsauslegung, welche bei allen Willenserklärungen angewandt werden kann, kommen bei den Personengesellschaften noch die speziellen gesellschaftsrechtlichen Regelungen zur Vertragsauflösung aus wichtigem Grund gemäß §§ 723, 737 BGB, 133, 140 HGB und die Zustimmungspflicht zur Vertragsanpassung aufgrund der Treuepflicht in Betracht.

Eine Abgrenzung der Lehre von der Geschäftsgrundlage von den anderen "Rechtsinstituten", deren Rechtsfolge die Anpassung bzw. Auflösung des Vertrages ist, ist das Ziel dieser Arbeit. Um solch eine Abgrenzung zu ermöglichen, bedarf es einer Festlegung der Grundlagen, Voraussetzungen und Rechtsfolgen der einzelnen "Rechtsinstitute", so daß in dieser Arbeit nicht nur auf die Grundlagen, Voraussetzungen und Rechtsfolgen der Lehre von der Geschäftsgrundlage einzugehen ist, sondern auch auf die der anderen "Rechtsinstitute".

Einige Autoren[5] haben als Rechtsfolge der Lehre von der Geschäftsgrundlage auch Neuverhandlungspflichten anerkannt. Aufgrund der Komplexität von Gesellschaftsverträgen könnte eine Pflicht der Gesellschafter, bei Änderung der dem Gesellschaftsvertrag zugrundeliegenden Umstände neu zu verhandeln, ein interessanter Ansatz zur Lösung von Problemen zwischen den Gesellschaftern sein. Dazu bedarf es aber klarer Regeln, inwieweit Neuverhandlungspflichten durchsetzbar sind, und welche Rechtsfolgen sich aus einem Verstoß gegen die Pflicht, neu zu verhandeln, ergeben.

---

4 So z.B. Larenz, 25 Jahre Karlsruher Forum, 156ff.; Medicus, FS Flume I, 629ff.; Nicklisch, BB 1980, 949ff.

5 Vgl. nur Horn, AcP 181 (1981), 255, 276; Karsten Schmidt in Staudinger, v. § 244, Rn. D 181; Heinrichs in Palandt, § 242, Rn. 130.

Eine Beschränkung auf die Personengesellschaften erfolgt, da das Gesetz bei den Personengesellschaften, im Gegensatz zu den Kapitalgesellschaften, bei welchen eine Satzungsänderung mehrheitlich beschlossen wird,[6] bei der Änderung des Gesellschaftsvertrages vom Einstimmigkeitsprinzip ausgeht. Somit treten bei den Personengesellschaften Konflikte zwischen den Gesellschaftern bei der Anpassung der Gesellschaftsverträge viel eher auf als bei den Kapitalgesellschaften.

Innerhalb dieser Abhandlung werden nur die Personengesellschaften GbR und oHG behandelt. Die hier getroffenen Abgrenzungen gelten aber auch für die anderen Personengesellschaften, denn diese verweisen im Zusammenhang mit der Auflösung der Gesellschaften in ihren gesetzlichen Regelungen auf die Vorschriften der GbR und oHG. So verweisen die gesetzlichen Regelungen für die KG auf die Regelungen der oHG (§ 161 Abs. 2 HGB), während § 234 Abs. 1 S. 2 HGB für die stille Gesellschaft § 723 BGB für anwendbar erklärt. Auch nach § 9 Abs. 1 PartGG sind §§ 131 - 144 HGB anwendbar.

---

6 §§ 33 BGB, 179 Abs. 2 AktG, 53 Abs. GmbHG, 16 Abs. 2 GenG.

§ 1 Wegfall der Geschäftsgrundlage

Bei Abschluß eines Vertrages haben die Vertragsparteien Vorstellungen über die zugrunde liegenden Tatsachen und die künftigen Entwicklungen. Fehlen die Voraussetzungen, von denen die Parteien bei Vertragsschluß ausgegangen sind, entfallen oder verändern sie sich später, so kann der Widerspruch zwischen der Wirklichkeit und den Vorstellungen der Vertragsparteien bei Abschluß des Vertrages zu erheblichen Ungerechtigkeiten in der Verteilung der vertraglichen Lasten zwischen den Parteien führen. So führte die oftmals von den Vertragsparteien nicht vorhergesehene hohe Inflation nach Ende des Ersten Weltkrieges zu einer wirtschaftlichen Veränderung des Leistungsinhaltes geschlossener Verträge durch die völlige Entwertung des Geldes, wodurch Leistung und Gegenleistung in ein grobes Mißverhältnis zueinander gerieten.[7] Dennoch sind die Parteien, falls nicht eine ausdrückliche anderweitige vertragliche Regelung vorliegt, zur Erfüllung des Vertrages verpflichtet. Dies kann jedoch soweit gehen, daß eine unveränderte Durchführung des Vertrages für eine der Vertragsparteien unzumutbar ist. Diese Unzumutbarkeit soll durch die Anwendung des Rechtsinstituts der Lehre von der Geschäftsgrundlage beseitigt werden, entweder durch die Anpassung des Vertrages an die veränderten Umstände, oder aber, falls dies nicht möglich ist, durch dessen Auflösung. Gesetzliche Regelungen, welche den Einfluß veränderter Umstände auf die vertragliche Regelung bestimmen, hat der Gesetzgeber für den Bereich des Zivilrechts nicht erlassen. Im öffentlichen Recht dagegen ist in § 60 Abs. 1 Satz 1 VwVfG[8] der Einfluß veränderter Umstände auf den öffentlich-rechtlichen Vertrag geregelt:

> *Haben die Verhältnisse, die für die Festsetzung des Vertragsinhalts maßgebend gewesen sind, sich seit Abschluß des Vertrages so wesentlich geändert, daß einer Vertragspartei das Festhalten an der ursprünglichen vertraglichen Regelung nicht zuzumuten ist, so kann diese Vertragspartei eine Anpassung des Vertragsinhalts an die geänderten Verhältnisse verlangen oder, sofern eine Anpassung nicht möglich oder einer Vertragspartei nicht zuzumuten ist, den Vertrag kündigen.*

---

7 Eisenhardt, Rechtsgeschichte, Rn. 606f..

8 Wobei die Vorschrift als Ausprägung des Grundsatzes von Treu und Glauben einen allgemeinen Rechtsgrundsatz widerspiegelt und so über den Anwendungsbereich der §§ 1, 2 VwVfG hinaus angewandt werden kann; vgl. Bonk in Stelkens/Bonk/Sachs, VwVfG, § 60 Rn. 1; BVerwG, NVwZ 1991, 1096, 1097.

Die Lehre von der Geschäftsgrundlage ist von Lehre und Rechtsprechung entwickelt worden. Dabei ist die Definition der Geschäftsgrundlage in Rechtsprechung und Lehre äußerst umstritten. So hat Chiotellis 56 Theorien über die Geschäftsgrundlage gezählt.[9] Inzwischen gibt es Bemühungen von Seiten des Gesetzgebers, diese Problematik auch im Zivilrecht zu kodifizieren. So wurde in den Abschlußbericht der Kommission zur Überarbeitung des Schuldrechts folgender Paragraph aufgenommen[10]:

§ 306 BGB - KE (Störung der Geschäftsgrundlage) (1) Haben sich Umstände, die zur Grundlage des Vertrags geworden sind, nach Vertragsschluß schwerwiegend verändert und hätten die Parteien den Vertrag nicht oder mit anderem Inhalt geschlossen, wenn sie diese Veränderungen vorausgesehen hätten, so kann Anpassung des Vertrags verlangt werden, soweit einem Teil unter Berücksichtigung aller Umstände des Einzelfalles, insbesondere der vertraglichen oder gesetzlichen Risikoverteilung, das Festhalten am unveränderten Vertrag nicht zugemutet werden kann.

(2) Einer Veränderung der Umstände steht es gleich, wenn Vorstellungen, die zur Grundlage des Vertrags geworden sind, sich als falsch herausstellen.

(3) Ist eine Anpassung des Vertrags nicht möglich oder einem Teil nicht zumutbar, so kann der benachteiligte Teil vom Vertrag zurücktreten. An die Stelle des Rücktrittsrechts tritt für Dauerschuldverhältnisse das Recht zur Kündigung aus wichtigem Grund nach § 307 BGB-KE."

Auch schon vor Entwicklung der Lehre von der Geschäftsgrundlage waren Rechtsinstitute bekannt, welche die Auswirkungen veränderter Umstände auf das vertragliche Regelungswerk und eine daraus folgende Unangemessenheit korrigieren sollten.

So wurde die clausula rebus sic stantibus entwickelt,[11] welche besagt, daß "der Fortbestand eines jeden Vertragsverhältnisses seinem Sinne nach von der Fortdauer derjenigen Verhältnisse abhängig ist, die bei seinem Abschluß bestanden und sinngemäß vorausgesetzt wurden, und deren Änderung für die Vertragsparteien nicht vorhersehbar war".[12] Die clausula rebus sic stantibus stellte also die Verträge unter den Vorbehalt, daß die bei Vertragsabschluß bestehenden maßgeblichen Verhältnisse sich nicht veränderten.[13] Dieses Rechtsinstitut wurde auch gesetzlich geregelt, so in dem ALR von 1794, I 5, §§ 377 - 384. Dabei wurde festgelegt, daß die Veränderung der Umstände keine Auswirkung auf den

---

9 Chiotellis, S. 29.

10 Abgedruckt bei Jürgen Schmidt in Staudinger, § 242, Rn. 982.

11 Welche in ihren ersten Anfängen auf die Glossatoren zurückgeht, so Larenz, Geschäftsgrundlage, S. 11; Fikentscher, Geschäftsgrundlage, S. 3.

12 So die Definition bei Larenz, Geschäftsgrundlage, S. 11; ähnlich auch Köhler, Geschäftsgrundlage, S. 30f.

13 Roth in MünchKomm, § 242, Rn. 501.

Vertrag hat, § 377. Ein "Abgehen" von dem Vertrag wurde nach § 378 nur dann zugelassen, falls "durch eine solche unvorhergesehene Veränderung die Erreichung des ausdrücklich erklärten, oder aus der Natur des Geschäfts sich ergebenden Endzwecks beyder Theile unmöglich gemacht" wurde. Auch bei lediglich einseitiger Betroffenheit wurde nach § 380 ein "Zurücktreten" vom Vertrag ermöglicht. Eine Anpassung des Vertrages an die veränderten Umstände sah das ALR dagegen nicht vor. Das BGB hat die clausula rebus sic stantibus nicht übernommen,[14] einige spezielle Fälle können aber auf sie zurückgeführt werden, so z.B. §§ 321, 519, 553, 605, 610 BGB.

Im 19. Jahrhundert entwickelte Windscheid die Lehre von der "Voraussetzung". Darunter verstand er eine in der Willenserklärung zum Ausdruck gelangte Willensbeschränkung, wobei er diese als "unterentwickelte Bedingung" bezeichnete. Unterentwickelt sei die Bedingung, so Windscheid, weil der Erklärende von dem Vorhandensein, Eintritt oder der Fortdauer des Umstandes ausginge und diesen deshalb nicht zur rechtsgeschäftlichen Bedingung des Vertrages gemacht habe, die Willenserklärung dem Empfänger gegenüber demzufolge unbedingt abgibt. In Abgrenzung zum unbeachtlichen Motiv genügt nach Windscheid die einseitige Erhebung des Umstandes zur Voraussetzung, wobei diese "aus den die Willenserklärung begleitenden Umständen erkannt wird".[15] Allerdings reicht für die Erkennbarkeit nach Windscheid eine nachträgliche Erklärung der Zweckbestimmung aus.[16] Liegt allerdings der Umstand nicht vor, oder würde er später wegfallen, dann sei der Erklärende nicht mehr an seine Willenserklärung gebunden, denn dies sei zwar der "wirkliche" Wille des Betroffenen, nicht aber der "eigentliche" Wille, den er habe erklären wollen. Rechtsfolge sei nach Windscheid dann entweder die Nichtigkeit des Vertrages, oder aber der Erklärende könne seinem die Erfüllung verlangenden Gegner eine exceptio doli entgegenhalten.[17] Auch diese Lehre wurde nicht in das BGB aufgenommen, weil die Grenze zum rechtlich unbeachtlichen Motiv nicht zu ziehen sei, und so "diese Lehre die Sicherheit des Verkehrs gefährde und deshalb als Grundlage für das Gesetzbuch sich nicht eigne".[18]

Die großen wirtschaftlichen Veränderungen in und nach dem Ersten Weltkrieg ließen es aber nicht zu, an den eingegangenen Verpflichtungen unverändert festzuhalten. Das Reichsgericht sah sich zur Abhilfe verpflichtet, wobei es dabei auf unterschiedliche Konstruktionen zurückgriff.

---

14 Mugdan, 636; RGZ 86, 397, 398; 99, 258, 259.

15 Windscheid, AcP 78, 161, 196.

16 Windscheid, AcP 78, 161, 198.

17 Windscheid, S. 1f.

18 Mugdan, 1174; vgl. auch die Darstellung der Kritik an der Lehre Windscheid's bei Wieling, Jura 1985, 505, 506f.

So führte das Reichsgericht[19] aus, "daß eine Leistungspflicht nicht mehr bestehen kann, wenn die Erfüllung des Vertrags unter solchen Umständen stattfinden müßte, daß sie dem, was die Beteiligten vernünftigerweise beabsichtigt haben, nicht mehr entsprechen würde, und der Erfüllungszwang mit der durch §§ 157, 242 BGB gebotenen Rücksicht auf Treu und Glauben und die Verkehrssitte unvereinbar wäre", wobei das Reichsgericht als Rechtsfolge die "Lossagung vom Vertrag" gewährte. In einer anderen Entscheidung sprach das Reichsgericht von einem "der Unmöglichkeit gleichzuachtenden Umstand"[20], da die Leistung eine "wirtschaftlich völlig andere geworden" sei, so daß das "ganze Vertragsverhältnis gemäß §§ 275, 325 Abs. 1 BGB als aufgelöst zu erachten" sei[21]. Das Reichsgericht stellte in dieser Entscheidung auf den Gesichtspunkt der wirtschaftlichen Unmöglichkeit ab und betrachtete diese als einen Unterfall der Unmöglichkeit gemäß §§ 275, 280, 323ff. BGB. Auf die Clausula rebus sic stantibus verwies das Reichsgericht in einem anderen Urteil, wobei es die Anknüpfung an das positive Gesetzesrecht in den §§ 157, 242 BGB und § 325 BGB sah. Das Reichsgericht ging dabei davon aus, daß unter der Unmöglichkeit in § 325 BGB nicht nur die tatsächliche, sondern auch die wirtschaftliche zu verstehen sei, so daß "damit im Gesetz die clausula rebus sic stantibus insoweit unverhüllt zutage" treten würde.[22] Dabei gewährte das Reichsgericht als Rechtsfolge in diesem Urteil erstmals nicht nur die Auflösung des Vertrages, sondern auch die Fortsetzung des Vertrages bei einer Änderung desselben.[23] Als Voraussetzung nannte das Reichsgericht bei allen Urteilen, daß die Parteien mit der Änderung der tatsächlichen Situation, insbesondere der Steigerung der Preise, nicht rechnen mußten und tatsächlich auch nicht gerechnet haben und sich so über die Entwicklung der tatsächlichen Situation irrten.[24]

Dagegen wandte das Reichsgericht im sogenannten "Rubelfall", in welchem sich die Parteien über den Kurs des Rubels geirrt hatten, § 119 Abs. 1 BGB an und ließ diesen Irrtum als Inhaltsirrtum gelten.[25] Auch in den „Börsenkursfällen" gewährte das Reichsgericht eine Anfechtung nach § 119 Abs. 1 BGB, wobei es die Auffassung vertrat, daß „Grundlagen der Erklärung, auf denen sich diese aufbaut und die an sich nur einen Irrtum im Motive abgeben, zum Inhalte der Erklä-

---

19 RGZ 99, 258, 259; auch auf §§ 157, 242 BGB verweist das Urteil RGZ 94, 68, 69.

20 RGZ 94, 45, 47.

21 RGZ 94, 45, 50f.; in RGZ 93, 341, 343 spricht das Reichsgericht davon, daß die "Leistung eine nicht mehr sinngemäße Erfüllung des Abkommens" sei.

22 RGZ 100, 129, 131.

23 RGZ 100, 129, 131f.

24 RGZ 94, 46, 47; 98, 18, 20; 99, 258, 259; 100, 129, 131.

25 RGZ 105, 406, 407f.; vgl. zu der Problematik des sogenannten gemeinschaftlichen Motivirrtums und der Entscheidung des Reichsgerichts im "Rubelfall" § 1 III 3.

rung werden, wenn sie in einer dem Gegner erkennbaren Weise die Erklärung beeinflußt haben und wenn sie Gegenstand der rechtsgeschäftlichen Erklärung der Parteien geworden sind".[26] Diese Voraussetzung sah das Reichsgericht in der Annahme bestimmter Börsenkurse beim Kauf von Wertpapieren als gegeben an.[27]

Voraussetzung für die Anpassung bzw. Aufhebung von Verträgen war also für das Reichsgericht auch schon vor Übernahme der Lehre von der Geschäftsgrundlage ein Irrtum der Vertragschließenden über die dem Vertrag zugrundeliegenden Umstände (sog. Motivirrtum[28]). Ein Motivirrtum allein ermöglichte aber noch nicht eine Anpassung bzw. Aufhebung des Vertrages, sondern das Reichsgericht verlangte daneben eine drohende Existenzgefährdung,[29] wobei es diese Voraussetzung später etwas abschwächte und bei einem Austauschvertrag nunmehr verlangte, daß der Schuldner ein Äquivalent für seine Leistung auch annähernd nicht mehr erhalten würde.[30]

I) Der Begriff der Geschäftsgrundlage

Eine Darstellung aller Theorien, welche zur Geschäftsgrundlage vertreten werden, würde den Rahmen dieser Arbeit sprengen. Die meisten dieser Theorien lassen sich auf unterschiedliche Merkmale zurückführen, so auf subjektive oder objektive; auch eine Verbindung von subjektiven und objektiven Merkmalen wird vertreten. Ferner sind auch noch die Auffassungen zu erwähnen, die die Risikozuweisung als entscheidendes Merkmal auffassen.

1) Die subjektive Theorie

Oertmann[31] erarbeitete unter dem Eindruck des Ersten Weltkrieges und der sich daran anschließenden wirtschaftlichen Erschütterungen (insbesondere durch die Geldentwertung[32]) die Lehre von der Geschäftsgrundlage, wonach nach seiner

---

26 RGZ 94, 65, 67.
27 RGZ 94, 65, 68; 97, 138, 140.
28 Vgl. dazu auch Larenz, Geschäftsgrundlage, S. 20ff.
29 RGZ 98, 18, 19; 99, 258, 260.
30 RGZ 103, 177, 179f.
31 Oertmann, Geschäftsgrundlage, S. 37.
32 Mit welcher niemand gerechnet hatte - so daß sich beide Vertragsparteien demzufolge in gleicher Weise über denselben dem Vertrag zugrundeliegenden Umstand irrten

subjektiven Formel die Geschäftsgrundlage "durch die bei Vertragsabschluß zutage getretene, vom Geschäftsgegner in ihrer Bedeutung erkannte und nicht beanstandete Vorstellung eines Beteiligten oder die gemeinsame Vorstellung beider Teile vom Vorhandensein oder dem künftigen Eintritt oder Nichteintritt gewisser Umstände, auf denen sich der Geschäftswille aufbaut" gebildet wird. Dabei war die Geschäftsgrundlage - im Unterschied zur Windscheid's Lehre von der Voraussetzung - nicht auf die einzelne Willenserklärung bezogen, sondern auf das "Geschäft als Ganzes"[33] und der Umstand, welcher die Geschäftsgrundlage bildete, mußte von der anderen Partei erkannt worden sein und sie mußte dieser zustimmen, wobei dies auch "stillschweigend" geschehen konnte. Sollte dieser Umstand wegfallen, ohne daß eine der Parteien das Risiko des Fortfallens übernommen hatte, dann sollte die dadurch belastete Partei das Recht haben, vom Vertrag zurückzutreten, bzw. bei Dauerschuldverhältnissen diese zu kündigen.[34]

Die subjektive Definition der Geschäftsgrundlage ist nicht ohne Kritik geblieben. So wird zu Recht darauf hingewiesen, daß diese Definition zu eng sei. Haben die Parteien nämlich bei Abschluß des Vertrages gewisse Umstände für völlig unproblematisch gehalten und sich demzufolge zu diesem Zeitpunkt keine Vorstellungen über deren Vorhandensein gemacht, geschweige denn sich diese gegenseitig zu erkennen gegeben, kann nach der subjektiven Theorie von Oertmann besagter Umstand mangels Vorstellung der Vertragsparteien nicht unter den Begriff Geschäftsgrundlage fallen.[35] Andererseits ist der von Oertmann gewählte Begriff zu weit, da eine klare Abgrenzung zu den für den Vertrag unerheblichen Motiven fehlt. So ist es nicht einzusehen, warum eine einseitige Vorstellung einer der Vertragsparteien, die ohne Widerspruch der anderen Vertragspartei geäußert wurde, sich aber nicht realisiert, Auswirkungen auf den Vertrag haben soll.[36] Ferner besteht ein gewisser Widerspruch darin, daß nach ganz h.L. eine Willenserklärung nach § 130 Abs. 1 S. 1 BGB wirksam wird, wenn diese so in den Machtbereich des Empfängers gelangt, daß dieser sich vom Inhalt Kenntnis verschaffen kann[37] - so daß eine tatsächliche Kenntnisnahme der Willenser-

---

und damit einem Motivirrtum unterlagen - und welche ein großes Ungleichgewicht von Leistung und Gegenleistung zur Folge hatte.

33 Oertmann, Geschäftsgrundlage, S. 29.

34 Oertmann, Geschäftsgrundlage, S. 124f.

35 Haarmann, S. 24; Beuthien, S. 55; Fikentscher, Geschäftsgrundlage, S. 7; Larenz, Geschäftsgrundlage, S. 9; Häsemeyer, S. 67, 74; Teichmann in Soergel, § 242, Rn. 208; Emmerich, Leistungsstörungen, S. 314.

36 Hey, S. 15; Emmerich, Leistungsstörungen, S. 314, welcher das bekannte Beispiel anbringt, daß ein Vater für die Hochzeit seiner Tochter Möbel als Aussteuer kauft, dies auch dem Verkäufer mitteilt, welcher nicht widerspricht, die Hochzeit dann aber nicht zustandekommt.

37 RGZ 99, 20, 23; BGHZ 67, 271, 275; Hübner, AT, Rn. 731.

klärung nicht notwendig ist -, während bei der Geschäftsgrundlage nach Oertmann eine tatsächliche Kenntnis notwendig ist.[38]

Teilweise wird auch die Möglichkeit gemeinsamer Vorstellungen als Grundlage des Vertrages abgelehnt.[39] Denn entweder handele es sich bei der Vereinbarung um einen Bestandteil des Vertrages, oder der Irrtum über die dem Vertrag zugrundeliegenden Umstände sei bloßes Motiv geblieben. Dazwischen könne es keinen privatautonomen Geltungsgrund minderer Qualität geben.

2) Die Auffassung der Rechtsprechung

Die Rechtsprechung hat die von Oertmann entwickelte Lehre von der Geschäftsgrundlage in RGZ 103, 328, 332 übernommen und seither mit geringen Abweichungen beibehalten. Danach sind Geschäftsgrundlage "die nicht zum eigentlichen Vertragsinhalt erhobenen, aber bei dem Vertragsschluß zutage getretenen gemeinschaftlichen Vorstellungen beider Vertragsparteien oder die dem Geschäftsgegner erkennbaren und von ihm nicht beanstandeten Vorstellungen der einen Vertragspartei von dem Vorhandensein oder dem künftigen Eintritt oder dem Fortbestand gewisser Umstände, auf denen sich der Geschäftswille der Parteien aufbaut"[40]. Einer anderen Entscheidung zufolge bleiben einseitige Erwartungen einer Partei, auch wenn sie der anderen Partei mitgeteilt worden sind, "grundsätzlich außer Betracht, es sei denn, der andere Teil hätte diese Erwartung akzeptiert und auch in seinen Geschäftswillen aufgenommen".[41] Jedoch genügt nach Auffassung der Rechtsprechung nicht jede Änderung der Umstände zur Abänderung eines Vertrages, sondern es muß sich aufgrund des Wegfalls der Geschäftsgrundlage eine Störung des Vertrages ergeben haben, welche so wesentlich ist, daß zumindest eine der Parteien bei Kenntnis der veränderten Geschäftsgrundlage den Vertrag nicht oder mit anderem Inhalt abgeschlossen hätte.[42] Nach einer anderen Formulierung des BGH können Erwartungen, welche eine Partei an den Eintritt oder das Bestehen bestimmter Verhältnisse knüpft, nur dann berück-

---

38 Wieling, Jura 1985, 505, 506.

39 Häsemeyer, 67, 71; Huber, JuS 1972, 57, 65.

40 RGZ 103, 328, 332; 168, 121, 126f.; BGHZ 25, 390, 392; 40, 334, 336; 61, 153, 160; 74, 370, 372f.; 84, 1, 8; 89, 226, 231; 121, 378, 391; 128, 230, 236; BGH NJW 1951, 836; 1976, 565, 566; 1981, 1551, 1552; 1985, 313, 314; 1991, 1478; 1993, 1641, 1642; 1997, 320, 323; ZIP 1982, 1307; BGH WM 1969, 335, 336; 1970, 787, 788; 1971, 276, 277; 1973, 752, 753; 1977, 946, 948; BGH DB 1955, 574; BGH BB 1969, 696, 697; 1973, 1139; ebenso BAG NJW 1987, 918; 1991, 1562, 1563; BAG BB 1989, 152, 153.

41 BGH NJW-RR 1993, 773, 774.

42 BGH NJW 1989, 289, 290.

sichtigt werden, wenn die Gegenseite, wären sie als Bedingung gefordert worden, sich nach Treu und Glauben darauf hätte einlassen müssen.[43]

Ferner verlangt die Rechtsprechung, daß durch die Störung der Geschäftsgrundlage ein Risiko verwirklicht wurde, welches nicht von der Vertragspartei zu tragen ist, die sich auf den Wegfall der Geschäftsgrundlage beruft.[44] In anderen Entscheidungen stellt der BGH darauf ab, daß das Risiko nach der vertraglichen Risikoverteilung nicht in den Risikobereich einer der Vertragsparteien fallen darf.[45] "Die Aufteilung der vertraglichen Risikosphären kann sich aus der vertragstypischen Regelung durch das dispositive Gesetzesrecht und dem dadurch zum Ausdruck kommenden Beurteilungsmaßstab ergeben; sie kann aber auch im Wege der notfalls ergänzenden Auslegung ausdrücklicher oder stillschweigender Parteiabsprachen zu entnehmen sein, die vorrangig zu beachten sind."[46]

Die Lehre von der Geschäftsgrundlage wandte die Rechtsprechung insbesondere bei der sogenannten Aufwertungsrechtsprechung an, wobei die wegfallende Geschäftsgrundlage in der "grundstürzenden Verschlechterung der deutschen Währung" gesehen wurde.[47] Aber schon damals ließ die Rechtsprechung den Wegfall der Geschäftsgrundlage - also die Verschlechterung der deutschen Währung - für sich allein nicht ausreichen, sondern verlangte daneben eine Berücksichtigung des Einzelfalles, in welcher "zu prüfen sei, ob dem vertragsgemäß Verpflichteten nach Treu und Glauben noch zugemutet werden könne, den Anspruch des Gegners zu erfüllen und die damit verbundene wirtschaftliche Schädigung auf sich zu nehmen".[48] Die Unzumutbarkeit der Erfüllung der vertraglichen Pflichten war nach der Rechtsprechung des Reichsgerichts unter "billiger Rücksichtnahme auf die Interessen beider Teile" zu bestimmen.[49]

---

43 BGH NJW 1985, 313, 314.

44 BGHZ 74, 370, 373; 101, 143, 152; BGH NJW 1992, 2690, 2691.

45 BGHZ 121, 378, 393; BGH NJW 1984, 1746, 1747; 1991, 1478, 1479; 1993, 1856, 1860; 1995, 47, 48; BGH NJW-RR 1991, 1269; BGH WM 1977, 946, 948.

46 BGHZ 121, 378, 393; ähnlich auch BGHZ 74, 370, 373; BGH NJW 1992, 2690, 2691.

47 RGZ 107, 78, 90; erwähnenswert ist hierbei, daß das Reichsgericht schon in dieser Entscheidung darauf hinwies, daß man "zur Bejahung der Zulässigkeit der Aufwertung auch in wesentlich gleicher Weise auf dem Wege der ergänzenden Auslegung des Vertrags gelangt, wenn nämlich vom Gericht geprüft wird, was die Parteien in Gemäßheit des gesamten Vertragszwecks vereinbart haben würden, wenn sie die Möglichkeit einer außergewöhnlich hohen Geldentwertung vorausgesehen, diesen Fall gleichfalls geregelt hätten, und dabei dem Gebote von Treu und Glauben gefolgt wären (§ 157 BGB)"; RGZ 107, 124, 127f.; 107, 148, 149; 108, 379, 380; 111, 156, 157; sowie die zusammenfassende Darstellung bei Eisenhardt, Rechtsgeschichte, Rn. 606.

48 RGZ 107, 124, 128.

49 RGZ 107, 78, 87; 107, 147, 148.

Auf den Gedanken der Unzumutbarkeit stellen die Gerichte in ständiger Rechtsprechung ab, so daß die Rechte aus der Lehre vom Wegfall der Geschäftsgrundlage nur bestehen, wenn der von der Störung negativ betroffenen Partei die unveränderte Vertragserfüllung nicht mehr zugemutet werden kann.[50] Der BGH führt dazu aus, daß eine Berufung auf den Wegfall der Geschäftsgrundlage nur dann in Betracht kommen könne, "wenn dies zur Vermeidung untragbarer, mit Recht und Gerechtigkeit schlechthin nicht vereinbarer und damit der betroffenen Vertragspartei nicht zumutbarer Folgen unabweislich erscheint",[51] da nur dann der das gesamte Schuldrecht beherrschende Grundsatz der Vertragstreue zurücktreten muß.[52] Das Feststellen der Unzumutbarkeit erfordert eine umfassende Interessenabwägung unter Würdigung aller Umstände, insbesondere auch der Vorteile, die der betroffenen Partei neben den Nachteilen aus den eingetretenen Veränderungen erwachsen sind[53], wobei ein strenger Maßstab anzulegen sei.[54] So hat der BGH[55] bei einem Werkvertrag für die Erhöhung der vertraglich vereinbarten Vergütung verlangt, daß bei Ausführung der Arbeiten aufgetretene Schwierigkeiten jedes bei Vertragsschluß voraussehbare Maß übersteigen, wodurch die Partei bei Einhaltung ihrer vertraglichen Verpflichtungen zu Aufwendungen gezwungen wäre, die zu der eingeräumten Vergütung in keinem Verhältnis stünden.

Die Rechtsprechung führt zwar die subjektive Formel an. Entscheidend für die eigentliche rechtliche Würdigung sind jedoch die Gesichtspunkte der Zumutbarkeit und der vertraglichen Risikoverteilung.[56] Insbesondere Larenz kritisierte, daß die Rechtsprechung lediglich auf die Unzumutbarkeit der Vertragserfüllung nach den Besonderheiten des Einzelfalles abstellt und nicht prüft, ob überhaupt die Geschäftsgrundlage fortgefallen ist. Damit handele es sich um eine "bloße Billigkeitsrechtsprechung", welche nicht den Versuch mache, die Lehre von der Geschäftsgrundlage tatbestandlich festzulegen.[57]

Diese Betonung der Unzumutbarkeit beruht aber wohl darauf, daß in der Praxis eine Abgrenzung zwischen den, dem Vertrag zugrundeliegenden Umständen

---

50 Dies entspricht wohl der bereits in RGZ 107, 78, 87 festgelegten Voraussetzung der Berücksichtigung der Interessen beider Teile.

51 BGHZ 2, 176, 188; 84, 1, 9; 121, 378, 393; BGH NJW 1985, 313, 314; 1991, 1478, 1479; 1995, 47, 48; 1997, 320, 323; BGH WM 1964, 1253, 1254; 1967, 561; 1969, 496, 499; 1969, 1019, 1021; 1977, 946, 948.

52 BGH WM 1969, 1019, 1021.

53 BGH NJW 1995, 47, 48.

54 BGH WM 1969, 335, 337; 1969, 1019, 1021; 1973, 752, 753; BGH NJW 1985, 313, 314.

55 BGH WM 1969, 1019, 1021.

56 So wird die Rechtsprechung auch von Teichmann in Soergel, § 242, Rn. 208; Larenz, Geschäftsgrundlage, S. 112; Köhler, Geschäftsgrundlage, S. 118 gedeutet.

57 Larenz, Geschäftsgrundlage, S. 115f.; Esser, JZ 1958, 113, 114.

– d.h. der Geschäftsgrundlage des Vertrages – und den bloßen Motiven sehr schwierig ist. Die Unsicherheit der Rechtsprechung bei der Abgrenzung ist schon daraus zu erkennen, daß der BGH in der Regel ausreichen läßt, daß die Vorstellung einer Vertragspartei der anderen erkennbar ist,[58] in einer anderen Entscheidung die Klage abweist, weil der andere Vertragsteil die einseitige Erwartung nicht akzeptiert und in seinen Geschäftswillen aufgenommen hat.[59] Insbesondere, wenn man, wie der BGH in den meisten Fällen, der Auffassung folgt, daß es als Geschäftsgrundlage ausreicht, daß die Vorstellungen einer Vertragspartei der anderen erkennbar waren, ist die Bestimmung, was erkennbar ist, nur schwierig zu treffen. Deshalb ist die Rechtsprechung des BGH, welche die Problematik der Abgrenzung der Geschäftsgrundlage von den einseitigen Motiven nur kurz anspricht und statt dessen die flexible Rechtsfolgenbestimmung durch eine umfassende Interessenabwägung im Rahmen der Unzumutbarkeit betont, nachvollziehbar.

3) Objektive und subjektive Geschäftsgrundlage

Larenz schlägt eine Unterteilung in objektive und subjektive Geschäftsgrundlage vor.[60] Unter subjektiver Geschäftsgrundlage versteht Larenz "eine bestimmte gemeinsame Vorstellung oder sichere Erwartung beider Vertragsparteien, von der sich beide beim Abschluß des Vertrages haben leiten lassen, und zwar in der Art, daß jede Partei bei Kenntnis der Unrichtigkeit dieser Vorstellung oder Erwartung den Vertrag nicht, oder doch nicht mit diesem Inhalt, geschlossen hätte, oder zum mindesten ihn der Gegenpartei redlicherweise nicht angesonnen hätte".[61] Beide Parteien müssen sich den Umstand als Grundlage des Geschäfts vorgestellt haben, so daß bei dessen Nichtvorliegen ein gemeinsamer Motivirrtum der Vertragsparteien vorliegt.[62] Wurde durch die unrichtige Vorstellung nur der Willens-

---

58 RGZ 103, 328, 332; 168, 121, 126f.; BGHZ 25, 390, 392; 40, 334, 336; 61, 153, 160; 74, 370, 372f.; 84, 1, 8; 89, 226, 231; 121, 378, 391; 128, 230, 236; BGH NJW 1951, 836; 1976, 565, 566; 1981, 1551, 1552; 1985, 313, 314; 1991, 1478; 1993, 1641, 1642; 1997, 320, 323; ZIP 1982, 1307; BGH WM 1969, 335, 336; 1970, 787, 788; 1971, 276, 277; 1973, 752, 753; 1977, 946, 948; BGH DB 1955, 574; BGH BB 1969, 696, 697; 1973, 1139; ebenso BAG NJW 1987, 918; 1991, 1562, 1563; BAG BB 1989, 152, 153.

59 BGH NJW-RR 1993, 770, 774.

60 Larenz, SchAT, § 21 II (S. 322); ders., Geschäftsgrundlage, S. 17; so auch Stötter, AcP 166 (1966), 149, 175; ders. NJW1971, 2281; Wieacker, FS Wilburg, 229, 241.

61 Larenz, AT, § 20 III (S. 395); ders., Geschäftsgrundlage, S. 51; ders., SchAT, § 21 II (S. 298).

62 Larenz, Geschäftsgrundlage, S. 36.

entschluß einer der Vertragsparteien maßgeblich beeinflußt, reicht dies nach Larenz nicht aus.[63] Systematisch gehört die subjektive Geschäftsgrundlage nach der Auffassung von Larenz zum Bereich der Willensmängel.[64]

Die objektive Grundlage des Vertrages ist dagegen „die Gesamtheit der Umstände, deren Vorhandensein oder Fortdauer sinngemäß in ihm vorausgesetzt ist, da andernfalls der Vertragszweck, die Intention der Vertragsparteien nicht verwirklicht werden kann und die Fortgeltung des Vertrages daher „sinn-, zweck- oder gegenstandslos“ ist oder wird“.[65] Überwiegend kann nach Larenz die objektive Geschäftsgrundlage in zwei Fälle eingeteilt werden: die der Äquivalenzstörung und die der Zweckvereitelung.[66]

Auch diese Auffassung wird kritisiert. Die von Larenz gewählte Definition der Lehre von der Geschäftsgrundlage trifft nicht den Kern des Problems. Denn entscheidend ist nicht, ob sich eine oder aber beide Parteien über den Umstand geirrt haben, sondern ob beide den Umstand als Geschäftsgrundlage angesehen haben.[67] Außerdem ist eine strenge Trennung von objektiver und subjektiver Geschäftsgrundlage nicht möglich.[68] Welchen Unterschied sollte es machen, ob eine Vertragspartei sich die Entwicklung der Wirklichkeit falsch vorgestellt oder sich in Hinsicht auf die Veränderung der Umstände keine Gedanken gemacht, also auf das Fortbestehen der bei Vertragsabschluß vorliegenden Umstände vertraut hat.[69] Es sind immer objektive und subjektive Gesichtspunkte zu berücksichtigen, so daß die Trennung von objektiver und subjektiver Geschäftsgrundlage nur als Versuch einer Herausarbeitung von Fallgruppen anzusehen ist, ein weitergehender dogmatischer Wert aber nicht besteht.[70]

---

63 Larenz, AT, § 20 III (S. 392).
64 Larenz, SchAT, § 21 II (S. 322).
65 Larenz, Geschäftsgrundlage, S. 17.
66 Larenz, SchAT, § 21 II (S. 324).
67 Wieling, Jura 1985, 505, 507f.
68 Teichmann in Soergel, § 242, Rn. 211; Hübner, AT, Rn. 1110; Schmidt-Rimpler, FS Nipperdey, 1, 20f.; Brox, Irrtumsanfechtung, S. 85; Medicus, AT, Rn. 860; Fikentscher, Geschäftsgrundlage, S. 10f.; Haarmann, S. 26; Wieling, Jura 1985, 505, 508; Emmerich, Leistungsstörungen, S. 315; Hey, S. 18.
69 Medicus, AT, Rn. 860; Wieling, Jura 1985, 505, 508; Fikentscher, Geschäftsgrundlage, S. 10; Emmerich, Leistungsstörungen, S. 315; Teichmann in Soergel, § 242, Rn. 211.
70 Larenz/Wolf, AT, § 38, Rn. 22; Haarmann, S. 26 m.w.N.

4) Die "Vereinigungstheorie"

Lehmann[71] hat die subjektiven und objektiven Elemente zu einer einheitlichen Definition zusammengefaßt, welche alle Fälle umfassen soll. Nach ihm ist darauf abzustellen, „ob der Vertragsgegner sich nach Treu und Glauben mit Rücksicht auf den Zweck des Vertrages auf die Abhängigkeitsmachung desselben von dem fraglichen Umstand eingelassen hätte oder redlicherweise hätte einlassen müssen, wenn man die Unsicherheit des Umstandes beim Vertragsschluß in Betracht gezogen hätte". Daneben verlangt Lehmann noch, daß die vertragliche Störung durch den Wegfall der Geschäftsgrundlage von „erheblicher Bedeutung" sein muß, wobei er diese im Sinn der Unzumutbarkeit der Rechtsprechung auffaßt.[72]

Lehmann hat seine Formel sehr allgemein gehalten, insbesondere wurde der Begriff der Redlichkeit von Lehmann nicht näher bestimmt, sondern die Redlichkeit soll mit Rücksicht auf typische oder besondere „Vertragszwecke" bestimmt werden. Dadurch wird die Problematik der Anwendung der Lehre von der Geschäftsgrundlage von den tatbestandlichen Voraussetzungen in die Ausfüllung des Begriffs der "Redlichkeit" verschoben.[73] Auch wird von Teichmann[74] auf eine systematische Problematik hingewiesen. Denn aufgrund der Nähe dieser Formel zur Bedingung bietet es sich an, in erster Linie die Rechtsfolge der Bedingung, die Unwirksamkeit des Vertrages, und nicht in erster Linie dessen Anpassung anzunehmen.

5) Die Risikozuweisung als entscheidendes Merkmal

Fikentscher und Köhler[75] wollen dem Gedanken des Vertragsrisikos entscheidendes Gewicht beimessen. Bei Abschluß eines Vertrages ist die zukünftige Entwicklung nicht genau vorhersehbar. Deshalb ist jede Partei bereit, gewisse Risiken einzugehen, um das von ihr mit dem Vertrag verfolgte Ziel zu erreichen.[76] Dieser Risikorahmen der jeweiligen Vertragsparteien ist meist durch Auslegung des Vertrages, der Verkehrssitte, der Allgemeinen Geschäftsbedingungen oder des Gesetzes zu ermitteln. Bei Eintritt dieser Risiken durch eine Änderung der

---

71 Lehmann, AT, § 35 A VII (S. 221/222); Lehmann/Hübner, AT, § 35 A VII 4.
72 Lehmann/Hübner, AT, § 35 A VII 4.
73 Haarmann, S. 29; Hey, S. 17; Fikentscher, Geschäftsgrundlage, S. 13; Roth in MünchKomm, § 242, Rn. 511; Teichmann in Soergel, § 242, Rn. 213.
74 So Teichmann in Soergel, § 242, Rn. 213 a.E.
75 Fikentscher, Geschäftsgrundlage, S. 22ff.; Köhler, Geschäftsgrundlage, S. 140ff., insb. S. 152ff.
76 Fikentscher, Geschäftsgrundlage, S. 27.

Umstände soll gerade keine Lösung vom Vertrag möglich sein, denn eine der Vertragsparteien hat sich verpflichtet, diese Risiken zu tragen. Das Vertragsrisiko legt also fest, bis zu welcher Belastungsgrenze die Parteien gehen wollen, um den Vertrag zu erfüllen.[77] „Der Vertrag stellt sich sonach als Absicherung gegen Umstände dar, deren Änderung die Verfolgung von Einzelzwecken beeinträchtigen könnte," insbesondere bei solchen, die für eine oder beide Parteien zu einer anderen Interessenbeurteilung Anlaß geben.[78] Anders nur, wenn die Entfernung von der Wirklichkeit „zu groß" ist, also in den Fällen, in welchen sich ein Risiko verwirklicht hat, welches sich nicht mehr innerhalb des „Risikorahmens" des abgeschlossenen Vertrages hält. In diesen Fällen würde das Risiko einer Partei überspannt, hielte man sie am Vertrag fest.[79]

Ist dieser „Risikorahmen" überschritten, ist nach Fikentscher die „Vertrauensgrundlage" betroffen. Dies sind solche Umstände, welche nicht in den vertraglichen Risikorahmen einer Partei aufgenommen wurden, „deren Bedeutung für das von der Partei eingegangene Vertragsrisiko aber doch so groß ist, daß die Abweichung in der Wirklichkeit von der Vorstellung der Partei bei der Bildung ihres Zweckwillens es für die Partei unzumutbar macht, am Vertrag festgehalten zu werden"[80]. Dabei setzt sich die Vertrauensgrundlage nach der Terminologie von Fikentscher aus der geschäftlichen (Geschäftsgrundlage) und der persönlichen Vertrauensgrundlage zusammen. Die Geschäftsgrundlage umfaßt die wirtschaftlichen Gesichtspunkte, während die persönliche Vertrauensgrundlage die persönliche Eignung oder Einstellung zum Vertrag betrifft.[81] Ist die Vertrauensgrundlage betroffen, muß der Vertrag angepaßt werden.[82]

Richtig ist an dieser Auffassung, daß bei Vorliegen einer vertraglichen Regelung, welche das Risiko des weggefallenen Umstandes einer der Vertragsparteien zuweist, die Regeln über die Lehre von der Geschäftsgrundlage keine Anwendung finden können. Die neue, von Fikentscher entwickelte Terminologie der Vertrauensgrundlage, welche sich aus einer geschäftlichen (Geschäftsgrundlage) und einer persönlichen Vertrauensgrundlage zusammensetzt, ist aber unnötig.

---

77 Köhler, Geschäftsgrundlage, S. 162; Fikentscher, Geschäftsgrundlage, S. 34f.; so auch inzwischen die ganz h.M., vgl. nur Larenz/Wolf, AT, § 38, Rn. 28; Werner in Erman, § 242, Rn. 172; Roth in MünchKomm, § 242, Rn. 537; Koller, Risikozurechnung, S. 77; Hübner, AT, Rn. 1114; BGHZ 74, 370, 373; 101, 143, 152; BGH NJW 1984, 1746, 1747; 1992, 2690, 2691; 1993, 1856, 1860; BGH NJW-RR 1991, 1269; BGH WM 1977, 946, 948.

78 Fikentscher, Geschäftsgrundlage, S. 31.

79 Fikentscher, a.a.O., S. 31ff., insb. S. 34.

80 Fikentscher, a.a.O., S. 35f.

81 Fikentscher, a.a.O., S. 36f.

82 Fikentscher, a.a.O., S. 35f.; wobei er hervorhebt, daß es sich in erster Linie um eine Anpassung des Vertrages handeln muß, nicht um die Aufhebung desselben.

Denn zuerst beschränkt Fikentscher den Begriff der Geschäftsgrundlage auf die Fälle der geschäftlichen Umstände, welche dem Vertrag zugrunde liegen, um danach die anderen dem Vertrag zugrundeliegenden Umstände, welche bei einem allgemein gehaltenen Begriff von der Geschäftsgrundlage unter diesen subsumiert werden könnten, unter dem Begriff der persönlichen Vertrauensgrundlage zusammenzufassen.[83] Damit verwendet Fikentscher lediglich statt dem einen Begriff der Geschäftsgrundlage zwei unterschiedliche Begriffe, ohne daß dadurch eine genauere inhaltliche Bestimmung des Anwendungsbereichs dieser beiden Begriffe erreicht wird. Im Gegenteil: durch die bei den beiden Begriffen Geschäfts- und Vertrauensgrundlage untereinander notwendig werdende Abgrenzung wird die Anwendung der Lehre von der Geschäftsgrundlage schwieriger.[84] Auch ist nicht ersichtlich, welchen Sinn die unterschiedliche Begriffsbestimmung machen soll, denn die Rechtsfolge ist bei Wegfall der persönlichen wie auch der geschäftlichen Vertrauensgrundlage identisch; es kommt beide Male zur Anpassung des Vertrages, bzw., falls dies nicht möglich ist, zu dessen Auflösung.

6) Ablehnung der Lehre von der Geschäftsgrundlage

Als ein eigenständiges Rechtsinstitut wird der Wegfall der Geschäftsgrundlage von Flume[85] und Ernst Wolf[86] abgelehnt. Flume ist der Auffassung, daß die der Geschäftsgrundlage zugeordneten Fälle zu verschiedenartig seien, um sie einheitlich zu erfassen.[87] Er will vielmehr die gesetzlichen Regeln über die Vertragsstörung unter Berücksichtigung der vertragstypischen Risikoverteilung anwenden. Dabei ist nach Flume entscheidend, als „naturale negotii" die für den konkreten Vertragstypus gehörige Regelung der Frage zu finden, „wer von den Vertragsparteien das Risiko der Wirklichkeit" zu tragen habe.[88] Gingen die Parteien von einer unrichtigen Vorstellung über die Wirklichkeit aus, könnten zwei sich widersprechende Vorstellungen vorliegen. Dabei kann jede der Vertragsparteien die andere an der dieser günstigeren Regelung festhalten. Geschieht dies

---

83 Haarmann, S. 33.

84 Die Problematik der Abgrenzung erkennt wohl auch Fikentscher, denn er spricht von der Einteilung in eine "mehr" persönliche und eine "mehr" geschäftliche Sphäre; Fikentscher, Geschäftsgrundlage, S. 36.

85 Flume, AT II, § 26, 3 (S. 497ff., insb. S. 499), welcher die Bezeichnung Geschäftsgrundlage "geradezu paradox" findet, da nicht auf das "Geschäft", sondern auf Vorstellungen der Vertragspartner als einem gesonderten Tatbestand neben dem Geschäft abgestellt wird; ihm folgend Huber, JuS 1972, 57, 65.

86 Ernst Wolf, AT, S. 495.

87 Flume, AT II, § 26, 3 (S. 499).

88 Flume, AT II, § 26, 3 (S. 497ff., insb. S. 500)

nicht, ist der Vertrag wegen Dissens hinfällig.[89] Weichen Vertrag und Wirklichkeit voneinander ab, kommen die Regeln der Unmöglichkeit oder Gewährleistung in Betracht.[90] Daneben greift Flume auch auf die ergänzende Vertragsauslegung zurück.[91] Lediglich bei Veränderungen der „Sozialexistenz“[92] erwägt Flume eine Anwendung der Regeln vom Wegfall der Geschäftsgrundlage.[93]

Ernst Wolf kritisiert, daß es nicht gelungen sei, einheitliche Tatbestandsmerkmale herauszuarbeiten. Auch ist er der Auffassung, daß der Versuch, einen weiteren Irrtum neben Erklärungs- und Motivirrtum zu finden, schon im Ansatz "logisch unmöglich" ist. Ferner beanstandet er die dogmatische Herleitung der Geschäftsgrundlage aus § 242 BGB, da "dieses vermeintliche Prinzip keinen Inhalt habe, also nicht existiert".[94] Dabei lehnt Ernst Wolf auch die Lösung von Flume ab[95] und will diese Fälle unter den Motivirrtum im Sinn des § 119 Abs. 2 BGB einordnen. Falls § 119 Abs. 2 BGB nicht eingreift, soll der Irrtum der Parteien unbeachtlich sein.[96]

Flume ist zuzugeben, daß viele Fälle, welche von der Rechtsprechung mittels der Lehre von der Geschäftsgrundlage gelöst wurden, mit den gesetzlich vorgesehenen Instituten hätten gelöst werden können. Jedoch kann nicht lediglich auf die vertragstypische Risikoverteilung abgestellt werden, denn es gibt Fälle, in welchen gerade solch eine vertragliche Risikoverteilung nicht vorliegt. Dies gibt auch Flume selbst zu in den Fällen der „Sozialexistenz“.[97] Auch hat das Bürgerliche Gesetzbuch nur wenige Vertragstypen lückenlos geregelt, so daß es für die anderen nicht möglich ist, aus der gesetzlichen Regelung die fehlenden „naturalia negotii“ zu finden. Bei den anderen Verträgen ist Abhilfe nicht möglich, obwohl dies wegen des Zwiespalts zwischen Rechtsgeschäft und Wirklichkeit geboten ist. Eine Abhilfe würde nämlich dazu führen, den einzelnen Gesetzen Wertungen zu entnehmen, welche der Gesetzgeber nicht getroffen hat.[98] Auch kann man mittels der ergänzenden Vertragsauslegung nicht zu einer Vertragsanpassung gelangen, wenn der Auslegung der eindeutige Vertragswortlaut entgegensteht, was insbe-

89 Flume, AT II, § 26, 4 (S. 501ff., insb. S. 502/503).
90 Flume, AT II, § 26, 5 (S. 507ff.).
91 Flume, AT II, § 26, 4 (S. 505).
92 Vgl. zu diesem Begriff die Erläuterungen unter § 4 I 1.
93 Flume, AT II, § 26, 6 (S. 524); sog. "große Geschäftsgrundlage".
94 Ernst Wolf, AT, S. 495f.
95 Ernst Wolf, AT, S. 495, Fn. 144.
96 Ernst Wolf, AT, S. 497.
97 Flume, AT II, § 26, 6 (S. 524): "Der Vertrag selbst kann für den Ausgleich keinen Anhalt geben, weil die vertragliche Risikoverteilung gerade das Risiko der Sozialexistenz nicht einschließt, es sei denn, daß einer der Partner gerade dieses Risiko übernommen hat."
98 Brox, JZ 1966, 761, 766.

sondere dann der Fall sein kann, wenn durch den Vertrag die Beziehungen der Vertragsparteien gerade auf Dauer geregelt werden sollten.[99]

Die Auffassung von Ernst Wolf führt zu grob ungerechten Ergebnissen. Die Anwendung des § 119 Abs. 2 BGB ist nur bei einem erheblichen Eigenschaftsirrtum möglich, alle anderen Irrtümer aus dem Bereich der Motive wären demzufolge unbeachtlich. Dies würde insbesondere in den Fällen der Sozialexistenz, aber auch im Bereich der Aufwertungsrechtsprechung gelten, denn in diesen Fällen liegt kein Irrtum über die Eigenschaft einer Person oder Sache vor.

II) Eigene Meinung zu den Voraussetzungen und Rechtsfolgen des Wegfalls der Geschäftsgrundlage

Diese kurze Darstellung von Literatur und Rechtsprechung zeigt auf, daß der Begriff und der Anwendungsbereich der Geschäftsgrundlage noch nicht eindeutig bestimmt ist.[100] Einigkeit besteht aber darüber, daß der Umstand, welcher von Anfang an nicht bestand oder nach Vertragsschluß weggefallen ist, nicht zu dem Risikobereich eines der Vertragspartner gehören darf. Dies ist insbesondere der Fall, wenn das Risiko von einem der Partner nach Gesetz (z.B. § 615 BGB), nach Vereinbarung oder nach dem Charakter des Geschäfts (insb. bei Spekulationsgeschäften) übernommen wurde. Fällt der Umstand in den Risikobereich eines Vertragspartners, finden die Regeln über die Lehre von der Geschäftsgrundlage keine Anwendung.[101]

Die Lehre von der Geschäftsgrundlage ist damit für die Risiken relevant, die nicht in den Risikobereich einer der Vertragsparteien fallen. Andererseits darf der Umstand nicht einseitig gebliebenes Motiv[102] oder - anders ausgedrückt - „bloßer Beweggrund“[103] sein, sondern muß für zumindest eine der Vertragsparteien grundlegende Bedeutung für den Vertragsschluß gehabt haben, was dem Vertragsgegner auch erkennbar gewesen sein muß. Daß der Vertragsgegner den Umstand auch tatsächlich erkannt hat, ist jedoch nicht notwendig. Die grundlegende

---

99 Haarmann, S. 30.

100 Vgl. nur Teichmann in Soergel, § 242, Rn. 221; umstritten ist z. B. die Abgrenzung zwischen der Lehre von der Geschäftsgrundlage und der ergänzenden Vertragsauslegung (vgl. dazu § 4) und zwischen Unmöglichkeit und Geschäftsgrundlage.

101 Larenz/Wolf, AT, § 38, Rn. 28; Werner in Erman, § 242, Rn. 172; Roth in MünchKomm, § 242, Rn. 537; Koller, Risikozurechnung, S. 77; Köhler, Geschäftsgrundlage, S. 162; Hübner, AT, Rn. 1114; BGHZ 74, 370, 373; 101, 143, 152; BGH NJW 1984, 1746, 1747; 1992, 2690, 2691; 1993, 1856, 1860; BGH NJW-RR 1991, 1269; BGH WM 1977, 946, 948.

102 Heinrichs in Palandt, § 242, Rn. 113.

103 So die Terminologie bei Hübner, AT, Rn. 1110.

Bedeutung kann sich aus dem Willen einer oder beider Vertragsparteien ergeben, aber auch, falls diesbezügliche Vorstellungen gefehlt haben, aus dem Vertrag selbst (so z. B. bei der Zerstörung des Gleichwertverhältnisses bei der hohen Inflation im Rahmen der Aufwertungsrechtsprechung, welches die Parteien, auch wenn sie sich darüber keine Gedanken gemacht haben sollten, bei Abschluß des Vertrages vorausgesetzt haben). Dabei ist der Begriff des die Geschäftsgrundlage bildenden Umstandes weit zu sehen, da die Abgrenzung zum unerheblichen Motiv oder ansonsten äußerst schwierig ist. Auszunehmen sind nur solche Umstände, bei welchen ihre Unerheblichkeit für den Vertragsschluß ohne nähere Prüfung ersichtlich ist.

Die bisher genannten Voraussetzungen reichen aber nicht aus, eine Abänderung des Vertrages zu begründen. Hinzutreten muß noch die Unzumutbarkeit des Festhaltens am unveränderten Vertrag. Diese ist mittels einer umfassenden Interessenabwägung[104] aller Umstände des Einzelfalles festzustellen. Dabei muß das Festhalten an der ursprünglichen vertraglichen Regelung „zu einem mit Recht und Gerechtigkeit schlechthin nicht mehr zu vereinbarenden Ergebnis führen".[105] Bei der Abwägung ist aber nicht nur auf die (wirtschaftliche) Lage der belasteten Partei abzustellen, sondern es sind auch die Auswirkungen einer Vertragsanpassung auf die andere Vertragspartei zu berücksichtigen.[106] Denn nur bei Eintritt einer solch untragbaren Situation im Falle einer unveränderten Vertragsdurchführung kann eine Abweichung von der geschlossenen vertraglichen Regelung begründet werden.[107]

Insoweit ist in der Literatur umstritten, ob die Unzumutbarkeit des unveränderten Festhaltens am Vertrag bereits als Voraussetzung der Lehre von der Geschäftsgrundlage zu prüfen oder erst bei der Bestimmung der Rechtsfolge zu berücksichtigen ist.[108] Das Ergebnis der Prüfung ist, gleichgültig ob man sie im Tatbestand oder bei der Rechtsfolge vornimmt, identisch. Denn innerhalb der Prüfung der Unzumutbarkeit ist festzustellen, inwieweit die unveränderte vertragliche Regelung der benachteiligten Partei bzw. eine Abänderung des Vertrages der anderen Partei zumutbar ist. Im Interesse der Rechtssicherheit ist es aber

---

104 Larenz/Wolf, AT, § 38 IV 3, Rn. 41; Roth in MünchKomm, § 242, Rn. 540; Heinrichs in Palandt, § 242, Rn. 131; Erman in Werner, § 242, Rn. 177; Hübner, AT, Rn. 1114; Teichmann in Soergel, § 242, Rn. 245; BGHZ 2, 176, 188; 84, 1, 9; 121, 378, 393; BGH NJW 1985, 313, 314; 1991, 1478, 1479; 1995, 47, 48; BGH WM 1964, 1253, 1254; 1967, 561; 1969, 496, 499; 1969, 1019, 1021; 1977, 946, 948; BayObLG NJW-RR 1989, 1294, 1296.

105 BGHZ 121, 378, 393; WM 1964, 1253, 1254; 1969, 1019, 1021.

106 Larenz, Geschäftsgrundlage, S. 118.

107 So auch schon OGHZ 1, 62, 74; 1, 386, 394; 2, 202, 209; BGHZ 2, 176, 188.

108 Larenz, Geschäftsgrundlage, S. 117f.; Schmidt-Rimpler, FS Nipperdey, 1, 3.

besser, erst zu prüfen, ob die Voraussetzungen für eine den Vertrag abändernden Billigkeitsentscheidung vorliegen und nicht bereits bei der Feststellung der Voraussetzungen eine Billigkeitsentscheidung zu treffen.[109] Außerdem haben Zumutbarkeitsgesichtspunkte großen Einfluß auf den Umfang der Änderung der vertraglichen Regelung. Denn die Unzumutbarkeit der Durchführung des geänderten Vertrages für die anderen Vertragsparteien begrenzt die Möglichkeit, den Vertrag an die veränderten Umstände anzupassen.

Kein eigener Prüfungspunkt ist es, ob die andere Partei, wenn sie die Richtigkeit der Voraussetzung als fraglich erkannt hätte, sich auf deren Berücksichtigung redlicherweise hätte einlassen müssen.[110] Bei diesem Merkmal könnte eine weitere Einengung der relevanten Umstände vorgenommen werden, denn insoweit fließt in die rein subjektive Betrachtung ein normatives Element, und dem Richter wäre so die Möglichkeit gegeben, den konkreten Vertrag an dem „redlichen" Vertrag zu messen.[111] Jedoch ist der Begriff der Redlichkeit konturlos.[112] Außerdem fließt die Wichtigkeit des weggefallenen Umstandes für den Vertragsabschluß und damit die Verpflichtung der anderen Vertragspartei, diesen zu berücksichtigen, in die Gesamtabwägung im Rahmen der Zumutbarkeit ein, so daß es auch aus diesem Grund nicht notwendig ist, auf den Begriff der Redlichkeit zurückzugreifen.

Als Rechtsfolge kommen die Anpassung an die geänderten Umstände oder die Aufhebung des Vertrages in Betracht.[113] Dabei handelt es sich aber um "verschiedene Intensitätsgrade ein und derselben Rechtsfolge"[114]. Jedoch geht die Anpassung des Vertrages der Aufhebung desselben durch Rücktritt oder Kündigung vor, da die Anpassung die weniger weitgehende Rechtsfolge ist.[115] Es ist deshalb „in erster Linie zu fragen, ob der Vertrag nicht in einer den berechtigten Interessen beider Parteien Rechnung tragenden Form der wirklichen Sachlage angepaßt werden kann" [116]. Aufgrund des Vorrangs des Parteiwillens wird aber vertreten, daß als Rechtsfolge der Lehre von der Geschäftsgrundlage auch

---

109 Larenz, Geschäftsgrundlage, S. 123.

110 Lehmann/Hübner, AT, § 35 A VII 4; Medicus, BR, Rn. 165a; Fikentscher, SchR, Rn. 175 (S. 139) in seiner Beschreibung der herrschenden Lehre.

111 Fikentscher, Geschäftsgrundlage, S. 12f. in seiner Beschreibung der Lehmann´schen Formel.

112 Vgl. auch schon die Kritik gegen die "Vereinigungstheorie" von Lehmann; § 1 I 4 a.E.

113 Haarmann, S. 88; Steindorff, BB 1983, 1127, 1129; Heinrichs in Palandt, § 242, Rn. 130.

114 Haarmann, S. 88.

115 Hübner, AT, Rn. 1115; Larenz/Wolf, § 38 V 1, Rn. 44; BGHZ 47, 48, 51f.; 70, 47, 51f.; 89, 226, 238f.

116 BGHZ 47, 48, 52; BGH NJW 1976, 565, 567.

eine Neuverhandlungspflicht in Betracht kommt, welche Anpassungsmaßnahmen oder der Vertragsauflösung vorgeht, diese somit erst bei Scheitern der Neuverhandlungen in Betracht kommen.[117]

III) Anwendungsfälle der Lehre von der Geschäftsgrundlage

Obwohl bei der Anwendung der Lehre der Geschäftsgrundlage auf die Umstände des Einzelfalles abgestellt wird, haben sich doch bestimmte Fallgruppen herausgebildet, welche die Bereiche, in denen die Lehre von der Geschäftsgrundlage Anwendung findet, verdeutlichen. Aber auch innerhalb dieser Fallgruppen ist oftmals strittig, ob die Lehre von der Geschäftsgrundlage anwendbar ist oder ob ihr ein gesetzlich geregeltes Rechtsinstitut vorgeht.

1) Äquivalenzstörungen

Bei gegenseitigen Verträgen gehört die Gleichwertigkeit von Leistung und Gegenleistung zur Geschäftsgrundlage.[118] Dabei kommt es nicht auf die objektive Gleichwertigkeit an, sondern entscheidend ist, ob die eine Leistung in der von den Parteien bei Vertragsabschluß vorausgesetzten Relation zu der anderen Leistung steht. Diese Gleichwertigkeit kann insbesondere durch zwei Ereignisse schwerwiegend gestört werden: einmal durch Inflation und dann durch die Erschwerung der Leistung.[119] Bei der Geldentwertung ist zwischen einfachen Austauschverträgen und Dauerschuldverhältnissen zu unterscheiden.

Bei ersteren gewähren die Gerichte bei einschneidenden, nicht voraussehbaren Veränderungen der Verhältnisse der benachteiligten Partei einen Ausgleichsanspruch.[120] Darunter fallen z.B. die sogenannten Fremdwährungsentscheidungen des Reichsgerichts, in denen die Parteien als Gegenleistung eine fremde Währung vereinbart hatten, wobei sie von einem gleichbleibenden Um-

---

117 Horn, AcP 181 (1981), 255, 276; Larenz/Wolf, AT, § 38, Rn. 48; a.A. Martinek, AcP 198 (1998), 329, 363ff.

118 Werner in Erman, § 242, Rn. 176; Heinrichs in Palandt, § 242, Rn. 135.

119 Daneben kommen noch Störungen der Äquivalenz durch Entwertung der Sachleistung, Leistungserleichterungen und Rechtsänderungen in Betracht.

120 RGZ 103, 328, 331f.; 112, 329, 333; 131, 92, 94f.; 141, 198, 202f.; 141, 212, 216f.; 142, 23, 34f.; 155, 133, 137f.; 163, 324, 333f.; BGHZ 40, 334, 337; BGH MDR 1962, 556; 1968, 482; 1978, 1354, 1355f.; BGH WM 1969, 527, 528f.; BAG NJW 1980, 1912, 1914f.

tauschkurs ausgingen. Da diese Annahme fehlging, gewährte das Reichsgericht dem Geldgläubiger einen Ausgleichsanspruch.[121]

Bei Dauerschuldverhältnissen verweigerten die Gerichte in der Regel eine Anpassung des Vertrages.[122] Das Sinken der Kaufkraft fällt in den Risikobereich des Gläubigers der Geldschuld. Nach dem Zweiten Weltkrieg begründeten die Gerichte diese Risikozuweisung damit, daß das Problem der Inflation bekannt sei, und eine Partei, welche sich bei einem langfristigen Vertrag dagegen nicht absichert, damit konkludent das Risiko des Währungsverfalls übernimmt.[123] Auch wurde argumentiert, daß Verträge „mit einer sich über mehrere Jahrzehnte erstreckenden Laufzeit nur mit der Einschränkung verstanden werden können, daß die Vertragsparteien nicht damit rechnen können, diese Gleichwertigkeit werde die ganze Vertragsdauer erhalten bleiben. Es fällt unter das normale Risiko solcher Verträge, daß sich der Wert der die vereinbarten Leistungen beeinflussenden Verhältnisse während der Vertragsdauer zugunsten des einen oder des anderen Vertragspartners ändern kann."[124] Ausnahmsweise wird aber eine Anpassung mittels der Lehre von der Geschäftsgrundlage zugelassen, "wenn das Gleichgewicht zwischen Leistung und Gegenleistung so stark gestört ist, daß die Grenze des übernommenen Risikos überschritten wird und die benachteiligte Vertragspartei in der getroffenen Vereinbarung ihr Interesse nicht mehr auch nur annähernd noch gewahrt sehen kann".[125] Die Überschreitung des Risikos wurde in den Fällen der Ruhegeldvereinbarungen bei einer Inflation von mindestens 40%[126], bei den Erbbauverträgen bei einer Erhöhung der Lebenshaltungskosten um 50%[127] bzw. 60%[128] angenommen.

Leistungserschwerungen dagegen gehen zu Lasten des Schuldners. So kann sich der Geldschuldner nicht darauf berufen, daß er Finanzierungsschwierigkeiten hat. Auch Verteuerungen auf der Beschaffungsseite können nicht zu einer Veränderung des Preises führen.[129] In Fällen übermäßiger Leistungserschwerung (sog. wirtschaftliche Unmöglichkeit) wandte das Reichsgericht die Regeln über

---

121 RGZ 141, 212, 216f.; 142, 23, 34f.; 155, 133, 137f.; 163, 324, 333f.

122 BVerfGE 50, 57, 92f.; BGHZ 61, 31, 38; 61, 385, 392; BGH NJW 1959, 2203; 1966, 105, 106; 1974, 1186; 1976, 142; 1976, 846; 1977, 2262, 2263; BGH WM 1969, 1323, 1324; OLG Düsseldorf, NJW 1972, 1137, 1138; OLG Celle WM 1980, 747, 749.

123 BGHZ 86, 167, 169; BGH NJW 1976, 142; 1976, 846.

124 BGH NJW 1991, 1478, 1479.

125 BGHZ 77, 194, 198f.; 111, 214, 216.

126 BAGE 25, 146, 158; BGHZ 61, 31, 35f.; 105, 243, 248f.

127 BGHZ 77, 194, 201; BGH WM 1984, 662, 663; 1984, 773, 774; 1985, 807, 808.

128 BGHZ 90, 227, 229; 111, 214, 216.

129 Teichmann in Soergel, § 242, Rn. 240f.; Heinrichs in Palandt, § 242, Rn. 140.

die Unmöglichkeit an.[130] Jedoch hat es diesen Standpunkt wieder aufgegeben[131] und seither wendet die Rechtsprechung in diesen Fällen zu Recht die Lehre von der Geschäftsgrundlage an.[132] Eine Anpassung ist aber nur ausnahmsweise möglich, so z.B. falls sonst der Ruin des Schuldners droht.[133] Denn es ist allein Aufgabe des Schuldners, seine Leistungsfähigkeit sicherzustellen, so daß das Risiko eventueller Leistungserschwerungen in seinen Risikobereich fällt.

2) *Störungen des Verwendungszwecks*

Unter diesen Begriff fallen mehrere Fälle: Zweckfortfall, -erreichung und -vereitelung. Ein Zweckfortfall liegt vor, wenn der Leistungserfolg wegen Fortfalls des Leistungssubstrats nicht mehr erreicht werden kann.[134] In diesem Fall liegt Unmöglichkeit vor, da Bestandteil der Leistung nicht nur die Leistungshandlung, sondern auch der Leistungserfolg ist, und dieser nicht mehr bewirkt werden kann.[135] Bei der Zweckerreichung tritt der Leistungserfolg unabhängig von einer Leistungshandlung des Schuldners auf andere Weise ein.[136] Hier kann der Schuldner zwar seine Leistungshandlung noch erbringen, diese hat aber ihren Sinn verloren, da der Erfolg bereits eingetreten ist.[137] Auch in diesen Fällen handelt es sich um solche der Unmöglichkeit. Dagegen kann bei der Zweckvereitelung zwar der Leistungserfolg noch herbeigeführt werden, jedoch hat der Gläubiger an diesem kein Interesse mehr. Hierbei wird "der für den Vertrag relevante weitere Zweck der einen Vertragspartei aus Gründen, die keiner Partei als ihr Risiko zuzurechnen sind, dauernd unerreichbar, ohne daß deshalb die zwecklos gewordene Leistung als solche unmöglich wäre".[138] In der Regel geht dieser weite-

---

130 RGZ 100, 129, 131; 100, 134, 136f.; 101, 74, 76.
131 RGZ 103, 3, 4; 103, 328, 332; 106, 7, 9; 168, 65, 73.
132 RGZ 103, 3, 5; 103, 328, 331f.; BGH MDR 1953, 282, 283; 1966, 490; BGH WM 1972, 656, 657; BGH BB 1956, 254; begründet wird dies damit, daß die Lehre von der Geschäftsgrundlage eine dem Einzelfall gerecht werdende Anpassung des Schuldverhältnisses ermöglicht; zustimmend auch die überwiegende Literatur: Löwisch in Staudinger, § 275, Rn. 7; Heinrichs in Palandt, § 275, Rn. 12; Battes in Erman, vor § 275, Rn. 27; Larenz, SchAT, § 21 Ie (S.318f.); Medicus, BR, Rn. 158; kritisch aber Emmerich in MünchKomm, § 275, Rn. 33.
133 RGZ 163, 91, 96; 166, 40, 48f.; OGHZ 1, 62, 70f.; BGHZ 2, 150, 155; 17, 317, 327; 25, 293, 298; BAGE 17, 331, 336f.; BGH WM 1978, 322, 323f.
134 Medicus, SchAT, § 37 III 2 (Rn. 451), wobei Medicus allerdings den Begriff Zweckverfehlung gebraucht.
135 Larenz, SchAT, § 21 I c (S. 315).
136 Medicus, SchAT, § 37 III 1 (Rn. 450); Heinrichs in Palandt, § 242, Rn. 144.
137 Larenz, SchAT, § 21 I c (S. 315).
138 Larenz, SchAT, § 21 II (S. 326).

re Zweck den Vertragspartner nichts an, ausnahmsweise kann dieser Zweck aber Geschäftsgrundlage sein, so daß die Lehre von der Geschäftsgrundlage anzuwenden ist.[139]

3) Beiderseitiger Motivirrtum

Irren sich die Parteien bei Abschluß eines Vertrages über die für ihre Willensbildung relevanten Umstände, ist dieser Irrtum nur unter den in § 119 BGB genannten Voraussetzungen relevant. Dabei steht dem Irrenden ein Anfechtungsrecht zu, allerdings belastet das Gesetz ihn nach § 122 BGB mit dem Vertrauensschaden. Haben sich jetzt beide Parteien über einen Umstand gemeinsam geirrt, ist es nicht angemessen, denjenigen, welcher als erster anficht, mit dem Vertrauensschaden zu belasten. Da sich beide geirrt haben, müssen auch beide die Nachteile und Risiken ihres gemeinschaftlichen Irrtums tragen.[140] Nach herrschender Meinung[141] sind die Regeln der Lehre von der Geschäftsgrundlage anzuwenden.

In diese Gruppe fallen insbesondere die Fälle, in welchen den Parteien ein Kalkulationsirrtum unterlaufen ist.[142] Hier hatte das Reichsgericht[143] in dem „Rubelfall“, in welchem beide Parteien von einem falschen Rubelkurs ausgingen, so daß sich der Darlehensnehmer in Schuldscheinen zur Rückzahlung eines viel zu hohen Betrages in Reichsmark verpflichtet hatte, einen Inhaltsirrtum nach § 119 Abs. 1 BGB angenommen und ein Anfechtungsrecht gewährt. Ebenso entschied das Reichsgericht[144] in den „Börsenkursfällen“, in welchen Wertpapiere zum Börsenkurs verkauft werden sollten, die Parteien sich aber über diesen irrten. In diesen Fällen dürfte es allerdings bereits an einem Inhaltsirrtum fehlen, denn bei dem Inhaltsirrtum hat der Erklärende zwar eine richtige Vorstellung von seinem Erklärungsakt, bringt damit jedoch etwas anderes zum Ausdruck als er

---

139 Larenz, SchAT, § 21 II (S. 326ff.); a. A. Beuthien, S. 166ff.

140 Larenz/Wolf, AT, § 38 I Rn. 5.

141 BGHZ 25, 390, 392f.; 46, 268, 273; 47, 48, 51; 47, 376, 380f.; 58, 355, 361f.; 62, 20, 24f.; BGH NJW 1953, 1585; 1975, 776; Ulmer, AcP 174 (1974), 167, 180; Hübner, AT, Rn. 807; Hefermehl in Soergel, § 119, Rn. 66; Teichmann in Soergel, § 242, Rn. 257; a.A. Kramer in MünchKomm, § 119, Rn. 120; Medicus, AT, Rn. 778; mit dem Argument, daß derjenige, zu dessen Nachteil sich der gemeinsame Irrtum auswirkt, ja den Vorteil aus der Anfechtung hat und ihm deshalb zugemutet werden kann, dem Gegner den Vertrauensschaden zu ersetzen.

142 Roth in MünchKomm, § 242, Rn. 665ff.; Heinrichs in Palandt, § 242, Rn. 149.

143 RGZ 105, 406, 407f; a.A. die jetzige Rechtsprechung, vgl. BGH NJW-RR 1986, 569, 570; 1987, 1306, 1307; BGH JZ 1999, 365, 366.

144 Insbesondere RGZ 94, 65, 68; 97, 138, 140; 101, 51, 53; 116, 15, 17f.

wollte.[145] In den oben genannten Fällen wollte der Erklärende aber den genannten Betrag zurückzahlen bzw. zu dem genannten Preis verkaufen und brachte dies auch zum Ausdruck. Er gab seine Erklärung lediglich auf der Grundlage einer falschen Annahme ab (des falschen Rubelkurses bzw. des falschen Börsenkurses), was nichts anderes als das Motiv des Vertrages darstellt,[146] so daß insoweit die Lehre von der Geschäftsgrundlage in Betracht kommt. Allerdings findet die Lehre von der Geschäftsgrundlage keine Anwendung beim sogenannten verdeckten Kalkulationsirrtum, bei welchem die Kalkulation dem anderen Teil gerade verborgen blieb. War dem anderen Teil die Berechnung nicht erkennbar, fehlt eine Voraussetzung der Lehre von der Geschäftsgrundlage, und der Irrtum ist unbeachtlich. Aber auch wenn dies dem anderen Teil erkennbar war oder bei einem offenen Kalkulationsirrtum, ist erst zu bedenken, ob der Irrtum bei der Kalkulation nicht in den Risikobereich des Kalkulierenden fällt, was in jedem Einzelfall zu prüfen ist.

Auch bildet die gemeinsame falsche Beurteilung der Rechtslage oder das zu Unrecht bestehende Vertrauen auf den Fortbestand in eine bestimmte „ständige" Rechtsprechung die Geschäftsgrundlage einer vertraglichen Regelung.[147] So wandte der BGH die Regeln von der Geschäftsgrundlage an bei einem Vergleich über die Auflösung einer Gesellschaft aufgrund des Todes eines Gesellschafters, da die Parteien von einer falschen Beurteilung der Erbfolge nach dem verstorbenen früheren Gesellschafter ausgingen.[148] Auch griff der BGH[149] auf die Geschäftsgrundlage zurück bei einem Vertrag über den Transfer eines Fußballspielers gegen Zahlung einer Ablösesumme, bei welchem die Vertragsparteien von der Spielberechtigung des Fußballspielers ausgingen. In dieser Entscheidung prüfte der BGH zuerst, ob der Umstand der fehlenden Spielberechtigung in die Risikosphäre einer der Parteien fällt und bejahte dies für die Risikosphäre des Veräußerers. Dennoch wandte der BGH die Lehre von der Geschäftsgrundlage an.[150] Fällt aber nach der vertraglichen Risikoverteilung das Risiko in den Risikobereich einer der Vertragsparteien, kommt die Lehre von der Geschäftsgrundlage nicht in Betracht, sondern es bedarf einer Lösung anhand der vertraglichen Regelungen.[151] Da es in diesem Fall um die Rückzahlung der Ablösesumme ging, ist das Ergebnis - Rückzahlung derselben - identisch mit dem Ergebnis, welches

145 Hübner, AT, Rn. 776.
146 Larenz, Geschäftsgrundlage, S. 28ff.
147 BGHZ 58, 355, 362; BGH MDR 1964, 577; BGH NJW 1983, 2143.
148 BGH MDR 1964, 577f.
149 BGH NJW 1976, 565ff.
150 BGH NJW 1976, 565, 567.
151 Larenz/Wolf, AT, § 38, Rn. 28; Hübner, AT, Rn. 1114; so auch der BGH in BGHZ 74, 370, 373; 101, 143, 152.

der BGH in seiner Entscheidung fand, lediglich die rechtliche Konstruktion ist unterschiedlich.[152]

152 Vgl. dazu die rechtlichen Konstruktionen, welche Dörner in JuS 1977, 225ff. vorschlägt.

§ 2 Der Wegfall der Geschäftsgrundlage in der Rechtsprechung zum Gesellschaftsrecht

Auch im Recht der Personengesellschaften hat die Anpassung von Gesellschaftsverträgen an veränderte Umstände die Rechtsprechung beschäftigt. Um solch eine Anpassung zu ermöglichen, hat die Rechtsprechung unterschiedliche Rechtsinstitute gewählt - ergänzende Vertragsauslegung, die Lehre von der Geschäftsgrundlage und eine Zustimmungspflicht aufgrund der gesellschaftlichen Treuepflicht. Dabei wurden diese „Rechtsinstitute" nicht immer voneinander abgegrenzt.

Schon das Reichsgericht setzte sich mit der Problematik der Abänderung von Gesellschaftsverträgen auseinander, nachdem es im allgemeinen Zivilrecht die Änderung von Verträgen aufgrund veränderter Umstände anerkannt hatte. Bei der Anpassung von Gesellschaftsverträgen an veränderte Umstände entschied die Rechtsprechung dabei in der Regel ergebnisorientiert.

I) Die Rechtsprechung des Reichsgerichts

1) Anerkennung der Möglichkeit der Vertragsanpassung im allgemeinen Zivilrecht

Erstmals in der Entscheidung RGZ 94, 68, 69 aus dem Jahr 1918 leitete das Reichsgericht die Unzulässigkeit des Erfüllungszwangs aufgrund der Unangemessenheit der Gegenleistung aus dem Grundsatz von Treu und Glauben gemäß §§ 157, 242 BGB ab. Nach dem Sachverhalt dieser Entscheidung hatten die Parteien vor Ausbruch des ersten Weltkrieges in mehreren Verträgen die Lieferung von Baumwolle vereinbart, im Oktober 1914 in die Verträge eine Klausel aufgenommen, welche die eigentlich während des Krieges vorgesehene Lieferung auf die Zeit nach dem Friedensschluß verlegte. Eine Leistungspflicht besteht nach dieser Entscheidung des Reichsgerichts dann nicht mehr, „wenn die Erfüllung unter Umständen stattzufinden hätte, die dem, was die Beteiligten vernünftigerweise beabsichtigt haben, so wenig mehr entspricht, daß der Erfüllungszwang mit der durch §§ 157, 242 BGB gebotenen Rücksichtnahme auf Treu und Glauben und auf die Verkehrssitte unvereinbar wäre".[153] Entgegen dem Berufungsgericht

153 RGZ 94, 68, 69; 99, 115, 116.

sah das Reichsgericht in der Verlegung der Lieferung auf die Zeit nach dem Friedensschuß kein spekulatives Element über die wirtschaftlichen Verhältnisse nach dem Friedensschluß und verneinte damit eine Übernahme des Risikos veränderter wirtschaftlicher Verhältnisse durch den Lieferanten. Das Reichsgericht verlangte in dieser Entscheidung für das Vorliegen der vorbehaltlosen Bindung einer der Parteien an den Vertrag - also ohne Berücksichtigung der Veränderung der Umstände - besondere Umstände, welche es nicht gegeben sah.[154]

Die Lehre von der Geschäftsgrundlage wurde vom Reichsgericht erstmals in der Entscheidung RGZ 103, 328 ff. zur Begründung des Wegfalls der Leistungspflicht herangezogen und zwar wegen des Ungleichgewichts von Leistung und Gegenleistung, wobei sich das Reichsgericht ausdrücklich auf die von Oertmann entwickelte Geschäftsgrundlage berief.[155] Nach dieser Entscheidung hatte ein Gesellschafter nach der Kündigung des Gesellschaftsverhältnisses einem Dritten im Mai 1919 versprochen, bei der erwarteten Auseinandersetzung ein bestimmtes, der Gesellschaft gehörendes Grundstück zu erwerben und es dem Dritten alsdann zu einem festen Preis zu überlassen. Bis zu der Auseinandersetzung der Gesellschafter war der Preis des Grundstücks infolge der Geldentwertung um ein mehrfaches gestiegen und der Gesellschafter mußte sich bei der Auseinandersetzung das Grundstück mit einem viel höheren Papiermarkwert anrechnen lassen, als der Betrag ausmachte, zu welchem er das Grundstück dem Dritten überlassen wollte. Bei dieser Entscheidung lies das Reichsgericht als Rechtsfolge zwar eine Lösung vom Vertrag zu, verlangte aber als Voraussetzung erst noch den Versuch der Anpassung des Vertrages. Dabei hat der Richter, außer in den gesetzlich vorgesehenen Fällen, nach Ansicht des Reichsgerichts[156] „nicht die Macht, durch Gestaltungsurteil in den Inhalt eines Rechtsgeschäfts einzugreifen". Die Partei, welche sich vom Vertrag lösen möchte, muß erst die andere Partei zur Erhöhung der Gegenleistung auffordern und erst, wenn diese sich weigert, wird sie frei. Das Reichsgericht begründete diese Pflicht zur Aufrechterhaltung des Vertrages mit einem Verweis auf § 242 BGB, denn nach Treu und Glauben müsse dem Gegner, bevor man sich wegen der Veränderung der dem Vertrag zugrundeliegenden Umstände von diesem löst, die Gelegenheit gegeben werden, sich der neuen Sachlage anzupassen.[157] Dies ist wohl bereits in diesem Urteil die Annahme von Neuverhandlungspflichten durch das Reichsgericht.

---

154 RGZ 94, 68, 70.
155 RGZ 103, 328, 332.
156 RGZ 103, 328, 333f.
157 RGZ 103, 328, 333f.

2) *Anpassung und Auflösung von Gesellschaftsverträgen*

In mehreren Entscheidungen beschäftigte sich das Reichsgericht mit dem Problem der Anpassung von Gesellschaftsverträgen. So lag einem Urteil des Reichsgerichts[158] aus dem Jahr 1923 folgender Sachverhalt zugrunde: die Parteien hatten sich zum Betreiben eines Konservatoriums zusammengeschlossen, dabei sollte laut Gesellschaftsvertrag die Klägerin die geschäftliche, der Beklagte die künstlerische Leitung übernehmen. Noch vor Aufnahme der Geschäfte war das Verhältnis zwischen den Gesellschaftern so gestört, daß - ergebnislos - über die Auseinandersetzung verhandelt wurde. Daraufhin klagte die Klägerin auf Übernahme der alleinigen Geschäftsführung. Dieser Klage gab das erstinstanzliche Gericht statt. Nach Behauptung des Beklagten war die aufgrund der vorläufigen Vollstreckbarkeit aufgenommene Geschäftsführung der Klägerin unverantwortlich und unheilvoll und somit geeignet, „die Lehrkräfte aus dem Hause zu treiben."

Das Reichsgericht prüfte in der oben genannten Entscheidung zuerst, ob dem Beklagten wegen des zerrütteten Verhältnisses ein Kündigungsrecht zusteht, stellte aber fest, daß dieser Weg für den Beklagten wegen der hohen finanziellen Beteiligung der Klägerin nicht durchführbar sei.

Bezugnehmend auf § 242 BGB stellt das Reichsgericht dann fest, daß "Verträge so zu erfüllen sind, wie Treu und Glauben mit Rücksicht auf die Verkehrssitte es erfordern". Daher kann die Klägerin "nicht auf den Buchstaben des Vertrages bestehen" und damit trotz der vertraglichen Regelung von der Geschäftsführung ausgeschlossen sein, falls sie nicht gewillt sei, „in ungestörter Zusammenarbeit mit dem Beklagten das Unternehmen zu fördern." Dabei läßt das Reichsgericht offen, ob es sich um einen Fall der unzulässigen Rechtsausübung oder um eine Vertragsänderung handelt.[159]

In der - soweit ersichtlich - einzigen Entscheidung[160] zur Aufwertungsrechtsprechung im Rahmen des Gesellschaftsrechts hatte das Reichsgericht zu prüfen, ob die Vereinbarung der Auseinandersetzung einer oHG infolge der Inflation der zwanziger Jahre zu ändern sei. Die Parteien hatten die von ihnen seit 1919 betriebene oHG im Jahr 1921 aufgelöst und das Vermögen aufgeteilt. Dabei hatten sich die beiden Parteien geeinigt, daß einer der Gesellschafter die Grundstücke der Gesellschaft, der andere eine Schuldverschreibung erhalten sollte, welche in Raten bis 1935 zurückzahlbar war. Zum Zeitpunkt der Auseinandersetzung waren

---

158 RG JW 1924, 671f. mit Anm. Hoeniger.

159 Hoeniger legt in der Anmerkung, JW 1924, 671, das Urteil dahingehend aus, daß aufgrund des § 242 BGB ausdrücklich festgelegte vertragliche Rechte abgesprochen werden können, § 242 BGB somit der Vertragskorrektur dienen kann.

160 RGZ 131, 92ff.

diese Vermögenswerte nach einer Teilungsberechnung der Gesellschafter, welche auf dem Papiermarkwert beruhte, ungefähr gleichwertig. Aufgrund der Inflation verschob sich das Verhältnis der Anteile jedoch wesentlich zugunsten desjenigen Gesellschafters, welcher die Grundstücke erhalten hatte. Deshalb begehrte der Kläger eine Aufhebung dieser Auseinandersetzung und die Vornahme einer neuen.

In seinem Urteil ging das Reichsgericht nur auf das Rechtsinstitut der Geschäftsgrundlage ein. Nach Auffassung des Reichsgerichts war die (subjektive) Geschäftsgrundlage die Vorstellung der Parteien, daß die aufgrund der Auseinandersetzung den Parteien zustehenden Anteile gleich groß seien. Als Rechtsfolge erwog das Reichsgericht, dem Kläger einen Ausgleichsanspruch zuzubilligen.[161]

Das Reichsgericht befaßte sich in einer weiteren Entscheidung[162] mit der Problematik, ob bei einem Gesellschaftsvertrag als Rechtsfolge des Wegfalls der Geschäftsgrundlage der Rücktritt vom Vertrag in Betracht kommt oder ob die Regelungen über die Kündigung einer Gesellschaft[163] Sonderregelungen sind, welche den Rücktritt[164] ausschließen.

Der Entscheidung lag folgender Sachverhalt zugrunde: Die Beklagten wollten sich an einem Unternehmen der Fischereiindustrie kapitalmäßig beteiligen. Daraufhin gründeten Kläger und Beklagte eine KG, in welche die Beklagten die Genehmigung zum Betrieb einer Fischkonservenfabrik einbringen und außerdem dem Unternehmen einen Kredit in Höhe von RM 500.000,- zur alleinigen Verwendung zur Verfügung stellen sollten. Dieser Kredit wurde trotz Fristsetzung der Kläger der Gesellschaft nie zur Verfügung gestellt.[165] Die Parteien waren gegensätzlicher Auffassung über die Frage, ob die Bereitstellung des Kredites für die Bereitschaft der Kläger zum Abschluß des Gesellschaftsvertrages entscheidend war und diese damit von dem Gesellschaftsvertrag zurücktreten durften, oder ob es für den Vertragsabschluß entscheidend auf die Genehmigung ankam.

---

161 Das Reichsgericht hat diesen Rechtsstreit zur weiteren Aufklärung des Sachverhalts bzgl. der Frage, ob im Zeitpunkt der Teilung das "innere" Gleichgewicht noch bestand, zurückverwiesen, da es nach seiner Auffassung entscheidend darauf ankam und nicht auf ein Gleichgewicht aufgrund eines Vergleichs des Papiermarkwertes.

162 RGZ 165, 193ff.; auch in RGZ 171, 358, 366; wobei in letzterer Entscheidung aber nur auf die Erstgenannte verwiesen wird.

163 Die Kündigung des Gesellschaftsvertrages ist für die GbR in § 723 BGB, für oHG und KG in § 133 HGB, der Ausschluß eines Gesellschafters ist in §§ 737 BGB, 140 HGB geregelt.

164 Über das Verhältnis von §§ 723 BGB, 133 HGB zur Vertragsanpassung aufgrund Wegfalls der Geschäftsgrundlage sagt dieses Urteil nichts aus.

165 RGZ 165, 193, 194.

In dieser Entscheidung bezog sich das Reichsgericht auf seine Rechtsprechung zur Anwendbarkeit der §§ 325, 326 BGB im Gesellschaftsrecht[166], wonach bei einer in Verzug gesetzten Gesellschaft das Rücktrittsrecht durch ein Recht zur fristlosen Kündigung ersetzt wird. Diese Rechtsgrundsätze wandte das Reichsgericht auch beim Wegfall der Geschäftsgrundlage an, so daß danach wegen eines Wegfalls der Geschäftsgrundlage nur auf Auflösung der oHG/KG nach § 133 HGB geklagt werden bzw. bei einer GbR die Kündigung nach § 723 BGB geltend gemacht werden konnte.

Aus der gewählten Formulierung des Reichsgerichts[167] ist aber nicht ersichtlich, ob der Wegfall der Geschäftsgrundlage einen wichtigen Grund im Sinne der §§ 723 Abs. 1 BGB, 133 Abs. 1 HGB darstellt, die Kündigung also lediglich Rechtsfolge der Lehre von der Geschäftsgrundlage ist oder ob das Vorliegen eines wichtigen Grundes noch geprüft werden muß und der Wegfall der Geschäftsgrundlage insoweit nur ein Indiz ist, so daß Lehre von der Geschäftsgrundlage und Kündigung aus wichtigem Grund zwei unterschiedliche Rechtsinstitute sind.

Bei diesen Urteilen fällt auf, daß das Reichsgericht die Frage nicht aufwarf, ob die Lehre von der Geschäftsgrundlage im Recht der Personengesellschaften überhaupt anwendbar ist.

---

166 RGZ 78, 303, 305; 81, 303, 305; 89, 333, 335; 89, 398, 400; 112, 280, 283; wobei die Ablehnung der Anwendbarkeit der §§ 325, 326 BGB mit den "sich aus der Gesellschaftsgemeinschaft ergebenden besonderen Verhältnissen und den für das Aufhören der Gesellschaftsgemeinschaft gegebenen besonderen Bestimmungen der §§ 723ff. BGB" begründet wird.

167 RGZ 165, 193, 200:"Wegen eines etwaigen Fortfalls der Geschäftsgrundlage könnten die Kläger nur auf Auflösung der Kommanditgesellschaft nach §§ 133, 161 HGB klagen."

II) Die Entwicklung der Rechtsprechung nach dem zweiten Weltkrieg

1) Rechtsprechung zur Rechtsfolge Vertragsauflösung bei Wegfall der Geschäftsgrundlage im Recht der Personengesellschaften

a) Urteile zur Abgrenzung von §§ 723, 733 BGB, 133, 140 HGB und der Lehre von der Geschäftsgrundlage

Der BGH[168] führte die Rechtsprechung des Reichsgerichts[169] zur Bestimmung der Rechtsfolge bei der Lehre vom Wegfall der Geschäftsgrundlage im Gesellschaftsrecht fort.

In der ersten Entscheidung des BGH zu dieser Problematik war der Kläger seit September 1936 als persönlich haftender Gesellschafter der beklagten Kommanditgesellschaft in das Handelsregister eingetragen. Grund der Gesellschafterstellung war ein Treuhandvertrag des Klägers mit der V. GmbH, an deren Stelle er persönlich haftender Gesellschafter wurde und für welche er die Geschäftsführung und Vertretung bei der Beklagten übernehmen sollte. Alleinige Gesellschafterin der V. GmbH war bis 1939 das Deutsche Reich und danach die H. GmbH, welche sich im Alleinbesitz der NSDAP befand. Im Juli 1945 bestellte die britische Militärregierung für die Beklagte einen Custodian, welcher dem Kläger mitteilte, daß seine Geschäftsführungsbefugnisse erloschen seien und ein zwischen ihm und dem Beklagten bestehendes Anstellungsverhältnis mit sofortiger Wirkung gekündigt werde. Der Kläger verlangt von der Beklagten Zahlung seiner Vergütung, da er an Stelle der V. GmbH echter persönlich haftender Gesellschafter geworden sei und nur im Innenverhältnis als Treuhänder an diese gebunden gewesen sei, so daß das Kündigungsschreiben des Custodian seine Stellung als Gesellschafter nicht berührt habe.

In dieser Entscheidung prüfte der BGH zuerst, ob der Kläger Gesellschafter geworden sei. Danach stellte er fest, daß das Treuhandverhältnis Geschäftsgrundlage für die Aufnahme des Klägers gewesen sein könnte. Der Fortfall dieses Umstandes führt nach der Auffassung des BGH nicht unmittelbar zum Verlust der Gesellschafterstellung. Der BGH wies darauf hin, daß die Anwendung der Lehre von der Geschäftsgrundlage im Gesellschaftsrecht nicht von vornherein ausgeschlossen sei, diese jedoch an die Besonderheiten des Gesellschaftsrechts anzupassen sei, insbesondere "könne mangels abweichender Bestimmungen im Gesellschaftsvertrag die Anwendung der Grundsätze auch nicht zur Folge haben,

---

168 BGHZ 10, 44ff.; auf diese Entscheidung verweist der BGH auch in BGH WM 1967, 288, 289.

169 Verweis in BGHZ 10, 44, 51 auf RGZ 165, 193, 199.

daß der betroffene Gesellschafter entgegen der Vorschriften des § 140 HGB unmittelbar seine Gesellschafterstellung verliert. Soweit sich im einzelnen Fall der Wegfall der Geschäftsgrundlage nicht auf das Gesellschaftsverhältnis aller Gesellschafter zueinander erstreckt und damit ein Recht zur Auflösung der Gesellschaft nach § 133 HGB begründet, sondern soweit er sich, etwa bei dem Eintritt eines Gesellschafters in eine bestehende Gesellschaft, auf einen einzelnen Gesellschafter beschränkt, so kann die Wirkung eines solchen Wegfalls nur darin bestehen, daß die übrigen Gesellschafter ein sofortiges Ausschließungsrecht gegenüber dem betroffenen Gesellschafter erhalten. Dagegen kann nicht die Möglichkeit anerkannt werden, daß der Wegfall der Geschäftsgrundlage dazu führt, daß dieser Gesellschafter ohne weiteres seine Gesellschafterstellung verliert."[170] Aus den Bestimmungen der §§ 133, 140, 142 HGB ergebe sich der Gesichtspunkt, daß so einschneidende Veränderungen wie die Auflösung der Gesellschaft oder der Ausschluß eines Gesellschafters bei der oHG bzw. KG „im Interesse der Rechtssicherheit und Rechtsklarheit" durch gerichtliche Entscheidung herbeizuführen seien.[171]

Nach Ansicht des BGH kommt als Rechtsfolge der Lehre von der Geschäftsgrundlage also nicht nur die Auflösung der Gesellschaft gem. § 133 HGB in Betracht, sondern auch die Ausschließung eines Gesellschafters nach § 140 HGB, soweit die Geschäftsgrundlage nicht im Verhältnis aller Gesellschafter weggefallen ist, sondern sich die Wirkung des Wegfalls der Geschäftsgrundlage auf einen Gesellschafter beschränkt, wie hier bei dem nachträglichen Eintritt eines Gesellschafters in eine bereits bestehende Gesellschaft. Kommt die Rechtsfolge Vertragsauflösung in Betracht, so erfordert dies nach dem BGH[172] ein Vorgehen nach §§ 133, 140 HGB. Dabei reicht allerdings aus, daß der Wegfall der Geschäftsgrundlage eine Vertragsauflösung gebietet; eine weitere Prüfung, ob - wie nach dem Wortlaut der §§ 133, 140 HGB eigentlich vorgesehen - ein wichtiger Grund für die Auflösung der Gesellschaft bzw. den Ausschluß des Gesellschafters vorliegt, nahm der BGH nicht vor, so daß er den Wegfall der Geschäfts-

170 BGHZ 10, 44, 51.
171 BGHZ 10, 44, 52.
172 BGHZ 10, 44, 51: "Soweit sich im einzelnen Fall der Wegfall der Geschäftsgrundlage nicht auf das Gesellschaftsverhältnis aller Gesellschafter zueinander erstreckt und damit ein Recht zur Auflösung der Gesellschaft nach § 133 HGB begründet, sondern soweit er sich, etwa bei dem Eintritt eines Gesellschafters in eine bestehende Gesellschaft, auf einen einzelnen Gesellschafter beschränkt, so kann die Wirkung eines solchen Wegfalls nur darin bestehen, daß die übrigen Gesellschafter ein sofortiges Ausschließungsrecht gegenüber dem betroffenen Gesellschafter erhalten. Dagegen kann nicht die Möglichkeit anerkannt werden, daß der Wegfall der Geschäftsgrundlage dazu führt, daß dieser Gesellschafter ohne weiteres seine Gesellschafterstellung verliert."

grundlage mit der Rechtsfolge Vertragsauflösung somit als wichtigen Grund im Sinn der §§ 133, 140 HGB ansah.

Mit der Abgrenzung zwischen der Auflösung der Gesellschaft nach § 133 HGB und dem Ausschluß eines Gesellschafters nach § 140 HGB als Rechtsfolge des Wegfalls der Geschäftsgrundlage beschäftigte sich der BGH in einem weiteren Urteil[173], welchem folgender Sachverhalt zugrundelag:

Die Parteien vereinten mittels schriftlichem Gesellschaftsvertrag vom 20. Februar 1956 ihre gleichartigen Unternehmen unter dem Dach einer oHG, wobei es jedoch zu der vorgesehenen Bewertung der erbrachten Einlagen nicht kam. Nach Unstimmigkeiten über die Bewertung der vom Kläger erbrachten Einlagen und der Bezahlung der Geschäftsschulden des Klägers stellte dieser seine Mitarbeit in dem Unternehmen ein und klagte auf Feststellung, daß eine wirksame Gesellschaft besteht. Nach rechtskräftiger Entscheidung zugunsten des Klägers[174] bezog sich dieses Urteil nur noch auf die Widerklage der Beklagten, welche sich auf die Ausschließung des Klägers richtete und - hilfsweise - auf Auflösung der Gesellschaft. Dabei vertrat der Beklagte die Ansicht, daß Geschäftsgrundlage des Gesellschaftsvertrages der gleiche Wert der eingebrachten Unternehmen gewesen sei.

Der BGH lehnte hier die Anwendbarkeit der Lehre von der Geschäftsgrundlage ab. Denn eine Anpassung des Vertrages könne bei einem Wegfall der Geschäftsgrundlage im Verhältnis aller Gesellschafter in Betracht kommen, oder dies könne als wichtiger Grund für die Auflösung der Gesellschaft angesehen werden. Die Ausschließung eines Gesellschafters allein aus dem Gesichtspunkt des Wegfalls der Geschäftsgrundlage ist nach Auffassung des BGH nicht möglich, falls die Geschäftsgrundlage im Verhältnis aller Gesellschafter untereinander weggefallen ist. Denn Rechtsfolge des Wegfalls der Geschäftsgrundlage ist die Anpassung bzw. Auflösung der Gesellschaft. Bei einer Ausschließung eines Gesellschafters bleibt die Gesellschaft, wenn sie aus mehr als zwei Gesellschaftern besteht, bestehen, so daß in solch einem Fall die Änderung der Umstände zwar im Verhältnis der Gesellschafter zu dem ausgeschlossenen Gesellschafter berücksichtigt worden wäre, nicht aber im Verhältnis der anderen, in der Gesellschaft verbliebenen Gesellschafter untereinander. Diese Rechtsfolge ist nach Auffassung des BGH mit den Grundsätzen des Wegfalls der Geschäftsgrundlage nicht zu vereinbaren. Der BGH sah in diesem Fall in der tiefgreifenden Zerrüttung des Vertrauensverhältnisses statt dessen einen wichtigen Grund im Sinn des § 133 HGB.[175] Rechtsfolge des Wegfalls der Lehre von der Geschäftsgrundlage

173 BGH WM 1963, 282.
174 Abgedruckt in BGH WM 1960, 49ff.
175 BGH WM 1963, 282, 283.

ist nach dieser Entscheidung auch im Recht der Personengesellschaften immer die Anpassung bzw. Auflösung des Vertrages. Dabei ist genau herauszuarbeiten, in welchem Vertragsverhältnis die Geschäftsgrundlage weggefallen ist.

In einem weiteren Urteil zu dieser Problematik beschäftigte sich der BGH[176] mit der Anpassung bei Wegfall der Geschäftsgrundlage. Dieses Urteil beruhte auf folgendem Sachverhalt: Die Parteien schlossen am 1. 11. 1952 die Ehe. Am 1.1.1964 wurde der Kläger Teilhaber in der Firma seines Vaters und nach dessen Tod im Herbst 1964 Alleininhaber. Im November 1964 gründeten die Parteien eine KG, wobei der Kläger Komplementär, die Beklagte, welche keine kaufmännische Vorbildung hatte, mit einer Einlage von DM 1000,- Kommanditistin wurde. Der Kläger brachte die Firma in die KG ein. In den Gesellschaftsvertrag nahmen die Parteien für den Fall ihres Todes Bestimmungen dahingehend auf, daß jede der Parteien nach dem Tode des Erstversterbenden unter Festlegung bestimmter Anteile an Kapital, Gewinn und Verlust an die Stelle des anderen treten und die gemeinsamen Kinder unter Zurechnung des Restes an Kapital, Gewinn und Verlust als Kommanditisten in die Gesellschaft eintreten sollten. Die Ehe der Parteien wurde am 15.12.1967 rechtskräftig geschieden. Der Kläger verlangte die Zustimmung der Beklagten zur Änderung der Bestimmungen des Gesellschaftsvertrages über die Nachfolge im Falle des Todes dahingehend, daß nicht die Beklagte nach seinem Tode persönlich haftende Gesellschafterin wird, sondern ein von allen Gesellschaftern zu bestimmender Komplementär und daß sein, des Klägers, Anteil an Kapital, Gewinn und Verlust gleichmäßig auf seine Kinder aus erster und zweiter Ehe als Kommanditisten entfällt, während der Kommanditanteil der Beklagten nebst Gewinn- und Verlustanteil nach ihrem Tode allein den Kindern aus erster Ehe zufallen soll.

Der BGH sah die Ehe als Geschäftsgrundlage für den Gesellschaftsvertrag an. Diese fiel durch die Scheidung der Eheleute weg. Im Zusammenhang mit der Rechtsfolge machte er deutlich, daß die Grundsätze, welche in dem oben genannten Urteil[177] dargelegt wurden, nur den Verlust der Mitgliedschaft im Wege der Auflösung der Gesellschaft bzw. der Ausschließung aus derselben betreffen, nicht jedoch eine Anpassung des Gesellschaftsvertrages bei Wegfall der Geschäftsgrundlage ausschließen. Hier war der BGH der Auffassung, daß der Gesellschaftsvertrag aufgrund des Wegfalls der Geschäftsgrundlage an die veränderten Umstände anzupassen sei.

---

176 BGH WM 1974, 831; die Vorinstanz (OLG Bremen, die Entscheidung ist abgedruckt in NJW 1972, 1952) hatte auch die Auffassung vertreten, daß entweder ein Ausschluß des Gesellschafters nach §§ 140, 142 HGB (unter Verweis auf BGHZ 10, 44, 51) oder eine Vertragsanpassung in Betracht kommt.

177 BGH WM 1963, 282.

b) Zusammenfassung

Zusammenfassend ist festzuhalten, daß nach Auffassung der Rechtsprechung die Lehre von der Geschäftsgrundlage auch im Recht der Personengesellschaften Anwendung findet. Dies gilt sowohl für die Rechtsfolge der Anpassung als auch der Auflösung des Vertrages. Bei letzterer sind aber die Besonderheiten des Personengesellschaftsrechts zu beachten. So kann die Gesellschaft nur nach den gesellschaftsrechtlich vorgesehenen Mitteln, nämlich gemäß §§ 133 HGB, 723 BGB aufgelöst bzw. ein Gesellschafter nach §§ 140 HGB, 737 BGB ausgeschlossen werden. Dabei reicht aus, daß nach den Voraussetzungen der Lehre von der Geschäftsgrundlage eine Auflösung des Gesellschaftsvertrages geboten ist, der eigentlich in diesen Paragraphen vorgesehene wichtige Grund ist nicht zu prüfen. Zu beachten ist aber, daß §§ 140 HGB, 737 BGB nur Anwendung finden, falls die Geschäftsgrundlage lediglich im Verhältnis eines Gesellschafters zu den anderen und nicht aller Gesellschafter untereinander weggefallen ist, wie z. B. bei einem nachträglichen Eintritt in die Gesellschaft. Ist die Geschäftsgrundlage dagegen im Verhältnis aller Gesellschafter zueinander weggefallen, kommen nur §§ 133 HGB, 723 BGB in Betracht.

2) Abgrenzung zwischen ergänzender Vertragsauslegung und Wegfall der Geschäftsgrundlage

Die Problematik der Abgrenzung von ergänzender Vertragsauslegung und der Lehre von der Geschäftsgrundlage ist keine Problematik, welche ausschließlich bei Personengesellschaften zu finden ist, sondern kann auch im allgemeinen Schuldrecht angetroffen werden. Die Rechtsprechung zum Gesellschaftsrecht hat sich mit der ergänzenden Vertragsauslegung bei der Änderung von Umständen hauptsächlich im Zusammenhang mit der Zulässigkeit und Abänderung von Abfindungsklauseln beschäftigt.

a) Abfindung von Gesellschaftern

Mit der Problematik der Zulässigkeit und Abänderung von Abfindungsklauseln, insb. den Buchwertklauseln hat sich der BGH in mehreren Entscheidungen beschäftigt. In diesem Zusammenhang ging es insbesondere um die Berücksichtigung erheblicher Mißverhältnisse zwischen Buchwert und realem Wert. Dabei änderte der BGH mehrmals seine Rechtsprechung und zwar sowohl in Hinsicht auf die rechtliche Begründung der Zulässigkeit, als auch bezüglich der Möglichkeit der Anpassung von Abfindungsklauseln und deren Rechtsgrund.

In einer Entscheidung aus diesem Bereich hatte der BGH zu prüfen, wie eine unvollständige vertragliche Abrede zu vervollständigen ist. Der BGH[178] hatte zu entscheiden, ob die Erben eines Gesellschafters, welche nach der gesellschaftsvertraglichen Regelung mit 75 % der letzten Bilanz vor dessen Versterben abgefunden wurden, jedoch gem. § 1 SHG eine Soforthilfesonderabgabe zu zahlen hatten, welche nach der Höhe des wahren Beteiligungswertes berechnet wurde, den Betrag der Sofortsonderhilfeabgabe von den anderen Gesellschaftern verlangen können.

Der BGH stellte fest, daß eine Lücke bestand, da die Parteien zwar geregelt hatten, daß jede Partei den Lastenausgleich selbst zu tragen hat, nicht jedoch, ob dies auch für den Betrag gelten soll, welcher sich aus den restlichen 25 % des Anteils des Verstorbenen ergibt. Diese Lücke schloß der BGH gem. § 157 BGB mittels ergänzender Vertragsauslegung.

Dabei führte er aus, daß es sich "nicht um eine Abänderung des geschlossenen Vertrages im Widerspruch zu dem im Vertrag zum Ausdruck gebrachten Parteiwillen und auch nicht um eine unzulässige Erweiterung des Vertragsgegenstandes handele, sondern um eine Ergänzung des Vertragsinhalts, welche zur Durchführung und Aufrechterhaltung des gesamten Vertragszwecks, nämlich einer abschließenden Regelung der sich aus der Auseinandersetzung ergebenden Rechtsbeziehungen, erforderlich ist, weil die Parteien den in Betracht kommenden Punkt nach den Darlegungen des Berufungsgerichts keiner feststellbaren Regelung zugeführt haben". Unter Verweis auf das Reichsgericht sagte der BGH, daß es sich „um eine Ergänzung des Vertrages, um richterliches Schaffen und Schöpfung dessen handelt, was für den eingetretenen, nicht vorhergesehenen Fall zwischen den Parteien rechtens sein soll", nicht aber um eine Abänderung desselben.[179] Die Abänderung eines Vertrages ist nach dieser Entscheidung des BGH nur bei dem Vorliegen der Voraussetzungen des Wegfalls der Geschäftsgrundlage möglich, "nicht aber kann im Wege der richterlichen Vertragsgestaltung ein geschlossener Vertrag unter Anwendung des § 242 BGB seinem Inhalt nach abgeändert werden. Eine solche Abänderung des Vertrages durch den Richter wäre unzulässig; denn wenn die Parteien die Freiheit haben, ihre Rechtsbeziehungen in dieser oder in jener Form zu regeln, ohne daß eine solche Vereinbarung etwa nach den §§ 134, 138 BGB nichtig wäre, dann kann auch ein ausdrücklich so oder so geschlossener Vertrag der Parteien nicht später von dem Richter unter Anwendung des § 242 BGB seinem Inhalt nach entgegen dem aus-

178 BGHZ 9, 273ff.
179 BGHZ 9, 273, 278.

drücklichen Willen der Vertragsschließenden einer sachlichen Abänderung zugeführt werden."[180]

Der BGH geht von einem Vorrang der ergänzenden Vertragsauslegung vor der Lehre vom Wegfall der Geschäftsgrundlage aus. Denn erst ist der Vertragsinhalt zu ergänzen, d.h. „der gesamte Vertragszweck und Vertragsinhalt unter Berücksichtigung des erklärten Parteiwillens und unter Berücksichtigung von Treu und Glauben zu ermitteln[181]. Von der Ergänzung des Vertragsinhalts ist die Abänderung des Vertrages zu unterscheiden, welche nur beim Vorliegen der Voraussetzungen der Lehre von der Geschäftsgrundlage möglich ist.

aa) Keine Anpassung nach Nichtigkeit gem. § 138 BGB

In einer Entscheidung aus dem Jahr 1978[182] ging es um die Abfindung einer Kommanditistin, welche aufgrund einer im Gesellschaftsvertrag zugelassenen Kündigung aus der Gesellschaft ausgeschieden war. Der Gesellschaftsvertrag enthielt folgende Klausel: Für die Auseinandersetzung mit ausscheidenden Gesellschaftern ist in jedem Falle die nach den Grundsätzen des § 6 aufzustellende Bilanz des Ausscheidungsstichtages maßgebend. Das Guthaben des Ausscheidenden entspricht seinem in dieser Bilanz ausgewiesenen Kapitalanteil. Der tatsächliche Wert des Kapitalanteils der Klägerin betrug unter Berücksichtigung der stillen Reserven und des Firmenwerts mehr als das Doppelte des Buchwerts.

Der BGH nahm in dieser Entscheidung die Unwirksamkeit der Buchwertklausel an und begründete dies mit einem Verstoß gegen § 138 BGB, denn die Buchwertklausel führe dazu, daß der Abfindungsanspruch erheblich hinter dem Wert des Anteils zurückbleibt. Er entschied, daß die Abfindung nach den gesetzlichen Regeln zu erfolgen habe, da bei dem vorliegenden Gesellschaftsvertrag für die ergänzende Vertragsauslegung „kein Raum" sei.[183] Die Lehre von der Geschäftsgrundlage wurde in dieser Entscheidung vom BGH nicht erwähnt.

bb) Nichtigkeit nach § 723 Abs. 3 BGB und Anpassung mittels ergänzender Vertragsauslegung

Einer anderen Entscheidung des BGH[184] lag folgender Sachverhalt zugrunde. Die Klägerin war auf eigenen Wunsch zum 31. 12. 1981 aus der Gesellschaft ausge-

---

180 BGHZ 9, 273, 279.
181 BGHZ 9, 273, 277.
182 BGH WM 1978, 1044; auf diesen Nichtigkeitsgrund stützte sich der BGH auch bei BGH WM 1989, 783, 784.
183 BGH WM 1978, 1044, 1045.
184 BGH NJW 1985, 192; so auch noch BGH ZIP 1989, 768.

schieden. Sie verlangte einen Teil des Abfindungsguthabens. Diesbezüglich lag im Gesellschaftsvertrag folgende Regelung vor: Verbleibende Gesellschafter sind berechtigt, beim Ausscheiden von Kommanditisten oder persönlich haftenden Gesellschaftern deren Geschäftsguthaben auszuzahlen. Das Geschäftsguthaben ergibt sich aus der Bilanz, die auf den Schluß des Wirtschaftsjahres aufzustellen ist, das dem Zeitpunkt des Ausscheidens vorangeht. Ein good will wird nicht berücksichtigt.

In dieser Entscheidung präzisierte der BGH seine Meinung bezüglich der Unwirksamkeit von Buchwertklauseln dahingehend, daß eine nachträgliche Nichtigkeit der Buchwertklauseln nur bei Verstoß gegen § 723 Abs. 3 BGB[185] in Betracht kommt, nicht aber ein Verstoß gegen § 138 BGB.[186] Diese Lücke sollte dann durch ergänzende Vertragsauslegung geschlossen werden, aber nicht der volle Wert gemäß § 738 BGB gewährt werden, da „der auf dem objektivierten mutmaßlichen Willen der Vertragschließenden abzustellenden richterlichen Vertragsergänzung Vorrang vor dem dispositiven Gesetzesrecht einzuräumen sei". Über das Verhältnis der ergänzenden Vertragsauslegung zur Lehre vom Wegfall der Geschäftsgrundlage äußerte sich der BGH auch in dieser Entscheidung nicht.

cc) Keine nachträgliche Nichtigkeit gem. § 723 Abs. 3 BGB und Anpassung mittels ergänzender Vertragsauslegung

Eine Änderung bezüglich der Zulässigkeit von Buchwertklauseln erfolgte mit dem Urteil des BGH[187] vom 20. 9. 1993. In dem Gesellschaftsvertrag war folgende Abfindung vereinbart worden: In all diesen Fällen des Ausscheidens erhält der betreffende Gesellschafter als Abfindung aller seiner Ansprüche an das Gesellschaftsvermögen den Betrag seines Kapitalkontos zuzüglich bzw. abzüglich des Saldos auf dem Privatkonto aufgrund der Steuerbilanz zum Ausscheidungstermin. In der Klage wurde geltend gemacht, daß zwischen dem Buchwert und dem wirklichen Wert seines Kommanditanteils ein erhebliches Mißverhältnis besteht und deshalb die Abfindung nach dem letzten Wert zu berechnen sei.

In dieser Entscheidung stellte der BGH fest, daß eine nachträgliche Nichtigkeit der Buchwertklausel wegen eines Verstoßes gegen § 723 Abs. 3 BGB nicht in Betracht kommt, da eine Abfindungsvereinbarung nicht nach der Entwicklung

185 Der BGH war der Auffassung, daß Buchwertklauseln dann unzulässig sind, wenn sie wegen ihrer wirtschaftlich nachteiligen Auswirkungen, insb. bei erheblicher Diskrepanz zwischen wirklichem Wert und dem Buchwert, die Freiheit des Gesellschafters zur Kündigung unvertretbar einengen.

186 Der BGH hatte diesen Nichtigkeitsgrund schon in BGH WM 1973, 326, 327 diskutiert, ohne jedoch eine Entscheidung zu treffen.

187 BGHZ 123, 281ff.

des Verhältnisses zwischen Buchwert und tatsächlichem Anteils zu verschiedenen Zeitpunkten wirksam oder unwirksam sein könne.[188]

Jedoch wendet der BGH die vertragliche Klausel nicht an, sondern greift - nach Ablehnung des § 738 BGB - auf die Grundsätze der ergänzenden Vertragsauslegung zurück.[189] Dabei ist für den BGH für das Bestehen einer Vertragslücke entscheidend, ob die Parteien, „wenn sie bei Vertragsschluß die spätere Entwicklung der Verhältnisse in Betracht gezogen hätten, es gleichwohl bei der vereinbarten Regelung belassen oder ob sie bei einer angemessenen Abwägung ihrer Interessen nach Treu und Glauben als redliche Vertragspartner jener Entwicklung durch eine andere vertragliche Bestimmung Rechnung getragen hätten“. Besteht eine Lücke, ist diese in einer Weise auszufüllen, daß die Grundsätze des konkreten Vertrages "zu Ende gedacht" werden. Dabei sind in erster Linie "Anhaltspunkte heranzuziehen, die sich dem übrigen Vertragsinhalt und den sonstigen im Zeitpunkt des Vertragsschlusses gegebenen Umständen entnehmen und die auf den tatsächlichen Willen der Parteien schließen lassen"[190]. Jedoch ist der hypothetische Parteiwille unter Einbeziehung einer objektiven Abwägung der beiderseitigen Interessen zu ermitteln.[191]

Ob die Grundsätze des Wegfalls der Geschäftsgrundlage anzuwenden sind, wenn durch die ergänzende Vertragsauslegung kein befriedigendes Ergebnis zu erzielen ist, läßt der BGH offen.[192]

Diese Rechtsprechung bestätigte der BGH[193] in einem weiteren Urteil, stellte aber gleichzeitig fest, daß seine Auffassung „im Ergebnis“ mit derjenigen übereinstimmt, welche eine Anpassung nach § 242 BGB vornimmt.[194]

dd) Anpassung mittels der Lehre von der Geschäftsgrundlage

In einem Rechtsstreit aus dem Jahr 1980[195] verlangte die Klägerin, welche durch eigene Kündigung aus der Kommanditgesellschaft ausgeschieden war, die Auf-

188 BGHZ 123, 281, 284.
189 BGHZ 123, 281, 285/286.
190 BGHZ 123, 281, 286.
191 BGHZ 123, 281, 286.
192 BGHZ 123, 281, 287: "Ob es Fallgestaltungen geben kann, in denen durch eine ergänzende Vertragsauslegung kein befriedigendes Ergebnis zu erzielen ist und in denen sodann die Anwendung der Grundsätze über den Wegfall der Geschäftsgrundlage in Betracht kommen kann, ist hier nicht zu erörtern".
193 BGHZ 126, 226, 242.
194 BGHZ 126, 226, 233; der BGH verweist auf Möhring, Festschrift für Barz, 1974, 49, 58, welcher bei der Anpassung von Abfindungsklauseln die Grundsätze des Wegfalls der Geschäftsgrundlage anwenden möchte.
195 BGH WM 1980, 1962.

stellung einer die wahren Werte des Unternehmens ausweisenden Abschichtungsbilanz, um festzustellen, ob die ihr gesellschaftsvertraglich zustehende Abfindung zum Buchwert angemessen war oder nicht.

Nach Auffassung des BGH könnte die Klägerin keine Abschichtungsbilanz verlangen, falls die Abfindung sich nach dem Buchwert berechnet. Etwas anderes könnte sich aber dann ergeben, falls die Buchwertklausel anzupassen sei. Die Möglichkeit, Buchwertklauseln gem. § 242 BGB anzupassen, erwog der BGH[196], wenn Buchwert und realer Wert in einem bei Vertragsschluß „ganz unvorhergesehenen Maße auseinanderklaffen". Um aber eine Abschichtungsbilanz verlangen zu können, müßte die Klägerin Tatsachen vorbringen, die die Möglichkeit eines "Auseinanderklaffens" in ganz unvorhergesehenem Maße "zumindest nahelegen".

Die Anwendung des § 723 Abs. 3 BGB wurde vom BGH in einem neueren Urteil[197] als nicht entscheidungsrelevant abgelehnt. Dabei war ein Gesellschafter wegen der Pfändung seines Gesellschaftsanteils aus der Gesellschaft ausgeschlossen worden. Der Gesellschaftsvertrag beinhaltete für diesen Fall folgende Regelung: Bei Kündigung der Gesellschaft durch einen persönlich haftenden Gesellschafter sowie bei Ausschluß eines Gesellschafters nach § 9 wird die Gesellschaft nicht aufgelöst, sondern - nach Ausscheiden des betroffenen Gesellschafters - von den übrigen Gesellschaftern fortgesetzt. In diesen Fällen besteht der Abfindungsanspruch des ausscheidenden Gesellschafters in seinem buchmäßigen, nominellen Kapitalkonto und dem Guthaben auf dem Darlehenskonto. Stille Reserven oder ein Firmenwert werden dabei nicht berücksichtigt.

Trotzdem wurde unter der Voraussetzung der Unzumutbarkeit der vertraglichen Abfindungsregelung eine Anpassung an die veränderten Verhältnisse zugestanden. Der BGH machte deutlich: „Ein im Laufe der Zeit eingetretenes, im Zeitpunkt des Vertragsschlusses noch nicht abzusehendes, außergewöhnlich weitgehendes Auseinanderfallen von vereinbartem Abfindungs- und tatsächlichen Anteilswert kann aber ganz allgemein nach den Grundsätzen von Treu und Glauben, die im Gesellschaftsrecht durch die besondere Treuepflicht des Gesellschafters verstärkt sind, dazu führen, daß dem von dieser tatsächlichen Entwicklung betroffenen Gesellschafter das Festhalten an der vertraglichen Regelung auch unter Berücksichtigung des berechtigten Interesses der Mitgesellschafter nicht mehr ohne weiteres zugemutet werden kann".[198] Dafür ist nach Meinung des BGH aber nicht allein das zwischen den Werten entstandene Mißverhältnis

196 BGH WM 1980, 1362, 1963.

197 BGH WM 1993, 1412.

198 BGH WM 1993, 1412, 1413, dabei verwies der BGH auf BGHZ 62, 22, 29 - einer Entscheidung aus dem Recht der GmbH - nach welcher sich ein Gesellschafter, "etwa unter dem Gesichtspunkt der unzulässigen Rechtsausübung", nicht mit der in der Satzung vorgesehenen Abfindung zufrieden geben muß.

entscheidend, sondern es sind alle Umstände des konkreten Falles zu beachten.[199] Dabei bezieht sich der BGH ausdrücklich auf Büttner[200], welcher eine Anpassung der Abfindungsklausel im Wege der Änderung der Geschäftsgrundlage vorschlägt. Jedoch wird in diesem Urteil nicht explizit auf ein Rechtsinstitut verwiesen, nach welchem die Anpassung erfolgen soll.

ee) Zwischenergebnis

Betrachtet man diese Entscheidungen, muß man feststellen, daß der BGH bei ähnlichen Sachverhaltskonstellationen unterschiedliche Lösungswege eingeschlagen hat und zwar sowohl bezüglich der Nichtigkeit der Abfindungsklauseln, als auch der Art und Weise, in welcher die Abfindungsklauseln an veränderte Umstände anzupassen sind. Im Ergebnis ist aber festzuhalten, daß der BGH in seiner neueren Rechtsprechung die Nichtigkeit von Abfindungsklauseln wegen eines nachträglichen Auseinanderfallens von Buchwert und tatsächlichem Wert zwar ablehnt, einer Anpassung derselben an veränderte Umstände aber zustimmt. Bei der Anpassung greift der BGH auf unterschiedliche Konstruktionen zurück, einmal gewährt er die Anpassung mittels ergänzender Vertragsauslegung, ein anderes Mal mittels der Lehre von der Geschäftsgrundlage. Bei den unterschiedlichen Entscheidungen macht er aber nicht deutlich, warum er bei ähnlich gelagerten Fällen zwar zum gleichen Ergebnis, der Anpassung, kommt, dies aber auf unterschiedlichen rechtlichen Wegen - nämlich über die ergänzende Vertragsauslegung oder die Lehre von der Geschäftsgrundlage - erreicht. Dies deutet auf eine große Unsicherheit bei der Anwendung und Abgrenzung der unterschiedlichen Rechtsinstitute in der Rechtsprechung hin.

b) Andere Urteile aus dem Bereich des Gesellschaftsrechts zu dieser Problematik

Auch außerhalb des Bereichs der Abfindungsklauseln beschäftigte sich der BGH mit der Problematik der Abgrenzung von ergänzender Vertragsauslegung und der Lehre von der Geschäftsgrundlage.

Einem Urteil lag dabei folgender Sachverhalt[201] zugrunde: Zwischen der Klägerin und ihrem geschiedenen Mann war ein "Ehevertrag" abgeschlossen wor-

---

199 BGH WM 1993, 1412, 1413; dazu zählt der BGH insb. die Dauer der Mitgliedschaft des Ausgeschiedenen in der Gesellschaft, seinen Anteil am Aufbau und Erfolg des Unternehmens, sowie den Anlaß des Ausscheidens.

200 Büttner, FS Nirk, 119, 136.

201 BGH DB 1972, 2201; auch BGH LM § 842 BGB Nr. 9, wo jedoch der Sachverhalt nicht wiedergegeben wurde.

den, nach welchem sich die Klägerin verpflichtete, den Ehemann in seinem Beruf zu unterstützen und ihm jede zumutbare Hilfe hierbei angedeihen zu lassen. Der Ehemann andererseits verpflichtete sich, der Klägerin 50 Prozent seiner Reineinkünfte zukommen zu lassen. Die Klägerin war als Geschäftsführerin eines von einer KG betriebenen Hotels angestellt. Persönlich haftender Gesellschafter der KG war der Ehemann der Klägerin. Nach einem Unfall war sie arbeitsunfähig und infolgedessen nicht mehr in der Lage, der Verpflichtung aus dem "Ehevertrag" nachzukommen. Die Klägerin begehrt eine Entschädigung dafür, daß sie aufgrund des Unfalls keine Ansprüche mehr aus dem "Ehevertrag" geltend machen kann.

Der BGH bejahte das Vorliegen einer BGB-Gesellschaft zwischen den Eheleuten. Dann merkte er an, daß die Klägerin wegen der bei dem Unfall davongetragenen Verletzungen nicht mehr in der Lage sei, den Gesellschaftszweck auf die im Gesellschaftsvertrag vorgesehene Art und Weise zu fördern. Der BGH lehnte die Unmöglichkeit der Zweckerreichung gem. § 726 BGB ab,[202] sondern suchte mittels Vertragsauslegung eine andere Leistung an die Stelle der im Gesellschaftsvertrag Vereinbarten treten zu lassen. Dabei diskutierte der BGH die Möglichkeit, ob an Stelle der ausgefallenen Leistung von Diensten eine entsprechende Leistung in Geld tritt. In diesem Zusammenhang stellte er fest, daß eine Anpassung des Vertrages mittels der Grundsätze des Wegfalls der Geschäftsgrundlage an die veränderten Umstände nur in Betracht kommt, falls die ergänzende Vertragsauslegung „nicht zu einem Ergebnis" führt.[203]

In einer Entscheidung aus dem Jahr 1979[204] waren Kläger und Beklagte Geschwister und Gesellschafter einer OHG, in deren Gesellschaftsvertrag die Kapitalanteile und der Modus der Verteilung des Reingewinns festgelegt worden war. Einer der Beklagten trat mit Wirkung zum 31. März 1956 aus der Gesellschaft aus, ihm wurde jedoch die Möglichkeit des Wiedereintritts offen gehalten, welche er auch im Jahr 1959 wahr nahm. In der Wiedereintrittsklausel wurden die Kapitalkonten der Parteien festgelegt, nicht jedoch das Beteiligungsverhältnis zu den anderen Gesellschaftern.

Der BGH stellte fest, daß das Beteiligungsverhältnis einer Festlegung bedürfe. Dabei fällte er aber keine Entscheidung, welches der beiden Institute - ergänzende Vertragsauslegung oder die Lehre von der Geschäftsgrundlage - anzuwenden sei, sondern führte aus, daß „die konkrete Regelung aus den übrigen Bestimmungen der zwischen den Beteiligten getroffenen Vereinbarungen entnom-

202 BGH LM § 842 BGB Nr. 9 Bl. 4; wobei der BGH der Auffassung war, daß die fehlende Mitarbeit der Klägerin nur die Höhe des Gesellschaftsgewinns beeinflußt.
203 BGH LM § 842 BGB Nr. 9 Bl. 4.
204 BGH WM 1979, 889, 890.

men", insbesondere mittels eines dieser beiden Rechtsinstitute gewonnen werden könnte. Eine Entscheidung war nach Auffassung des BGH in diesem Verfahren jedoch nicht notwendig.[205]

c) Ergebnis

Wird die Anpassung eines Vertrages angestrebt, so kommt nach Auffassung des BGH die Anwendung der Lehre von der Geschäftsgrundlage erst in Betracht, wenn die ergänzende Vertragsauslegung "nicht zu einem Ergebnis" führt.

Betrachtet man die oben dargelegten Entscheidungen, ist festzustellen, daß für den BGH das Ergebnis, die Anpassung des Vertrages an die veränderten Umstände, entscheidend ist. Ob dies mittels ergänzender Vertragsauslegung oder der Lehre von der Geschäftsgrundlage geschieht, ist für den BGH wohl – zumindest im Bereich der Abfindungsklauseln - nebensächlich, denn es ist oft nicht ersichtlich, warum er sich einmal auf die Lehre von der Geschäftsgrundlage, ein anderes Mal auf die ergänzende Vertragsauslegung stützt.

3) Das Verhältnis von Treuepflicht und Wegfall der Geschäftsgrundlage

Nicht nur mittels ergänzender Vertragsauslegung und den Grundsätzen der Lehre von der Geschäftsgrundlage haben die Gerichte eine Anpassung von Verträgen an veränderte Umstände bejaht. Im Personengesellschaftsrecht haben die Gerichte bei der Prüfung, ob Gesellschaftsverträge an veränderte Umstände anzupassen sind, schon mehrmals auf den Gesichtspunkt der gesellschaftlichen Treuepflicht zurückgegriffen.[206] Dabei hoben sie hervor, daß ein Gesellschafter

---

205 BGH WM 1979, 889, 891: In diesem Zusammenhang wies der BGH darauf hin, daß eine Verpflichtung besteht, "aufgrund der gesellschaftlichen Treuepflicht gegebenenfalls einer Änderung des Gesellschaftsvertrages dahin zuzustimmen, daß die Gleichstellungsklauseln nicht zum Nachteil des Klägers und der Beklagten zu 1 ausschlagen".

206 BGHZ 30, 195, 201; 44, 40, 41; 64, 253, 257f.; 98, 276, 279; 102, 173, 176; BGH WM 1960, 105, 106; 1961, 301, 302; 1967, 1099, 1101; 1970, 246, 248; 1973, 990, 991f.; 1974, 375, 376; 1974, 831, 832; 1978, 1230, 1231; 1979, 1058, 1060; 1985, 195, 196; 1986, 68, 69; 1986, 1556, 1557; 1987, 133, 134; BGH NJW 1984, 173; BGH BB 1954, 156; 1985, 423, 424; BGH ZIP 1994, 1942, 1943; 1995, 819, 824; OLG Bremen NJW 1972, 1952; kritisch zur Abänderung der gesellschaftsrechtlichen Grundlagen aus dem Gesichtspunkt des Treuegedankens OLG Nürnberg WM 1958, 710, 713.

im allgemeinen nicht verpflichtet ist, der Änderung eines Gesellschaftsvertrages zuzustimmen, auch nicht zur Förderung des Gesellschaftszwecks.[207]

Nach der Auffassung des BGH kann sich jedoch in besonderen Ausnahmefällen „für den einzelnen Gesellschafter aus der gesellschaftlichen Treuepflicht etwas Abweichendes ergeben. Voraussetzung für die Annahme einer solchen Verpflichtung ist zunächst stets, daß die in Frage stehende Änderung des Gesellschaftsvertrages mit Rücksicht auf das bestehende Gesellschaftsverhältnis oder mit Rücksicht auf die Rechtsbeziehungen der Gesellschafter zueinander erforderlich ist, etwa zum Zweck der Erhaltung wesentlicher Werte, die die Gesellschafter in gemeinsamer Arbeit geschaffen haben, oder zur Vermeidung wesentlicher Verluste, die die Gesellschaft anderenfalls erleiden könnte. Des weiteren ist es für die Annahme einer solchen Verpflichtung notwendig, daß die vorgesehene Änderung des Gesellschaftsvertrages dem einzelnen Gesellschafter unter Berücksichtigung seiner eigenen Belange auch zumutbar ist.[208]

Später verschärfte der BGH letzteres Kriterium und verlangte, daß „Umstände hinzutreten müssen, die eine solche Änderung mit Rücksicht auf das bestehende Gesellschaftsverhältnis oder die bestehenden Rechtsbeziehungen der Gesellschafter untereinander als dringend erforderlich erscheinen lassen".[209]

Eine Zustimmungspflicht wurde aber grundsätzlich verneint, „wenn die Umstände, die nach Auffassung der Mehrheit die Änderung geboten erscheinen lassen, bei Abschluß des Gesellschaftsvertrages vorhersehbar waren oder gar in dem Gesellschaftsvertrag berücksichtigt worden sind".[210]

Mit dem Verhältnis der Abänderung des Gesellschaftsvertrages aufgrund der Treuepflicht und infolge des Wegfalls der Geschäftsgrundlage hat sich die Rechtsprechung kaum beschäftigt.

Einem Urteil[211], in welchem beide Rechtsinstitute angesprochen wurden, lag folgender Sachverhalt zugrunde: Die Parteien waren Gesellschafter einer im Jahr 1950 errichteten oHG und zu je ein Drittel an Gewinn und Verlust beteiligt. Der Kläger ist nach dem Gesellschaftsvertrag verpflichtet, dem Unternehmen seine volle Arbeitskraft zu widmen und erhält dafür neben seinem Gewinnanteil eine Tätigkeitsvergütung von DM 400,-. Der Kläger beantragte, seine Gesellschafts-

---

207 So u.a. BGHZ 44, 40, 41; BGH BB 1954, 156; BGH WM 1960, 105, 106; 1961, 301, 302; 1973, 990, 991; 1987, 133, 134.

208 BGHZ 44, 40, 41; 64, 253, 258; 98, 276, 279; BGH BB 1954, 156; BGH WM 1961, 301, 302; 1970, 246, 248; 1973, 990, 992; 1979, 1058, 1060; 1987, 133, 134f.

209 BGHZ 64, 253, 258; BGH WM 1985, 195, 196; BGH BB 1985, 423, 424.

210 BGH WM 1973, 990, 992.

211 BGHZ 44, 40, 41; spätere Entscheidungen des BGH zur Erhöhung der Vergütung von Geschäftsführern verweisen lediglich auf die genannte; vgl. BGH WM 1967, 1099, 1101; 1974, 375, 376; 1978, 1230, 1231.

vergütung auf DM 1600,- zu erhöhen, da sich Umsatz und Gewinn im Lauf der Jahre erhöht hatten, aber auch die Lebenshaltungskosten und die Gehälter leitender Angestellter.

Der BGH prüfte zuerst eine Vertragsänderung wegen Wegfalls der Geschäftsgrundlage. Diese lehnte er ab, da bei Abschluß des Gesellschaftsvertrages die Möglichkeit erkannt worden war, daß sich Umsatz und Gewinn im Lauf der Jahre erhöhen würden, damit kein Irrtum über einen dem Vertrag zugrundeliegenden Umstand vorlag, und es somit an einer Voraussetzung der Lehre von der Geschäftsgrundlage fehlte. Auch die gestiegenen Lebenshaltungskosten ließ der BGH nicht gelten, da "Lohn" für die Arbeit des Gesellschafters in erster Linie die Gewinnbeteiligung ist. Anschließend prüfte der BGH eine Zustimmungspflicht aufgrund der Treuepflicht, ohne sich jedoch zum Verhältnis dieser beiden Rechtsinstitute zu äußern.

Das OLG Bremen wählte im Gegensatz zum BGH im Verhältnis vom Wegfall der Geschäftsgrundlage und Vertragsanpassung aufgrund der Treuepflicht einen anderen Ansatz.[212] Es stellte fest, daß eine Änderung des Gesellschaftsvertrages nur durch übereinstimmende Erklärung aller Gesellschafter in Betracht kommt und eine Verpflichtung zur Zustimmung zu dieser Änderung aufgrund der Treuepflicht bestehen kann. Diese Zustimmungspflicht aus der gesellschaftlichen Treuepflicht könne sich dann ergeben, falls solche Umstände auftreten würden, die im Vertrag nicht vorgesehen sind.[213] Den Rechtsgrund für die Änderung des Gesellschaftsvertrages sah es im Wegfall der Geschäftsgrundlage, wobei es die Ehe der Parteien als Geschäftsgrundlage des Gesellschaftsvertrages ansah.

Die Revision dieses Urteils entlockte - soweit ersichtlich - dem BGH die einzige Aussage[214] zur Abgrenzung der beiden Rechtsinstitute. Danach wird das Rechtsinstitut des Wegfalls der Geschäftsgrundlage nicht durch die gesellschaftliche Treuepflicht eingeschränkt. Zur Begründung hat der BGH angeführt, daß eine „Ergänzung oder Änderung des Gesellschaftsvertrages nur verlangt werden kann, wenn Umfang und Inhalt der aus dem Vertrag sich ergebenden Rechte und Pflichten der Parteien nach dem inneren Sinn und Zweck des Rechtsgeschäfts unter Berücksichtigung aller Umstände des Einzelfalles gemäß § 242 BGB eine Anpassung an die wirkliche Sachlage erfordern; dabei dürfen nur solche Eingriffe vorgenommen werden, die unumgänglich notwendig erscheinen, um ein mit Treu und Glauben zu vereinbarendes Ergebnis zu erzielen."

---

212 OLG Bremen NJW 1972, 1952; vgl. auch die ausführliche Darstellung des dieser Entscheidung zugrunde liegenden Sachverhaltes mit der Auffassung des BGH in § 2 II 1.

213 OLG Bremen NJW 1972, 1952; unter Bezugnahme auf Alfred Hueck, oHG, § 11 III 3, (S. 174).

214 BGH WM 1974, 831, 833.

Als Folge der Berücksichtigung des Parteiwillens innerhalb der Rechtsfolge der Lehre von der Geschäftsgrundlage kann sich eine Neuverhandlungspflicht ergeben, wobei Anpassung oder Auflösung des Vertrages erst nach Scheitern des Vertrages in Betracht kommen.[215] Auch die Rechtsprechung hat im Zusammenhang mit der Abänderung von Verträgen von Personengesellschaften die Pflicht zu Neuverhandlungen bejaht, allerdings nicht nur als Rechtsfolge der Lehre von der Geschäftsgrundlage, sondern auch im Zusammenhang mit anderen Rechtsinstituten.[216]

In einem Urteil des BGH[217] aus dem Jahr 1969 schloß eine gerade gegründete Kommanditgesellschaft einen Vertrag mit einem Architekten zum Bau eines Gebäudes ab. Die Einlagen hatten die Gesellschafter vereinbarungsgemäß nicht sofort zu tragen, sondern nur „nach Maßgabe der anfallenden Baukosten“. Der Kläger war Gesellschafter und hatte die Baunebenkosten sowie die Kosten des Vertragsschlusses mit dem Architekten getragen. Das Geschäftsgebäude sollte nach der Intention der Gesellschafter dem Kläger für dessen Privatbetrieb vermietet werden.[218] Da die anderen Gesellschafter sich weigerten, die Einlagen zu erbringen, klagte der Kläger auf Auflösung der Gesellschaft gem. § 133 HGB. Zum Zeitpunkt der Weigerung war allerdings unklar, ob der Kläger in der Lage sein würde, einen angemessenen Mietzins aufzubringen.

Der BGH legte dar, daß eine Gesellschaft, welche sich erst im Anfangsstadium befindet, aufgrund des § 133 HGB aufgelöst werden kann, falls „es bereits in diesem Stadium durch ein gesellschaftswidriges Verhalten der Mitgesellschafter belastet wird, gegen das er (der klagende Gesellschafter; Anm. des Verfassers) sich zu wehren hat“.[219] Andererseits stellte der BGH auch fest, daß die Weigerung auf der Unsicherheit der Erbringung eines angemessenen Mietzinses beruhte, wobei die Beklagten ein berechtigtes Interesse an einer Klärung dieser Frage hatten, da dies für die Entscheidung, ob das Projekt wie vorgesehen durchgezogen werden konnte, entscheidend war. Trotz mehrfacher Aufforderung war der

215 Larenz/Wolf, AT, § 38, Rn. 48.

216 Martinek, AcP 198 (1998) 329, 373 steht der Einordnung der Urteile in den Bereich der Neuverhandlungspflichten kritisch gegenüber. Er ist der Auffassung, daß sich die Urteile auch zwanglos dahingehend verstehen lassen, “daß nicht eine verweigerte Neuverhandlung, sondern eine verweigerte Fortführung und Erfüllung des (mit vorbestimmtem Inhalt) angepaßten Vertrags, also eine unberechtigte Vertragsaufsage die andere Partei zum Rücktritt bzw. zur Kündigung (wegen positiver Vertragsverletzung) berechtigt;...”.

217 BGH LM § 133 HGB Nr. 7.

218 BGH LM § 133 HGB Nr. 7 Bl. 2.

219 BGH LM § 133 HGB Nr. 7 Bl. 2.

Kläger nicht bereit gewesen, an einer Klärung mitzuwirken. Der BGH äußerte sich dahingehend, daß dem Kläger wegen dieser Weigerung die Auflösung der Gesellschaft verwehrt bleibt, da der Kläger seinerseits nicht alles getan hatte, um die Durchführung des vereinbarten Gesellschaftszwecks zu ermöglichen.[220]

Auch verwies der BGH[221] in einem anderen Fall eine Klage zurück und forderte den Kläger auf, einen neuen Vorschlag zu unterbreiten, über welchen dann vor dem Berufungsgericht verhandelt werden sollte. Dabei erkannte er das Verlangen des Klägers auf Änderung des Gesellschaftsvertrages aufgrund des Wegfalls der Geschäftsgrundlage als grundsätzlich berechtigt an, die vom Kläger vorgetragene Lösung des Vertrages beschnitt dem BGH aber zu sehr die Rechte der Beklagten.

In einem Urteil aus dem Jahr 1975 gab der BGH[222] dem Beklagten die Möglichkeit zur Abweisung einer Klage auf Ausschluß aus der Gesellschaft, den anderen Gesellschaftern eine zumutbare verbindliche Änderung des Gesellschaftsvertrages anzubieten. Der Beklagte und sein Bruder, der Vater der Kläger, gründeten 1942 als persönlich haftende Gesellschafter mit einer Beteiligung zu je 50 % eine oHG. Nach dem Tod des Vaters traten die Kläger 1964 als Kommanditisten in die Gesellschaft ein. Im gleichen Jahr wurde eine Buchprüfung vom Finanzamt für die Jahre 1956 bis 1961 durchgeführt. Dabei wurde ein nicht versteuerter Mehrgewinn von DM 65 000,- festgestellt, welchen das Finanzamt als Entnahme des Beklagten ansah. Darüber hinaus machten die Kläger weitere Unregelmäßigkeiten des Beklagten geltend, so daß nach ihrer Auffassung die Vertrauensgrundlage der Gesellschaft zerstört war und klagten auf Ausschließung des Beklagten aus der Gesellschaft.[223]

Der BGH führte aus, daß die Ausschließung nach § 140 HGB nur das letzte Mittel sein könnte, um einem Zerwürfnis der Gesellschafter Rechnung zu tragen, so daß eine Ausschließung nicht in Betracht kommt, „wenn eine Regelung gefunden werden kann, die dem beklagten Gesellschafter weniger belastet, andererseits aber auch für die klagenden Gesellschafter zumutbar ist. Zumutbar für sie kann aber, wenn „an sich" ein Ausschließungsgrund besteht, nur eine Änderung des Gesellschaftsvertrages sein. Der beklagte Gesellschafter muß mithin, wenn er die Ausschließung abwenden will, von sich aus oder auf Anregung des Gerichts eine für die Kläger zumutbare verbindliche Vertragsänderung anbieten." Dabei reicht

---

220 BGH LM § 133 HGB Nr. 7 Bl. 2.

221 BGH WM 1974, 831, 833, wobei der Sachverhalt bereits unter § 2 II 1 dargelegt wurde.

222 BGH WM 1975, 769ff., wobei der Sach- und Streitstand in BGH WM 1971, 20f. abgedruckt ist.

223 BGH WM 1971, 20, 21.

allerdings die bloße Bereitschaftserklärung des Beklagten zur Vertragsänderung nicht aus, sondern der Beklagte muß eine konkrete Vertragsänderung anbieten.[224]

Der BGH erkennt in diesen Urteilen die Pflicht an, Neuverhandlungen zu führen. Entscheidend für die Begründung der Neuverhandlungspflichten ist der Gesichtspunkt der Zumutbarkeit. Dabei geht der BGH von dem Grundsatz aus, daß Neuverhandlungen weniger belastend sind als die richterliche Gestaltung des Vertragsverhältnisses. Es besteht nach der Auffassung des BGH also nicht nur eine Neuverhandlungspflicht als Rechtsfolge der Lehre von der Geschäftsgrundlage, sondern bei allen Rechtsinstituten, welche die Abänderung oder Auflösung des Vertrages von der (Un-)Zumutbarkeit des Festhaltens am unveränderten Vertrag abhängig machen.

III) Zusammenfassung

Die Rechtsprechung erkennt die Anwendbarkeit der Lehre von der Geschäftsgrundlage im Recht der Personengesellschaften an; allerdings nur, falls als Rechtsfolge eine Vertragsänderung angestrebt wird. Soll der Gesellschaftsvertrag aufgelöst werden, ist die Rechtsprechung der Auffassung, daß die gesetzlichen Regelungen nach §§ 723, 737 BGB, 133 140 HGB der Lehre von der Geschäftsgrundlage vorgehen. Im Verhältnis von ergänzender Vertragsauslegung und Lehre von der Geschäftsgrundlage geht die Rechtsprechung von dem Vorrang der ergänzenden Vertragsauslegung aus. Betrachtet man aber die einzelnen Entscheidungen, muß man feststellen, daß die Rechtsprechung einmal die Lehre von der Geschäftsgrundlage, ein anderes Mal die ergänzende Vertragsauslegung anwendet. Dabei ist nicht ersichtlich, warum die Rechtsprechung in ähnlich gelagerten Fällen auf unterschiedliche "Rechtsinstitute" zurückgreift. Zur Vertragsanpassung mittels der Zustimmungspflicht aufgrund der gesellschaftlichen Treuepflicht gibt es eine große Zahl von Entscheidungen, allerdings hat sich die Rechtsprechung kaum zum Verhältnis von der Lehre der Geschäftsgrundlage zur Zustimmungspflicht zur Vertragsänderung aufgrund der Treuepflicht geäußert. Soweit ersichtlich, geschah dies lediglich in zwei Entscheidungen, wobei zwei unterschiedliche Ansätze gewählt wurden: In einer Entscheidung wurde zwar der Wegfall der Geschäftsgrundlage als Rechtsgrund der Vertragsanpassung angesehen, die Pflicht, dieser zuzustimmen, ergibt sich nach dieser Entscheidung aber aus der gesellschaftlichen Treuepflicht. In einer anderen Entscheidung trennte die Rechtsprechung die beiden Rechtsinstitute streng, wobei das Rechtsinstitut der Lehre von der Geschäftsgrundlage nicht durch die gesellschaftliche Treuepflicht

224 BGH WM 1975, 769, 770.

eingeschränkt wird. Bei der Anpassung von Gesellschaftsverträgen - allerdings nicht nur im Rahmen der Lehre von der Geschäftsgrundlage - sieht der BGH eine Pflicht, Neuverhandlungen zu führen. Zur Begründung verweist er auf den Gesichtspunkt der Zumutbarkeit. Aus diesen Urteilen läßt sich jedoch nicht schließen, unter welchen Voraussetzungen der BGH eine Neuverhandlungspflicht verlangt, denn der BGH hat in den oben genannten Entscheidungen keine klare Aussage zur systematischen Stellung der Neuverhandlungspflichten innerhalb der in den obigen Entscheidungen angesprochenen Rechtsinstituten getroffen.

§ 3 Die Anwendbarkeit der Lehre von der Geschäftsgrundlage im Recht der Personengesellschaften

Die Lehre von der Geschäftsgrundlage wurde entwickelt, um Austauschverträge an veränderte Umstände anzupassen. Denn durch die von zumindest einer der Parteien nicht vorhergesehene Änderung der Umstände ist das subjektive (d.h. nach der vertraglichen Abrede vorhergesehene) Äquivalenzverhältnis zwischen Leistung und Gegenleistung in erheblichem Maße gestört.[225]

Später haben die Gerichte die Lehre von der Geschäftsgrundlage auf Gesellschaftsverträge angewandt,[226] ebenso befürwortet die herrschende Literaturauffassung eine Anwendung der Lehre von der Geschäftsgrundlage auf Gesellschaftsverträge.[227] Die Anwendbarkeit dieses Rechtsinstituts auf Gesellschaftsverträge lehnt lediglich, soweit ersichtlich, Weber[228] ab. Er begründet seine Ablehnung mit den bestehenden gesetzlichen Regelungen zur fristlosen Kündigung (§ 723 BGB), zur Auflösung der Gesellschaft (§ 133 HGB) und zur Ausschließung eines Gesellschafters (§ 140 HGB), welche für ihn Sonderbestimmungen darstellen und einen Rückgriff auf die Grundsätze der Lehre von der Geschäftsgrundlage verhindern. Dabei verweist Staudinger-Weber auf die Rechtsprechung, welche er in seinem Sinne interpretiert.[229]

---

225 Insbesondere die großen wirtschaftlichen Veränderungen nach dem 1. Weltkrieg (Inflation, Produktionshemmnisse und Verknappung der vorhandenen Güter) schufen die Notwendigkeit, ein umfassendes Rechtsinstitut zu entwickeln, welches die Anpassung von Verträgen an veränderte Umstände gestattete.

226 Vgl. dazu nur die Nachweise in § 2.

227 Teichmann in Soergel, § 242, Rn. 269; Heinrichs in Palandt, § 242, Rn. 162; Roth in MünchKomm, § 242, Rn. 562; Harm Peter Westermann, FS Hefermehl, 225, 236; Karsten Schmidt, GesR, § 5 IV 2 d.

228 Weber in Staudinger, 11. Aufl., § 242 BGB E 316, 325: "Die Berücksichtigung einer Störung der Geschäftsgrundlage auf der Grundlage von § 242 ist durch solche gesetzliche Normen begrenzt, die bereits Sachverhalte regeln, die auch mit den Grundsätzen zur Geschäftsgrundlage erfaßt werden könnten.....Eine Berufung auf Fehlen, Veränderung oder Wegfall der Geschäftsgrundlage ist insbesondere auch da nicht möglich, wo der Gesetzgeber für die in Frage kommenden Tatbestände bereits ein Recht auf fristlose Kündigung aus wichtigem Grund gegeben hat, oder wo er eine besondere Art der rechtlichen Lösung eines Vertragsverhältnisses ermöglicht hat, z.B. bei einem Gesellschaftsverhältnis die Auflösungs- oder Ausschlußklage (133, 140, 142 HGB)".

229 Weber in Staudinger, a.a.O., E 325; vgl. dazu die ausführliche Darstellung der Rechtsprechung im 2. Kapitel.

Eine Ablehnung aus anderen Gründen wird weder in der Rechtsprechung, noch in der Literatur diskutiert. Es ist jedoch fraglich, ob die Lehre von der Geschäftsgrundlage im Personengesellschaftsrecht überhaupt angewandt werden kann, da Personengesellschaften im Vergleich zu Austauschverhältnissen erhebliche Unterschiede aufweisen.

I) Die Anwendbarkeit der Lehre von der Geschäftsgrundlage

Ein Austauschvertrag ist ein Vertrag, bei welchem die jeweiligen Leistungen in der Weise ausgetauscht werden, daß jeder Vertragspartner der Empfänger der Leistung des anderen ist.[230] Fraglich ist jedoch, was für eine Art Vertrag der Gesellschaftsvertrag ist, und welcher Art die Beziehungen sind, welche durch Abschluß des Gesellschaftsvertrages zwischen der Gesellschaft und den Gesellschaftern sowie den Gesellschaftern untereinander bestehen.

1) Die Abgrenzung zwischen Austausch- und Gesellschaftsvertrag

Der Begriff des Gesellschaftsvertrages ist von dem der Satzung abzugrenzen. Das Gesetz verwendet für die Grundordnung der Personengesellschaften und der GmbH den Begriff Gesellschaftsvertrag, während der Begriff Satzung für die Grundordnung von Verein, AG und KG a.A. verwandt wird. In der Literatur werden insbesondere im Recht der GmbH unterschiedliche Bezeichnungen gewählt. Häufig ist aber folgende Bezeichnung: während die Satzung die Grundordnung der Vereine und Kapitalgesellschaften ist (also einschließlich der GmbH), ist dies für die Personengesellschaften der Gesellschaftsvertrag.[231]

Wie sich schon aus der Stellung des Gesellschaftsvertrages im Schuldrecht (§§ 705 ff. BGB) ergibt, ist dieser nach der Konzeption des BGB ein schuldrechtlicher Vertrag.[232] Insofern gelten auch die allgemeinen Regeln für Rechtsgeschäfte, falls sie auf Dauerschuldverhältnisse anwendbar sind.[233] Aufgrund der Besonderheiten des Gesellschaftsvertrages ist dieser Grundsatz jedoch einzu-

---

230 So die einhellige Definition des Austauschvertrages, vgl. nur Larenz, SchBT, § 60 Ib (S. 374); Ulmer in MünchKomm, § 705, Rn. 138.

231 Karsten Schmidt, GesR, § 5 I 1; Eisenhard, Rn. 678; Kübler, § 17 III 1 a; Kraft/Kreutz, A III 3.

232 Alfred Hueck, oHG, § 6 II 2 (S. 51); Emmerich in Heymann, § 105, Rn. 3; Harm Peter Westermann in Erman, § 705, Rn. 41; Ulmer in MünchKomm, v. § 705, Rn. 9; Kraft/Kreutz, C I 1 c; Flume, AT I/1, § 2 II (S. 12f.).

233 Ulmer in MünchKomm, v. § 705, Rn. 9.

schränken. Der Gesellschaftsvertrag ist kein Austauschvertrag, denn bei ihm werden die jeweiligen Leistungen nicht in der Weise ausgetauscht, daß jeder Vertragspartner der Empfänger der Leistung des anderen ist,[234] sondern die Leistungen werden zum Erreichen eines gemeinsamen Zwecks vereinigt, so daß jeder der Gesellschafter seine Leistung an die Gesamtheit der Gesellschafter erbringen muß.[235]

Die Gesellschaft ist aber nicht nur Rechtsgeschäft, sondern auch ein Verband, eine Organisation. Denn es werden nicht nur schuldrechtliche Beziehungen zwischen den Gesellschaftern begründet, sondern die Gesellschaft ist eine aus Gesellschaftern bestehende, durch ihre Organe im Rechtsverkehr handlungsfähige Personengemeinschaft.[236] Diese Verselbständigung betrifft aber nicht nur die juristischen Personen, sondern auch Personengesellschaften können echte Verbände sein.[237] Durch den Abschluß des Gesellschaftsvertrages wird ein Regelungswerk geschaffen, welches die Verfassung des Verbandes beinhaltet und somit einen den Verband begründenden Rechtsakt darstellt.[238] Für die Satzung des rechtsgeschäftlichen Vereins führte der BGH[239] aus, daß diese zunächst ein von den Gründern geschlossener Vertrag ist, aber mit der Entstehung des Vereins sich völlig von deren Person löst. „Sie erlangt ein unabhängiges rechtliches Eigenleben, wird zur körperschaftlichen Verfassung des Vereins und objektiviert fortan das rechtliche Wollen des Vereins als die Zusammenfassung seiner Mitglieder."[240] Nach K. Schmidt[241] ist ein privatrechtlicher Verband „eine durch Gesellschaftsvertrag oder Satzung verfaßte, auf Mitgliedschaft beruhende und gegenüber den Mitgliedern verselbständigte, einem Verbandszweck („gemeinsamer Zweck") dienende Organisation". Voraussetzung für die Einordnung von Personenvereinigungen als Verband ist eine organisatorische Verselbständigung des

234 So die einhellige Definition des Austauschvertrages, vgl. nur Larenz, SchBT II, § 60 Ib (S. 374); Ulmer in MünchKomm, § 705, Rn. 138.

235 Larenz, SchBT II, § 60 Ib (S. 374); Götz Hueck, GesR, § 6 II 3 (S. 48); Alfred Hueck, oHG, § 6 II 2 (S. 52); Keßler in Staudinger, § 705, Rn. 8; Hadding in Soergel, § 705, Rn. 44; Kraft/Kreutz, C I 1 c, bb.

236 Ulmer in MünchKomm, § 705, Rn. 125; Bälz, FS Zöllner, 35, 39.

237 Karsten Schmidt, GesR, § 5 I 1 b; Flume, ZHR 136 (1972), 177, 179; Alfred Hueck, oHG, § 6 II 1 (S. 50); Wiedemann, GesR, § 3 II 1 a (S. 159f.); Ulmer in MünchKomm, § 705, Rn. 125.

238 Die Terminologie ist Karsten Schmidt, GesR, § 5 I 1 b entnommen, welcher den Verband auch als Organisation bezeichnet, teilweise wird auch von einem gemeinschaftsbegründenden Vertrag (Götz Hueck, GesR, § 6 II 1 (S. 46)) oder von personenrechtlichen Elementen des Gesellschaftsvertrages (Flume, AT I/1, § 2 II (S. 12)) gesprochen.

239 BGHZ 47, 172, 179.

240 BGHZ 47, 172, 179.

241 Karsten Schmidt, GesR, § 7 I 1 b.

Verbandes gegenüber seinen Mitgliedern und die Unterscheidung der einem Verband zugeordneten Sozialverbindlichkeiten (Ansprüche des Gesellschafters gegen die Gesamthand aus dem Gesellschaftsverhältnis) und Sozialansprüche (Ansprüche der Gesamthand gegen den Gesellschafter aus dem Gesellschaftsverhältnis) von den seinen Mitgliedern zugeordneten Individualansprüchen und -verpflichtungen.[242]

Nicht vorausgesetzt wird die Rechtsfähigkeit des Verbandes,[243] so daß auch die BGB-Gesellschaft ein Verband sein kann. Dies gilt unabhängig davon, ob man die Gesamthänder als Rechtsträger und das Gesamthandsvermögen nur als ein den Gesamthändern zustehendes Sondervermögen ansieht oder die Rechssubjektivität der Gesamthand anerkennt. Denn unabhängig von dieser Einordnung besteht die Möglichkeit von Rechtsverhältnissen zwischen der Gesamthand und den Gesellschaftern.[244]

a) Der Gesellschaftsvertrag als gegenseitiger Vertrag?

Umstritten ist, ob der Gesellschaftsvertrag ein gegenseitiger Vertrag ist. Diese Problematik wird besonders im Zusammenhang mit der Anwendbarkeit der §§ 320 ff. BGB auf Gesellschaftsverträge diskutiert.

Schon die Begriffsbestimmung des gegenseitigen Vertrages ist nicht einheitlich. Teilweise werden gegenseitiger Vertrag und Austauschvertrag als Synonyme gebraucht - im Sinn der oben genannten Begriffsbestimmung des Austauschvertrages.[245] Nach einer anderen Auffassung reicht es für den Begriff des gegenseitigen Vertrages aus, daß sich eine Partei zu einer Leistung verpflichtet, weil und damit sich auch die andere Partei verpflichtet.[246]

Betrachtet man gegenseitige Verträge und Austauschverträge als Synonyme, dann fällt der Gesellschaftsvertrag nicht darunter.[247] Westermann[248] vertritt allerdings die Auffassung, daß bei der typischen Erwerbsgesellschaft ein Austauschverhältnis zwischen der Beitragspflicht der Gesellschafter und der Pflicht der Gesellschaft, diese am gemeinsamen Gewinn zu beteiligen, besteht. Nach § 705 BGB verpflichten sich die Gesellschafter, in der im Vertrag bestimmten

---

242 Karsten Schmidt, GesR, § 7 I 1 a; ähnlich Flume, AT I/1, § 4 III (S. 60f.).
243 Ulmer in MünchKomm, § 705, Rn. 125. Karsten Schmidt, GesR, § 7 I 2 a; Bälz, FS Zöllner, 35, 47.
244 Wiedemann, GesR, § 5 II 2 a (S. 260); Beuthien/Ernst, ZHR 156 (1992), 227, 229.
245 Keßler in Staudinger, § 705, Rn. 8.
246 Götz Hueck, GesR, § 6 II 3 (S. 48).
247 So Keßler in Staudinger, § 705, Rn. 8; Götz Hueck, GesR, § 6 II 3 (S. 48); Harry Westermann, GesR, Rn. I 86, für das Verhältnis der Gesellschafter untereinander.
248 Harry Westermann, a.a.O., Rn. 85 I.

Weise die Erreichung eines gemeinsamen Zwecks zu fördern, insbesondere die vereinbarten Beiträge zu leisten. Nach der Konzeption des § 705 BGB, welcher allen Personengesellschaften zugrundeliegt,[249] soll also die Leistung den gemeinsamen Zweck ermöglichen, d.h. das Erbringen der Leistung ist nach der Vereinbarung der Gesellschafter Voraussetzung für das Erreichen des gemeinsamen Zwecks.

Der Gesellschafter kann dagegen nach § 721 BGB von der Gesamthand Feststellung und Auszahlung des Gewinnanteils verlangen. Dabei ist nach h.L. eine Erfolgsbeteiligung und damit auch eine Beteiligung am Gewinn für das Vorliegen eines gemeinsamen Zwecks nicht nötig,[250] so daß sich Gesellschafter aus eigennützigen, andere jedoch aus uneigennützigen Motiven an der Gesellschaft beteiligen können. Hueck[251] verdeutlicht den Unterschied für die oHG: „Erforderlich ist nur, daß alle Gesellschafter gemeinschaftlich den Zweck verfolgen, ein Unternehmen zu betreiben, welches Gewinn abwirft. Dagegen kommt es nicht darauf an, daß jeder einzelne Gesellschafter den Gewinn persönlich für sich erstrebt".

Die Gewinnbeteiligung ergibt sich damit nicht unmittelbar aus der Zweckverfolgung. Die Zusammenarbeit der Gesellschafter, welche insbesondere in der Leistung der vertraglich vereinbarten Beiträge besteht, erfolgt, um den Gesellschaftszweck zu erreichen. Hieraus ergibt sich auch der Unterschied zum Austauschverhältnis. Die Gesellschafter arbeiten nach ihrer vertraglichen Vereinbarung in der Gesellschaft zusammen, um den gemeinsamen Zweck zu verfolgen, nicht aber zur Erzielung des Gewinns. Dennoch läßt sich der Gewinn nicht ganz von der Zweckverfolgung trennen. Der Gewinn ergibt sich daraus, daß die Zweckverfolgung der Gesellschafter (in ihrer gesamthänderischen Verbundenheit) erfolgreich verläuft. Als "Abfallprodukt" der Zweckverfolgung und somit lediglich mittelbar aus der Zweckverfolgung stellt sich ein Gewinn der Gesellschaft ein, an welchem die Gesellschafter gemäß ihren Anteilen am Erfolg beteiligt werden.[252] Damit stehen die Leistung der Gesellschafter und der Gewinn der Gesellschaft nicht in einem Austauschverhältnis.

Bei denjenigen, welche den Begriff des gegenseitigen Vertrages weit verstehen, wird teilweise die Auffassung vertreten, daß der Gesellschaftsvertrag ein ge-

---

249 Vgl. die Verweise in §§ 105, 161 HGB auf §§ 705ff BGB.

250 Ulmer in MünchKomm, § 705, Rn. 116; Robert Fischer in Staub, HGB, § 105 Anm. 9a; v. Gamm in RGRK, v. § 705, Rn. 5; Geßler in Schlegelberger, § 105, Rn. 6; Flume, AT I/1, § 3 II (S. 44); Alfred Hueck, oHG, § 1 I 1b (S. 4); Götz Hueck, GesR, § 5 I 3 (S. 41); Wiedemann, GesR, § 1 I 1b (S. 10); a. A. RGZ 95, 149; RG JW 1930, 2655; Ballerstedt, JuS 1963, 253, 255; Schulze-Osterloh, 25, 66.

251 Alfred Hueck, oHG, § 1 I 1 b (S. 3).

252 So auch Ulmer in MünchKomm, § 705, Rn. 138; Esser/Eike Schmidt, SchAT I / 1, § 12 III 3 (S. 219f); Eisenhardt, GesR, Rn. 48.

genseitiger Vertrag ist.[253] Der einzelne Gesellschafter möchte nicht einseitig zur Erreichung des gemeinsamen Zieles beitragen, sondern durch das Versprechen der Leistung will er sich gleichzeitig die Mitwirkung seiner Mitgesellschafter sichern, so daß auch bei einem Gesellschaftsvertrag die Leistungen in einem Abhängigkeitsverhältnis zueinander stehen.

Die Gesellschafter erbringen jedoch ihre jeweilige Leistung, um den gemeinsamen Zweck zu erreichen und nicht, weil und damit es auch die anderen Gesellschafter machen. Zwar versprechen sich die Gesellschafter nach dem Wortlaut des § 705 BGB gegenseitig, den Gesellschaftszweck zu fördern, die Leistungen werden aber "nicht um der von den Mitgesellschaftern zugesagten Leistungen willen versprochen, sondern im Interesse des vereinbarten gemeinsamen Zwecks".[254] Damit fällt der Gesellschaftsvertrag auch dann nicht unter den Begriff des gegenseitigen Vertrages, wenn man diesen weit versteht.

b) Der gemeinsame Zweck nach § 705 BGB

Im Gegensatz zum Austauschvertrag werden also die jeweiligen Leistungen der Gesellschafter zur Förderung eines gemeinsamen Zwecks[255] vereinigt. Die Gesellschaft ist nicht nur Leistungsaustausch, sondern Kooperation.[256] Dieser gemeinsame Zweck ist eine Voraussetzung für das Vorliegen einer Personengesellschaft[257] und muß im Gesellschaftsvertrag festgelegt worden sein. § 705 BGB spricht davon, daß sich die Gesellschafter gegenseitig verpflichten, die Erreichung eines gemeinsamen Zweckes in der durch den Vertrag bestimmten Weise zu fördern, insbesondere die vereinbarten Beiträge zu leisten. Über die genaue Begriffsbestimmung des gemeinsamen Zwecks gehen jedoch die Meinungen auseinander.

---

253 So Emmerich in Heymann, § 105, Rn. 5.

254 Ulmer in MünchKomm, § 705, Rn. 138; ders. in Staub, § 105, Rn. 149; Harm Peter Westermann in Erman, § 705, Rn. 41; Hadding in Soergel, § 705, Rn. 44; Karsten Schmidt, GesR, § 20 III 2 a; Eisenhardt, GesR, Rn. 48; Larenz, SchRBT, § 60 I b (S. 375); Ballerstedt, JuS 1963, 253, 254.

255 Der Zweck ist vom Unternehmensgegenstand - bzw. bei nichtunternehmerischen Verbänden von der Verbandstätigkeit - zu unterscheiden (a.A. RG DR 1939, 720, 721), wobei der Zweck als Grenze der Mehrheitsherrschaft anzusehen ist, während der Gegenstand des Unternehmens als Tätigkeitsrahmen aufzufassen ist, auf welchen sich die Gesellschafter verständigt haben, welcher aber nach den allgemeinen Regeln modifiziert werden kann (vgl. ausführlich Karsten Schmidt, GesR, § 4 II 3.

256 Karsten Schmidt, GesR, § 4 I 2, in seiner Beschreibung der Gesellschaft im Gegensatz zum Austauschvertrag.

257 Alfred Hueck, oHG, § 1 I b (S. 3); Flume, AT I / 1, § 1 I 1 b) aa) (S. 9).

Einigkeit herrscht darüber, daß die Gleichartigkeit der Zwecke der Vertragsparteien nicht ausreicht.[258] Andererseits kann jeder erlaubte Zweck Gesellschaftszweck sein, egal, ob es sich um einen einmaligen Zweck handelt, oder ob dieser auf Dauer angelegt ist.[259]

Bei der Festlegung des gemeinsamen Zwecks wird von der Unterscheidung zwischen den Vor- und Endzwecken der Gesellschafter ausgegangen. Die Endzwecke sind die von den Gesellschaftern bei Gründung der Gesellschaft verfolgten Ziele, um derentwillen sie bereit sind, in die Gesellschaft einzutreten oder eine solche zu gründen. Diese Endzwecke sind die individuellen Motive der Vertragsparteien für ihre Beteiligung an der Gesellschaft, welche nicht Vertragsinhalt werden.[260] Davon zu unterscheiden sind die Vorzwecke der Vertragsparteien, welche - falls eine Gesellschaft vorliegen soll - einen inhaltlich gemeinsamen Gesellschaftszweck einschließen müssen. Jedoch reicht die inhaltliche Gleichheit nicht aus, sondern der Zweck muß ein gemeinsamer sein. Dies setzt voraus, "daß jeder Teilnehmer weiß, daß es auf ein Zusammenwirken aller ankommt, wenn der Vorzweck und damit die Endzwecke erreicht werden sollen".[261] Nach Ballerstedt liegt ein gemeinsamer Zweck dann vor, "wenn jeder Partner ihn ebensowohl als den eigenen wie als den Zweck des anderen zu fördern verspricht".[262]

Nach richtiger Auffassung ist mit dem gemeinsamen Zweck im Sinn des § 705 BGB der "überindividuelle Verbandszweck" - also der Zweck der Gesellschaft als Personengemeinschaft - gemeint und nicht die einzelnen Zwecke der Gesellschafter, mögen diese auch allen gemeinsam sein.[263] Denn die Gesellschaften sind nicht nur schuldrechtliche Leistungsverhältnisse, sondern auch Verbände, falls eine mitgliedschaftliche Organisation besteht.[264] Ulmer spricht plastisch von einer "vertraglichen Verschmelzung der Interessen zum gemeinsamen Zweck" der Gesellschaft.[265] Durch Abschluß des Gesellschaftsvertrages wird dieser Zweck festgelegt, welcher aber nach Entstehen der Gesellschaft als Organisation von den Interessen und Zwecken der Gesellschafter zu unterscheiden ist.[266] Die Gesellschaftsorgane sind verpflichtet, diesen Verbandszweck zu

258 Fikentscher, FS Harry Westermann, 87, 89.
259 Ulmer in MünchKomm, § 705, Rn. 111; Wiedemann, § 1 I 1b.
260 Ballerstedt, JuS 1963, 253, 254; Ulmer in MünchKomm, § 705, Rn. 114.
261 Fikentscher, FS Harry Westermann, 87, 96.
262 Ballerstedt, JuS 1963, 253, 255; zustimmend Hadding in Soergel, § 705, Rn. 36.
263 Karsten Schmidt in Schlegelberger, § 105, Rn. 29; Wiedemann, GesR, § 1 I 1 b (S. 8f.); Flume, AT I/1, § 3 I (S. 38).
264 Vgl. § 3 I 1.
265 Ulmer in MünchKomm, § 705, Rn. 115.
266 Wiedemann, GesR, § 1 I 1 b (S. 8f.).

verfolgen, denn die Personenverbände bestehen zur Erfüllung des Zwecks.[267] Diese Auffassung ist von der rein schuldrechtlichen Sicht[268] der Gesellschaft abzugrenzen, welche den gemeinsamen Zweck als Zweck der Gesellschafter ansieht.[269]

K. Schmidt bezeichnet dabei den gemeinsamen Zweck als „Geschäftsgrundlage“ der Gesellschaft, wobei diese Wortwahl nicht unproblematisch ist. Denn unter dem Begriff der Geschäftsgrundlage versteht K. Schmidt nicht die Geschäftsgrundlage im Sinne der Lehre von der Geschäftsgrundlage, sondern den gemeinsamen Zweck als grundlegenden Bestandteil des Gesellschaftsvertrages.[270]

c) *Kein Ausschluß der Lehre von der Geschäftsgrundlage*

Die Unterschiede zwischen Austausch- und Gesellschaftsvertrag verbieten aber nicht die Anwendung der Grundsätze der Lehre von der Geschäftsgrundlage im Recht der Personengesellschaften.

aa) *Die Anerkennung der Gesellschaft als Verband und eines „überindividuellen Verbandszwecks“ begründet keine Unanwendbarkeit der Lehre von der Geschäftsgrundlage*

Der Gesellschaftsvertrag entsteht durch Vertragsschluß der Gesellschafter, wobei sich diese über einen Gesellschaftszweck einigen. Dieser Zweck wird dann zum Zweck des Verbandes. Dieser Verbandszweck ist aber nicht mit den Zwecken und Interessen der Gesellschafter gleichzusetzen. Dies bedeutet aber nicht, daß die Zwecke und Interessen der Gesellschafter unbeachtlich sind. Der Verbands-

---

267 Wiedemann, GesR, § 1 I 1 b bb (S. 10), welcher den vereinbarten Zweck als “das Lebensgesetz des Verbandes” bezeichnet; ähnlich Karsten Schmidt, GesR, § 4 I 2 b, der den Verband ein “Zweckgebilde” nennt.

268 So die Motive zum ersten Entwurf des BGB, Motive II § 629 Rn. 1 (S. 594): Die Gesellschaft entsteht durch den obligatorischen Vertrag, durch welchen sich die Kontrahenten (Gesellschafter) gegenseitig verpflichten, zur Erreichung des vereinbarten gemeinsamen Zweckes die vereinbarten Leistungen beizutragen. Wesentlich ist ein in dem Vertrage bestimmter gemeinsamer Zweck, zu dessen Erreichung die Gesellschafter frei zusammentreten und sich vertragsmäßig gegeneinander, jeder gegen den anderen, so viele ihrer sind, verpflichten, bestimmte Leistungen beizutragen.

269 Karsten Schmidt, a.a.O., § 4 I 2, wobei er Ballerstedt, a.a.O., anführt, dessen Ausführungen aber mißverständlich sind, da Ballerstedt einmal vom Zweck der Gesellschafter spricht, aber andererseits (a.a.O., S. 253, 254) feststellt, daß man ”zwischen den Interessen der einzelnen und dem Zweck der Gesellschaft unterscheiden” muß.

270 Karsten Schmidt, GesR, § 4 II 3.

zweck ist zwar ein grundlegender Bestandteil des Gesellschaftsvertrages und bestimmt die Zielrichtung der Gesellschaft, nämlich die Verfolgung dieses Zwecks und damit auch den Rahmen, in welchem sich die Organe der Gesellschaft zu halten haben. Auch ist, wie § 726 BGB zeigt, der Bestand des Vertrages von den Verbandszweck abhängig. Der Verbandszweck ist aber auf den von den Gesellschaftern geschlossenen Gesellschaftsvertrag zurückzuführen, wird von den Gesellschaftern bei Abschluß des Gesellschaftsvertrages festgelegt. Die Geschäftsgrundlage dagegen ist gerade nicht Bestandteil des Gesellschaftsvertrages geworden, sondern liegt diesem zugrunde. Es handelt sich hier um unterschiedliche Ebenen: einmal die vertragliche, welche aus dem schuldrechtlichen Bereich und der sich daraus ergebenden Gesellschaft als Verband besteht[271] und dann der diesem Bereich zugrundeliegende Bereich der Geschäftsgrundlage. Während also die Problematik der Gesellschaft als Verband und damit die Anerkennung eines überindividuellen Verbandszwecks die Vertragsebene betrifft, zielt die Lehre von der Geschäftsgrundlage auf die der Vertragsebene zugrundeliegende Ebene. Und auf der Ebene der Geschäftsgrundlage sind auch die Zwecke und Interessen der Gesellschafter zu berücksichtigen. Fällt nämlich ein Umstand weg, welcher nicht in die vertragliche Risikovereinbarung einbezogen wurde, ist zu prüfen, ob die unveränderte Beibehaltung des Gesellschaftsvertrages einem oder mehreren Gesellschaftern noch zumutbar ist. Bei dieser Interessenabwägung im Rahmen der Zumutbarkeit sind dann auch die Interessen und Zwecke der Gesellschafter zu berücksichtigen.

bb) *Kein Ausschluß wegen des fehlenden Austauschverhältnisses bei der Erbringung der Leistungen im Rahmen eines Gesellschaftsvertrages*

Bei Gesellschaftsverträgen werden Leistungen nicht ausgetauscht, sondern zur Erreichung eines gemeinsamen Zwecks erbracht. [272] Hauptanwendungsfall der Lehre von der Geschäftsgrundlage ist jedoch die gestörte Äquivalenz von Leistung und Gegenleistung, wobei in solch einem Fall die auszutauschenden Leistungen nicht (mehr) gleichwertig sind.[273] Die Gleichwertigkeit der Leistungen ist für den Austauschvertrag entscheidend, da bei diesem die Leistung erbracht wird, um die Gegenleistung zu erhalten. Da die Parteien aber frei sind, das Gleichgewicht der Leistungen selbst zu bestimmen, handelt es sich dabei um ein subjektives Äquivalenzverhältnis.[274] Anders beim Gesellschaftsvertrag, bei wel-

---

271 Karsten Schmidt, GesR, § 7 I 1 a.

272 Wiedemann, § 1 I 1 b aa (S. 10).

273 RGZ 103, 328, 331; 107, 78, 86; 147, 286, 289; BGHZ 77, 194, 198; BGH NJW 1958, 906; 1959, 2203, 2204; 1962, 29, 30; 1962, 250, 251.

274 Larenz, Geschäftsgrundlage, S. 79; Chiotellis, S. 22.

chem die Leistung erbracht wird, nicht um eine Gegenleistung zu erhalten, sondern um den gemeinsamen Zweck zu fördern, so daß die Gleichwertigkeit der einzelnen Beitragsleistungen nicht entscheidend ist.

Nach den im ersten Kapitel festgelegten Voraussetzungen der Anwendung der Lehre von der Geschäftsgrundlage ist aber für diese entscheidend, ob die im Vertrag bestimmte Risikoverteilung das Risiko der Änderung des dem Vertrag zugrundeliegenden Umstandes einer Partei zuweist. Ist dies nicht der Fall, hat nach der vertraglichen Regelung also keine der Parteien das Risiko zu tragen oder überschreitet die Störung die vertraglich festgelegte Risikoverteilung, findet die Lehre von der Geschäftsgrundlage Anwendung. So greift auch im Fall der Äquivalenzstörung die Lehre von der Geschäftsgrundlage erst ein, wenn der vertragliche Risikorahmen überschritten wurde.[275] Entscheidend für die Anwendung der Lehre von der Geschäftsgrundlage ist also nicht, daß eine Äquivalenzstörung besteht, sondern daß der Umstand, auf welchen sich die Äquivalenzstörung zurückführen läßt, außerhalb der vertraglichen Risikosphäre liegt. Die Äquivalenzstörung selbst ist lediglich ein Umstand, welcher bei der umfassenden Interessenabwägung im Rahmen der Prüfung der Unzumutbarkeit des (unveränderten) Festhaltens am Vertrag berücksichtigt wird. So ist bei einer Äquivalenzstörung, welche aufgrund einer Inflation eingetreten ist, zu prüfen, ob das Risiko, daß der dem Vertrag zugrundeliegende Umstand Inflation eintritt, einer der beiden Vertragsparteien zuzurechnen ist, oder ob die Inflation in der vertraglichen Risikoverteilung nicht berücksichtigt wurde.[276] Erst wenn feststeht, daß die Inflation nicht mehr in der vertraglichen Risikosphäre liegt,[277] ist zu prüfen, ob das Gleichgewicht von Leistung und Gegenleistung soweit gestört ist, daß ein (unverändertes) Festhalten am Vertrag nicht mehr zumutbar ist.

Ferner sind auch außerhalb der Äquivalenzstörung im Bereich der Austauschverträge bei Nichtberücksichtigung oder Wegfall eines Umstandes Risiken denkbar, welche nicht auf dem Gedanken der Gleichwertigkeit von Leistung und Gegenleistung beruhen. So kann insbesondere z. B. in den Fällen der sog. großen Geschäftsgrundlage eine Störung der vom Gläubiger geplanten Verwendung vorliegen.[278] Auch bei Verwirklichung dieser Risiken kann eine vertragliche Zuwei-

---

275 Heinrichs in Palandt, § 242, Rn. 126, 135.

276 In Betracht kommen auch andere Fälle der Äquivalenzstörung, so kann z.B. dem Sachleistungsschuldner die Lieferung erschwert werden, da in dem Land der Herstellung Unruhen ausgebrochen sind und demzufolge ein Erhalt der Sachen nur unter größten Schwierigkeiten möglich ist.

277 Nach dem BGH (BGHZ 86, 167, 169; NJW 59, 2203, 2204; NJW 62, 29, 30) fällt das Risiko der Geldentwertung in den Risikobereich des Gläubigers der Geldschuld.

278 Heinrichs in Palandt, § 242, Rn. 146; Larenz, AT, § 21 II, welche hervorheben, daß eine Anwendung der Lehre von der Geschäftsgrundlage nur in Betracht kommt,

sung fehlen, so daß die Lehre von der Geschäftsgrundlage eingreift. Die fehlende Äquivalenz ist kein Tatbestandsmerkmal der Lehre der Geschäftsgrundlage, entscheidend ist die fehlende vertragliche Risikoverteilung. Ist die fehlende Gleichwertigkeit von Leistung und Gegenleistung keine tatbestandliche Voraussetzung der Anwendbarkeit der Lehre von der Geschäftsgrundlage, sondern lediglich ein regelmäßig vorkommender Anwendungsfall, kann dies auch nicht der Anwendbarkeit der Lehre von der Geschäftsgrundlage bei Gesellschaftsverträgen entgegenstehen.

2) Der Vorrang der Sonderregelungen

Auch die Sonderregelungen des Gesellschaftsrechts stehen einer Anwendung der Lehre von der Geschäftsgrundlage nicht entgegen. Nach den §§ 723, 737 BGB, 133, 140 HGB kann bei Vorliegen eines wichtigen Grundes die Gesellschaft aufgelöst, bzw. ein Gesellschafter aus der Gesellschaft ausgeschlossen werden. Der wichtige Grund ist ein Sachverhalt, der das Zusammenwirken der Gesellschafter zur Erreichung des Gesellschaftszwecks beeinträchtigt und die Fortsetzung der Gesellschaft unzumutbar macht.[279] Der wichtige Grund muß aber ultima ratio sein[280], da das Prinzip der Verhältnismäßigkeit beachtet werden muß.[281] Nach diesem Prinzip werden einerseits jeder Vertragsstörung (im weiteren Sinne) die ihrer Schwere entsprechenden Rechtsfolgen zugewiesen. Ist also die Störung des Vertrages nicht besonders schwerwiegend, bleibt der Vertrag, wenn auch unter Modifikationen, bestehen. Erst bei besonders schwerwiegenden Beeinträchtigungen ist eine Lösung von dem Vertrag möglich.[282]

Andererseits besagt der Grundsatz der Verhältnismäßigkeit auch, daß eine Vertragslösung - sei es durch Ausschließung eines Gesellschafters, sei es durch Auflösung der Gesellschaft - nur dann in Betracht kommt, wenn die Störung nicht durch ein milderes Mittel beseitigt werden kann. Daher haben Anpassungsmaßnahmen Vorrang vor der Auflösung der Gesellschaft, so beispielsweise

---

wenn der andere Vertragsteil sich die Verwendung so zu eigen gemacht hat, daß das Bestehen auf der Durchführung des Vertrages gegen das Verbot widersprüchlichen Verhaltens verstoßen würde.

279 von Gerkan in Röhricht/Graf von Westphalen, § 133, Rn. 4.

280 Karsten Schmidt in Schlegelberger, § 133, Rn. 9; Baumbach/Hopt, § 133, Rn. 6; BGHZ 18, 350, 362; 69, 160, 169; BGH WM 1966, 29, 31.

281 Das Prinzip der Verhältnismäßigkeit ist im BGB selbst angelegt, da dieses je nach der Schwere der vertraglichen Störung unterschiedliche Rechtsfolgen vorsieht; vgl. dafür ausführlich Chiotellis, S. 64ff.

282 Chiotellis, S. 89.

die Entziehung der Geschäftsführungs- und Vertretungsbefugnis.[283] Auch eine Vertragsänderung kommt als milderes Mittel in Betracht, falls diese der Sicherung des Fortbestandes der Gesellschaft dient.[284] Allerdings muß diese Vertragsänderung von den Mitgesellschaftern angeboten werden, um die Klage auf Auflösung der Gesellschaft bzw. Ausschließung des Gesellschafters abzuwehren. Einen eigenen Vorschlag zur Vertragsänderung muß der Klagende jedoch nicht machen.[285]

Die Lehre von der Geschäftsgrundlage dient primär der Anpassung von Verträgen an veränderte Umstände und nicht deren Auflösung.[286] Denn auch insoweit greift im Rahmen der Prüfung der Unzumutbarkeit der Grundsatz der Verhältnismäßigkeit ein, welcher einen möglichst geringen Eingriff in die ursprüngliche vertragliche Regelung gebietet, so daß die Vertragsauflösung nur ultima ratio sein kann.[287]

Eine gesetzliche Regelung, welche die Anpassung von Gesellschaftsverträgen an veränderte Umstände regelt, fehlt. Auch die §§ 723, 737 BGB, 133, 140 HGB sehen als Rechtsfolge nur die Auflösung der Gesellschaft bzw. den Ausschluß von Gesellschaftern vor. Der Grundsatz der Verhältnismäßigkeit, welcher den §§ 723, 737 BGB, 133, 140 HGB immanent ist, gebietet aber die Anwendung von Maßnahmen, welche, weniger einschneidend, dem die Auflösung begehrenden Gesellschafter zumutbar sind, und den Fortbestand der Gesellschaft sichern können. Auch eine Vertragsanpassung nach den Grundsätzen der Lehre von der Geschäftsgrundlage ist geeignet, den Fortbestand der Gesellschaft zu sichern. Dabei kommt deren Anwendung aber natürlich nur in Betracht, falls die Voraussetzungen der Lehre von der Geschäftsgrundlage vorliegen. Damit ist die Lehre von der Geschäftsgrundlage durch die Regelungen der §§ 723, 737 BGB, 133, 140 HGB nicht nur nicht ausgeschlossen, sondern der diesen Regelungen immanente Grundsatz der Verhältnismäßigkeit gebietet eine Anwendung der Lehre von der Geschäftsgrundlage. Immer ist vor Auflösung der Gesellschaft bzw. Ausschluß eines Gesellschafters nach §§ 723, 737 BGB, 133, 140 HGB zu prüfen, ob eine Anpassung der Verträge mittels der Lehre von der Geschäftsgrundlage möglich ist.

---

283 Emmerich in Heymann, § 133, Rn. 6.
284 BGH WM 1968, 430, 432; 1975, 769, 770.
285 Karsten Schmidt in Schlegelberger, § 133, Rn. 9 für die oHG/KG, aber diese Grundsätze sind auch bei der Kündigung aus wichtigem Grund gem. § 723 BGB anzuwenden.
286 Unstreitig; vgl. statt aller Roth in MünchKomm, § 242, Rn. 544.
287 Werner in Erman, § 242, Rn. 179; Roth in MünchKomm, § 242, Rn. 544.

II) Die Abgrenzung von Ausschluß- und Auflösungsklage von der Lehre von der Geschäftsgrundlage

Schon das Reichsgericht[288] - und ihm folgend der Bundesgerichtshof[289] - war der Auffassung, daß als Rechtsfolge bei der Anwendung der Lehre von der Geschäftsgrundlage bei einer in Vollzug gesetzten Gesellschaft - neben der Vertragsanpassung - ein Rücktritt von dem Gesellschaftsvertrag nicht in Betracht kommt, sondern daß insoweit nur eine Auflösung nach den gesetzlichen Vorschriften über die außerordentliche Kündigung aus wichtigem Grund bzw. die Auflösungs- oder Ausschließungsklage - §§ 723, 737 BGB, 133, 140 HGB[290] - möglich ist.

Die Kündigung aus wichtigem Grund ist Ausdruck eines allgemeinen Rechtsgrundsatzes, nach welchem die Vertragsparteien bei Dauerschuldverhältnissen unabhängig von der Vertragsdauer derselben die sofortige Auflösung des Dauerschuldverhältnisses herbeiführen können.[291] Dabei übernimmt die Kündigung aus wichtigem Grund bei Dauerschuldverhältnissen funktionell Aufgaben, für welche bei Austauschverträgen die Rechtsinstitute der Anfechtung, Unmöglichkeit und Wegfall der Geschäftsgrundlage zur Verfügung stehen.[292]

1) Voraussetzungen der §§ 723, 737 BGB, 133, 140 HGB

Tatbestandliche Voraussetzung der Anwendung der §§ 723, 737 BGB, 133, 140 HGB ist das Vorliegen eines wichtigen Grundes. Dieser liegt vor, "wenn dem kündigenden Gesellschafter bei einer Gesamtwürdigung aller Umstände im Einzelfall nach Treu und Glauben die Fortsetzung des Gesellschaftsverhältnisses bis zum vertragsmäßig vorgesehenen Ende oder bis zum nächsten ordentlichen Kündigungstermin nicht mehr zugemutet werden kann".[293] Entscheidend für das Vorliegen eines wichtigen Grundes ist demnach eine Interessenabwägung zwischen dem Interesse an der Auflösung der Gesellschaft bzw. der Ausschließung

---

288 RGZ 165, 193, 200.

289 BGHZ 10, 44, 51.

290 Auf eine Darstellung der Austrittskündigung, bei welcher der ausscheidende Gesellschafter selbst den Austritt erklärt, wird verzichtet, da diese gesetzlich nicht geregelt ist und damit ohne gesellschaftsvertragliche Regelung nicht möglich ist (vgl. dazu ausführlich Karsten Schmidt, GesR, § 50 II 3.

291 Ulmer in MünchKomm, § 723, Rn. 18.

292 Keßler in Staudinger, § 723, Rn. 59; Ulmer in MünchKomm, § 723, Rn. 18.

293 Götz Hueck, GesR, § 11 II 7 a) bb) (S. 81); so auch Baumbach/Hopt, § 133, Rn. 5; Ulmer in MünchKomm, § 723, Rn. 20.

des Gesellschafters und dem Interesse an der (unveränderten) Fortsetzung der Gesellschaft.[294] Dabei bedarf es einer Würdigung der Gesamtumstände des Einzelfalles.[295] Die Gründe für die Auflösung oder Ausschließung können in der Gesellschaft oder in der Person eines Gesellschafter liegen.[296] Es handelt sich dabei um einen prognostischen Tatbestand, denn entscheidend ist, ob für die Zukunft ein sinnvolles Zusammenwirken der Gesellschafter erwartet werden kann oder nicht. [297] Dies gilt auch dann, wenn die Auflösung auf Vorgänge in der Vergangenheit bzw. Gegenwart gestützt wird. Dabei haben diese Vorgänge für die Entscheidung nur indiziellen Charakter, da das zukünftige Zusammenwirken entscheidend ist. Darüber kann aber nur aufgrund der in der Vergangenheit gemachten Erfahrungen entschieden werden.

Der dargelegte Begriff des wichtigen Grundes gilt auch für §§ 737 BGB, 140 HGB.[298] Im Unterschied zu §§ 723 BGB, 133 HGB muß jedoch der wichtige Grund gerade in der Person des Auszuschließenden liegen, d. h. man muß zwischen "gesellschaftsfeindlichen" und "gesellschaftstreuen" Gesellschaftern unterscheiden können.[299]

Der wichtige Grund berechtigt zur Auflösung der Gesellschaft bzw. zur Ausschließung des Gesellschafters. Während bei der Gesellschaft bürgerlichen Rechts gem. §§ 723, 737 BGB eine Kündigung ausreicht, um das Gesellschaftsverhältnis zu beenden, ist bei der oHG gem. §§ 133, 140 HGB eine Auflösungs- bzw. Ausschließungsklage nötig. Die wirksame Ausübung der in §§ 723, 737 BGB, 133, 140 HGB dargelegten Rechte führt zur Auflösung der werbenden Gesellschaft unter Umwandlung in eine Abwicklungsgesellschaft. Erst mit dem Abschluß der Liquidation, d.h. der vollständigen Verteilung des Gesellschaftsvermögens, tritt die Vollbeendigung der Gesellschaft ein.

---

294 BGHZ 84, 379, 383.

295 Ulmer in MünchKomm, § 723, Rn. 20.

296 Karsten Schmidt in Schlegelberger, § 133, Rn. 10.

297 Karsten Schmidt in Schlegelberger, § 133, Rn. 8.

298 Nach Alfred Hueck, oHG, § 29 I 2 c (S. 439) ist der Ausschluß eines Gesellschafters schwerwiegender als die Auflösung der Gesellschaft. Diese Auffassung betont aber zu sehr die Sicht des auszuschließenden Gesellschafters. Aus der Sicht der Gesellschaft ist der Ausschluß des Gesellschafters der minder schwere Eingriff (vgl. dazu ausführlich Karsten Schmidt in Schlegelberger, § 140, Rn. 6).

299 Karsten Schmidt in Schlegelberger, § 140, Rn. 6; Baumbach/Hopt, § 140, Rn. 5.

2) *Die Lehre von der Geschäftsgrundlage und die Vertragslösung aus wichtigem Grund als konkurrierende Rechtsinstitute*

Die Rechtsfolge der Anwendung der Lehre von der Geschäftsgrundlage ist die Anpassung des Vertrages, aber auch - falls eine Anpassung nicht möglich ist - dessen Auflösung. Rechtsfolge der außerordentlichen Kündigung gem §§ 723, 737 BGB, 133, 140 HGB ist die Vertragsauflösung - entweder durch Ausscheiden eines Gesellschafters oder durch die Auflösung der Gesellschaft. Kommt eine Anpassung des Gesellschaftsvertrages nicht in Betracht, sondern nur die Auflösung des Vertrages, ist fraglich, welches Rechtsinstitut anzuwenden ist. So könnten beide Rechtsintitute nebeneinander anwendbar sein, auch könnte die außerordentliche Kündigung die Lehre von der Geschäftsgrundlage verdrängen, oder die außerordentliche Kündigung könnte nur Rechtsfolge der Lehre von der Geschäftsgrundlage - bei Vorliegen der Voraussetzungen derselben - sein.

a) *Auffassung von Haarmann*

Nach Haarmann handelt es sich bei der Lehre von der Geschäftsgrundlage und der Kündigung aus wichtigem Grund gemäß §§ 723, 737 BGB, 133, 140 HGB um zwei selbständige Institute. Bei der außerordentlichen Kündigung muß im Rahmen der Interessenabwägung der Gesichtspunkt der Vertragsbeendigungsfreiheit berücksichtigt werden. Daher müssen an die Unzumutbarkeit des Festhaltens am Vertrag weniger hohe Anforderungen gestellt werden als bei der Lehre von der Geschäftsgrundlage.[300] Die Vertragsbeendigungsfreiheit ist Ausfluß der vertraglichen Selbstbestimmung. Damit stehen sich beim Rechtsinstitut der außerordentlichen Kündigung zwei Ausprägungen der Vertragsfreiheit gegenüber, der Grundsatz „pacta sunt servanda" und die Vertragsbeendigungsfreiheit. Diese sind durch die Interessenabwägung in Einklang zu bringen, so daß der Grunsatz „pacta sunt servanda" durch die Kündigungsmöglichkeit relativiert wird.[301] Dabei geht die Rechtsordnung nach Haarmann grundsätzlich davon aus, daß die Opfergrenze bei Dauerschuldverhältnissen nicht so hoch ist wie bei "vorübergehenden" Verträgen.[302] Da die Kündigungsmöglichkeit Ausfluß der Vertragsfreiheit ist, ist dieser Eingriff in den geschlossenen Vertrag systemimmanent. Damit ist er weniger schwer als der systemfremde, welcher sich bei der Lehre von der Geschäftsgrundlage ergibt, da das Prinzip immanenter Vertragsge-

300 Haarmann, S. 129.
301 Haarmann, S. 130f.
302 Haarmann, S. 124.

rechtigkeit „der vertraglichen Selbstbestimmung vom Grundsatz her fremd ist".[303]

Voraussetzung der außerordentlichen Kündigung ist immer ein wichtiger Grund, welcher wiederum die Unzumutbarkeit der Fortführung der Gesellschaft voraussetzt. Aber auch bei der Lehre von der Geschäftsgrundlage ist nach Haarmann die Unzumutbarkeit ein Tatbestandsmerkmal. Er ist der Auffassung, „daß der Begriff der Unzumutbarkeit das Institut „Wegfall der Geschäftsgrundlage" beherrscht und damit seine Funktion im Zivilrechtssystem bestimmt: Es gehe um die jeder rechtlichen Pflicht innewohnende immanente Begrenzung".[304] Folgt man der Auffassung von Haarmann, daß die Lehre von der Geschäftsgrundlage von der Unzumutbarkeit „beherrscht" wird, so muß man feststellen, daß die Lehre von der Geschäftsgrundlage und die Regeln bezüglich der außerordentlichen Kündigung auf der gleichen Grundlage beruhen, nämlich der Unzumutbarkeit. Lassen sich aber beide Rechtsinstitute auf die Unzumutbarkeit des Festhaltens am Vertrag zurückführen, spricht dies gegen einen Unterschied bei der Intensität der Opfergrenze.

Ein Unterschied im Hinblick auf die Unzumutbarkeit läßt sich auch nicht mit der Begründung rechtfertigen, daß die Lehre von der Geschäftsgrundlage das allgemeinere Rechtsinstitut ist, während die Regeln über die außerordentliche Kündigung die spezielleren Regeln bezüglich der Gesellschaftsverträge sind. Denn die Regeln über die Lehre von der Geschäftsgrundlage sind nicht unabhängig von der Vertragsart, sondern die Bestimmung der Unzumutbarkeit bei der Lehre von der Geschäftsgrundlage bestimmt sich immer nach den konkreten Umständen des einzelnen Vertrages.[305] Wird aber bei der Lehre von der Geschäftsgrundlage auf den einzelnen Vertrag abgestellt, fließen auch dessen Besonderheiten ein, d.h. auch die Besonderheiten der Gesellschaftsverträge. Folgt man Haarmann[306] und läßt bei der Feststellung der Unzumutbarkeit den Gesichtspunkt der Vertragsbeendigungsfreiheit einfließen, so ist dieser nicht nur im Rahmen der außerordentlichen Kündigung zu berücksichtigen, sondern auch bei der Lehre von der Geschäftsgrundlage.

Haarmann ist der Meinung, daß die Regeln über die außerordentliche Kündigung Ausprägungen der Vertragsbeendigungsfreiheit sind. Damit ist die außerordentliche Kündigung nach Haarmann systemimmanent. Denn die außerordentliche Kündigung gewährleistet die durch den Faktor Zeit beschränkte Freiheit. Der Zeitablauf reicht aber für eine Beendigung des Vertrages nicht aus, sondern hin-

303 Haarmann, S. 131; ihm folgend BGHZ 133, 316, 320f.
304 Haarmann, S. 40.
305 Heinrichs in Palandt, § 242, Rn. 129.
306 Haarmann, S. 129.

zukommen muß noch ein wichtiger Grund. Entscheidend für die außerordentliche Kündigung ist nicht der Zeitablauf, sondern das Vorliegen eines wichtigen Grundes. Dies trägt "damit auch dem Umstand Rechnung, daß sich bei einem auf Dauer angelegten Vertragsverhältnis im Laufe der Zeit unvorhergesehene Umstände einstellen können, die die Parteien – wären sie ihnen bekannt gewesen – bei Vertragsschluß berücksichtigt hätten".[307] Genau um diese Problematik geht es aber auch bei der Lehre von der Geschäftsgrundlage. Auch hier treten Umstände ein, welche die Parteien nicht oder zumindest nicht so vorhergesehen haben. Beide Rechtsinstitute dienen somit der Lösung der gleichen Problematik, nämlich der Auswirkung von Änderungen der tatsächlichen, dem Vertrag zugrundeliegenden Umstände, so daß im Rahmen der Unzumutbarkeit auch die gleichen (strengen) Anforderungen zu stellen sind.

b) Vorrang der Kündigung aus wichtigem Grund

Die Lehre von der Geschäftsgrundlage setzt voraus, daß für das Risiko des fehlenden bzw. weggefallenen Umstandes eine Regelung fehlt, welche das Risiko einer der Vertragsparteien zuweist. Auch bei der Vertragsauflösung aus wichtigem Grund darf der den wichtigen Grund auslösende Umstand nicht in den Risikobereich einer der Vertragsparteien fallen. Hat eine Vertragspartei das Risiko zu tragen, kann sie sich diesem nicht durch Kündigung des Vertrages aus wichtigem Grund entziehen. Die Fortsetzung des Gesellschaftsverhältnisses ist der mit dem Risiko belasteten Vertragspartei in diesem Fall zumutbar.

Bei der Feststellung eines wichtigen Grundes im Rahmen der §§ 723, 737 BGB, 133, 140 HGB ist eine Gesamtabwägung aller Umstände des Einzelfalles vorzunehmen. So ist zum Beispiel zu berücksichtigen, ob die Gesellschaft floriert oder unrentabel ist, ob sie eben erst begonnen wurde, oder ob die Lebensstellung eines der Gesellschafter betroffen ist.[308] Auch bei der Lehre von der Geschäftsgrundlage muß innerhalb der Prüfung der Zumutbarkeit eine umfassende Interessenabwägung unter Berücksichtigung aller Umstände vorgenommen werden.[309] Damit fließen in die Prüfung der Unzumutbarkeit bei der Lehre von der Geschäftsgrundlage und bei der Bestimmung des wichtigen Grundes jeweils die gleichen Merkmale ein. Sind aber die Merkmale beider Rechtsinstitute, welche die Rechtsfolge Auflösung voraussetzen, identisch, so gehen die gesetzlichen Regeln der Auflösung der Gesellschaft bzw. der Ausschließung eines Gesellschaf-

307 So der BGH in seiner Haarmann zustimmenden Entscheidung, BGHZ 133, 316, 321.
308 Karsten Schmidt in Schlegelberger, § 133, Rn. 22; Baumbach/Hopt, § 133, Rn. 5.
309 Vgl. die Nachweise in Kapitel 1.

ters nach §§ 723, 737 BGB, 133, 140 HGB der Lehre von der Geschäftsgrundlage vor.

Das weitere Tatbestandsmerkmal der Lehre von der Geschäftsgrundlage, nämlich das Fehlen oder der Fortfall eines dem Vertrag zugrunde liegenden Umstandes, wird bei der Bestimmung des wichtigen Grundes nach §§ 723, 737 BGB, 133, 140 HGB nicht vorausgesetzt. Damit umfaßt der wichtige Grund als Voraussetzung einer Vertragsauflösung im Recht der Personengesellschaften einen weiteren Bereich als die Lehre von der Geschäftsgrundlage. Alle Fälle, welche von der Anwendung der Lehre von der Geschäftsgrundlage mit der Rechtsfolge Vertragsauflösung erfaßt werden, fallen auch unter den Begriff des wichtigen Grundes. Umgekehrt liegt aber nicht immer bei Vorliegen eines wichtigen Grundes ein Anwendungsfall der Lehre von der Geschäftsgrundlage vor. Aus diesen unterschiedlichen Anwendungsbereichen ergibt sich, daß es sich bei der Lehre von der Geschäftsgrundlage und der Kündigung aus wichtigem Grund um unterschiedliche Rechtsinstitute handelt.

Gegen die Annahme, daß die außerordentliche Kündigung lediglich Rechtsfolge der Lehre von der Geschäftsgrundlage ist, spricht auch der Umstand, daß die §§ 723, 737 BGB, 133, 140 HGB neben der Bestimmung der Rechtsfolge auch die tatbestandlichen Voraussetzungen der außerordentlichen Kündigung festlegen, nämlich das Vorliegen eines wichtigen Grundes. Denn diese vom Gesetzgeber vorgegebenen Regelungen legen gerade damit die Voraussetzungen fest, unter welchen eine Lösung vom Vertrag möglich ist. Es handelt sich damit um einen vollständigen Rechtssatz,[310] d.h. einem Tatbestand wird eine Rechtsfolge zugeordnet. Da somit der Rechtsfolge außerordentlicher Kündigung bereits in dem wichtigen Grund ein Tatbestand zugeordnet ist, bedarf es keines Rückgriffs auf die Tatbestandsmerkmale der Lehre von der Geschäftsgrundlage, um die Rechtsfolge der außerordentlichen Kündigung herbeizuführen.

Auch wenn man von der Rechtsfolge ausgeht, kommt man zu dem Ergebnis, daß zwei Rechtsinstitute vorliegen. Die Rechtsfolge der Kündigung aus wichtigem Grund ist die Beendigung der Gesellschaft, indem sie aufgelöst wird (§§ 723 BGB, 133 HGB), oder aber einer der Gesellschafter wird ausgeschlossen (§§ 737 BGB, 140 HGB). Die Rechtsfolge der Anwendung der Lehre von der Geschäftsgrundlage ist flexibler. Zwar kommt hier auch eine Auflösung des Vertrages in

---

310 Larenz, Methodenlehre, S. 250ff., die vollständigen Rechtssätze grenzt Larenz von den unvollständigen Rechtssätzen (S. 257ff.) ab, welche nur dazu dienen, "den Tatbestand, ein Tatbestandselement oder die Rechtsfolge eines vollständigen Rechtssatzes näher zu bestimmen", bzw. einen weit gefaßten Rechtssatz einzuschränken, "indem sie eine bestimmte Fallgruppe aus seiner Anwendung ausnehmen, wieder andere verweisen hinsichtlich eines Tatbestandselementes oder der Rechtsfolge auf einen anderen Rechtssatz".

Betracht, primär ist aber eine Anpassung der Gesellschaft an die veränderten Umstände vorzunehmen.[311] Damit ist die Rechtsfolge der Lehre von der Geschäftsgrundlage umfassender. Somit ergibt sich auch aus den unterschiedlichen Rechtsfolgen - trotz der gemeinsamen Voraussetzung der Unzumutbarkeit des (unveränderten) Festhaltens an dem Vertrag -, daß es sich bei der Lehre von der Geschäftsgrundlage und der Kündigung aus wichtigem Grund bzw. der Ausschließung eines Gesellschafters um zwei unterschiedliche Rechtsinstitute handelt.

Dennoch ist die Lehre von der Geschäftsgrundlage im Gesellschaftsrecht nicht anwendbar, soweit die Rechtsfolge Vertragsauflösung angestrebt wird. Denn insoweit liegen in der gesetzlichen Regelung keine Regelungslücken vor, welche der Ausfüllung bedürften. Alle Fälle, welche in den Anwendungsbereich der Lehre von der Geschäftsgrundlage fallen, werden auch von der Vertragsauflösung aus wichtigem Grund erfaßt. Da der Gesetzgeber für die Unzumutbarkeit des weiteren Festhaltens am Vertrag mit den §§ 723, 737 BGB, 133, 140 HGB gesetzliche Regelungen vorgegeben hat, gehen diese dem von der Rechtsprechung und Lehre entwickeltem Institut der Lehre von der Geschäftsgrundlage vor.

Die Lehre von der Geschäftsgrundlage kommt nur in Betracht, falls für eine bestimmte Situation keine Regelung vorliegt. Denn insoweit liegt in der gesetzlichen Regelung keine Regelungslücke vor, welche der Ausfüllung bedürfte. Eine Lücke im Gesetz liegt nur vor, wenn das Gesetz ausfüllungsbedürftig ist, also dann, „wenn das Gesetz innerhalb der Grenzen seines möglichen Wortsinnes und das Gewohnheitsrecht eine Regelung nicht enthält, obwohl die Rechtsordnung in ihrer Gesamtheit eine solche fordert“[312]. Regelt dagegen ein Gesetz selbst die Rechtsfolgen einer bestimmten Entwicklung und ist diese Rechtsfolge abschließend, ist für die Lehre von der Geschäftsgrundlage kein Raum,[313] da diese von den Gerichten im Rahmen der Rechtsfortbildung entwickelt wurde. Der Rechtsfortbildung sind durch den Grundsatz der richterlichen Rechts- und Gesetzesbindung (Art. 20 GG) Grenzen gesetzt. „Hat der Gesetzgeber eine eindeutige und auch durch die Entwicklung der Lebensverhältnisse und Rechtsanschauungen nicht unzureichend oder lückenhaft gewordene Entscheidung getroffen, darf der Richter sie nicht aufgrund eigener rechtspolitischer Vorstellungen verändern und durch eine judikative – dann contra, nicht nur praeter legem – ersetzen“.[314] Diese abschließende Regelung ist in der im Vergleich zur Anwendung der Lehre von

311 Heinrichs in Palandt, § 242, Rn. 130.
312 Canaris, Lücken, S. 39.
313 Roth in MünchKomm, § 242, Rn. 555ff., insb. Rn. 559.
314 BGH NJW 1998, 3771; so auch BVerfGE 82, 6, 12; 88, 145, 167.

der Geschäftsgrundlage umfassenderen - soweit die Rechtsfolge Vertragslösung angestrebt wird - Regelung der Kündigung aus wichtigem Grund gemäß §§ 723 BGB, 133, 140 HGB gegeben.[315]

c) Ergebnis

Als Ergebnis ist demnach festzuhalten: Die Lehre von der Geschäftsgrundlage und die Auflösung aus wichtigem Grund sind zwei unterschiedliche Rechtsinstitute. Aufgrund der unterschiedlichen Tatbestandsvoraussetzungen haben sie einen verschiedenartigen Anwendungskreis, außerdem sind die Rechtsfolgen verschieden. Wird aber die Auflösung des Vertrages angestrebt, gehen die Regeln über die Auflösung aus wichtigem Grund gemäß §§ 723, 737 BGB, 133, 140 HGB der Lehre von der Geschäftsgrundlage vor, da erstere eine umfassende abschließende Regelung sind. Trotzdem ist die Lehre von der Geschäftsgrundlage im Recht der Personengesellschaften nicht wegen den Regelungen über die Kündigung aus wichtigem Grund ausgeschlossen, denn diese gewähren keine Anpassung des Vertrages. Diese Anpassungsmöglichkeit ist bei der Interessenabwägung im Rahmen des wichtigen Grundes als Voraussetzung der §§ 723, 737 BGB, 133, 140 HGB zu berücksichtigen, da die Vertragsauflösung ultima ratio ist und die Anpassung des Vertrages ein weniger einschneidendes Mittel ist.

III) Zeitpunkt der Anpassung

Demzufolge ist die Lehre von der Geschäftsgrundlage im Recht der Personengesellschaften anwendbar, soweit als Rechtsfolge nicht die Auflösung, sondern die Anpassung des Gesellschaftsvertrages angestrebt wird. Fraglich ist aber, ob die Anpassung bis auf den Zeitpunkt des Fortfalls der Geschäftsgrundlage zurückwirkt oder erst für die Zukunft gilt. In der Regel kommt nur eine Anpassung für die Zukunft in Betracht, da einer auf den Zeitpunkt des Fortfalls der Geschäftsgrundlage rückwirkenden Anpassung der Grundsatz der Verhältnismäßigkeit entgegensteht. Falls sich aus diesem Grundsatz aber keine Bedenken ergeben, ist auch eine rückwirkende Anpassung möglich.[316] Aufgrund der rechtlichen Besonderheiten von Gesellschaften ist zu prüfen, ob nicht eine abweichende Regelung getroffen werden muß.

---

315 BGH NJW 1998, 3771.
316 Werner in Erman, § 242, Rn. 179; Roth in MünchKomm, § 242, Rn. 546.

l) Entsprechende Anwendung der Grundsätze der fehlerhaften Gesellschaft

Teichmann in Soergel[317] möchte die Grundsätze über die fehlerhafte Gesellschaft entsprechend anwenden und will bei Eingriffen in die Struktur der Gesellschaft eine Rückwirkung ausschließen, diese aber bei anderen Eingriffen - als Beispiel nennt er Beitragsleistungen und Vergütungen der Geschäftsführer- zulassen.

Die fehlerhafte Gesellschaft ist eine Ausnahme von dem Grundsatz, daß privatautonome Gestaltungen, welche auf mangelhafter Parteierklärung beruhen, zusätzliche Wirksamkeitserfordernisse nicht erfüllen oder inhaltlich Gesetz oder Recht widersprechen, nichtig oder vernichtbar sind, und damit nicht die von den Parteien angestrebten Rechtsfolgen haben.[318]

a) Voraussetzungen der fehlerhaften Gesellschaft

Bei der fehlerhaften Gesellschaft besteht ein Gesellschaftsvertrag, welcher aber an Mängeln leidet, wodurch er nach den gesetzlichen Vorschriften nichtig oder anfechtbar ist. Voraussetzung der fehlerhaften Gesellschaft[319] ist das Vorliegen eines fehlerhaften Gesellschaftsvertrages, wobei dieser aber nicht mit solch schwerwiegenden Mängeln behaftet sein darf, daß deren Nichtbeachtung mit gewichtigen Interessen der Allgemeinheit oder einzelner schutzwürdiger Personen in Widerspruch treten würde und die Invollzugsetzung der Gesellschaft[320]. Ist eine fehlerhafte Gesellschaft begründet worden, kann diese nicht mehr rückwirkend beseitigt, sondern nur noch für die Zukunft aufgelöst werden.[321]

Diese Abweichung von der gesetzlichen Regelung wird mit den erheblichen praktischen Schwierigkeiten begründet, welche bei einer Rückabwicklung von bereits in Vollzug gesetzten Gesellschaften entstehen würden.[322] Nach der wohl herrschenden Auffassung ergeben sich die dogmatischen Grundlagen für diese Abweichung aus den Prinzipien der Rechtssicherheit im Innenverhältnis und als "Erst-Recht" Schluß im Interesse des Verkehrsschutzes im Außenverhältnis. Diese beschränken die allgemeinen Nichtigkeitsfolgen durch teleologische Redukti-

---

317 Teichmann in Soergel, § 242, Rn. 269.

318 Wiedemann, GesR I, § 3 I 2 (S. 147f.).

319 Vgl. dazu ausführlich Götz Hueck, GesR, § 13 III 2 (S. 97ff.); Kraft/Kreutz, D V; von Gerkan in Röhricht/Graf von Westphalen, § 105, Rn. 38ff.

320 In Vollzug gesetzt ist nach Eisenhardt, GesR, Rn. 351 (unter Verweis auf RGZ 165, 193, 205) eine Gesellschaft dann, wenn die Gesellschaft "ihre Geschäfte" im Sinne des § 123 Abs. 2 HGB begonnen hat, die Gesellschafter also ihre gemeinsame Geschäftstätigkeit aufgenommen haben. Dies muß in der Weise geschehen, daß die Gesellschafter von Dritten als Gesellschafter angesehen und behandelt werden.

321 Götz Hueck, GesR, § 13 III 2 (S. 99).

322 Vgl. die Darstellung bei Karsten Schmidt, GesR, § 6 I 3.

on.[323] Dabei soll es auf den guten Glauben des Dritten nicht ankommen.[324] Dieser Schluß vom Innen- auf das Außenverhältnis ohne Berücksichtigung der Gutgläubigkeit ist jedoch nur konsequent, wenn man von der Lehre der faktischen Gesellschaft ausgeht, da dann dieses Faktum "in der Tat im Verhältnis zu Dritten nicht anders als im Verhältnis der Gesellschafter untereinander"[325] besteht. Ansonsten ist nicht einzusehen, warum ein bösgläubiger Dritter in den Genuß der Regeln über die fehlerhafte Gesellschaft kommen soll. Die Gesellschaft als bloßes Faktum wird aber von der ganz herrschenden Lehre abgelehnt.[326] Lehnt man aber die faktische Gesellschaft ab, kann diese Ansicht auch nicht begründen, warum im Innenverhältnis ein vollwirksamer Vertrag besteht.[327]

Eine andere Auffassung stützt die Grundsätze der fehlerhaften Gesellschaft im Außenverhältnis auf die allgemeinen Grundsätze der Rechtsscheinhaftung, während sie im Innenverhältnis den Bestandsschutz ablehnt und statt dessen eine Anwendung der allgemeinen Regeln für angemessen hält.[328] Dabei sollen die außenstehenden Gläubiger neben den Ansprüchen gegen den unmittelbar Handelnden auch gegen die Gesellschaft Ansprüche geltend machen können. Es wird also vorausgesetzt, daß trotz der fehlerhaften Gesellschaft ein gesamthänderisch gebundenes Vermögen entsteht und zwar unabhängig von den Beziehungen der Gesellschafter untereinander. Das Entstehen eines gesamthänderischen Vermögens bei Gesellschaften ohne vertragliche Grundlage zwischen den Gesellschaftern ist aber dem geltenden Recht unbekannt. Auch bei den anderen, vom Gesetz anerkannten Gesamthandsvermögen bedarf es stets rechtlicher Beziehungen zwischen den Gesamthändern.[329]

Mit der neueren Literatur[330] ist davon auszugehen, daß die Gesellschaft nicht nur Schuldverhältnis ist, sondern auch als Organisation zwischen den Beteiligten

---

323 BGHZ 3, 285, 288f.; 13, 320, 324; 55, 5, 8; BGH NJW 1983, 748; Götz Hueck, GesR, § 13 III 2 (S. 98); Hopt/Hehl, Rn. 284f; von Gerkan in Röhricht/Graf von Westphalen, § 105, Rn. 38.

324 BGH NJW 1966, 107, 108; Alfred Hueck, oHG, § 7 II (S. 78f.).

325 Canaris, Vertrauenshaftung, S. 121.

326 Vgl. nur Canaris, Vertrauenshaftung, S. 121; Ulmer in Staub, § 105, Rn. 333a; Hadding in Soergel, § 705, Rn. 85; Eisenhardt, GesR, Rn. 346; so jedoch noch Simitis, S. 232. Die Lehre von den "faktischen Vertragsverhältnissen" wurde früher vertreten, ist heute aber überwunden. Es widerspricht der Privatautonomie (Art. 2 Abs. 1 GG), wenn bei Fehlen eines Gesellschaftsvertrages der Vollzug der Gesellschaft für deren Bestehen ausreicht.

327 Flume, AT I/1, § 2 II (S. 17); Ulmer in Staub, § 105, Rn. 334.

328 Canaris, Vertrauenshaftung, S. 449; Müller-Graff, JuS 1979, 24, 29.

329 Ulmer, FS Flume II, 301, 307; Alfred Hueck, oHG, § 7 III (S. 80); Karsten Schmidt, AcP 186 (1986), 421, 424.

330 von Gerkan in Röhricht/Graf von Westphalen, § 105, Rn. 17; Karsten Schmidt in Schlegelberger, § 105, Rn. 96.

besteht. Denn die Gesellschaft nimmt als Organisationseinheit mit eigenen Organen, eigenem Vermögen und eigener Haftungsordnung am Rechtsleben teil.[331] Teubner in AK[332] spricht insoweit von einem "organisierten sozialen System", in welchem Verpflichtungs- und Verfügungselemente enthalten sind. Wird durch den Vollzug der Gesellschaft das schuldrechtliche Verhältnis der Gesellschafter durch die Organisation überlagert, müssen sich die Gesellschafter daran festhalten lassen, da die allgemeinen Nichtigkeitsfolgen nicht auf die Abwicklung einer Organisation passen.[333] Denn insoweit würde eine rückwirkende Abwicklung negieren, daß eine Organisation tatsächlich bestand. Eine Ausnahme ist aber dort zu machen, wo das schuldrechtliche Verhältnis nicht durch die Organisation überlagert wird, wo also ausschließlich obligatorische Beziehungen bestehen. Im Außenverhältnis kommt allerdings die Möglichkeit, daß lediglich ein schuldrechtliches Verhältnis besteht, nicht in Betracht, da dort die Gesellschaft, also die Organisationseinheit, dem Rechtsverkehr gegenübertritt, so daß ausschließlich obligatorische Beziehungen nur zwischen den Gesellschaftern bestehen können.[334]

b) Anwendung der Regeln auf die Lehre von der Geschäftsgrundlage

Zwischen der fehlerhaften Gesellschaft und der Geschäftsgrundlage bestehen sowohl bei den Voraussetzungen als auch bei der Rechtsfolge erhebliche Unterschiede. Voraussetzung der fehlerhaften Gesellschaft ist ein nichtiger oder zumindest anfechtbarer Gesellschaftsvertrag. Im Gegensatz dazu liegt bei der Anwendung der Lehre von der Geschäftsgrundlage ein Gesellschaftsvertrag vor, welchem keine rechtlichen Bedenken entgegenstehen, sondern bei welchem nur ein dem Vertrag zugrundeliegender Umstand nicht bzw. nicht mehr vorliegt. Der Mangel besteht nicht im Vertrag selbst, sondern es besteht lediglich ein Auseinanderfallen zwischen den Vorstellungen mindestens einer der Vertragsparteien bei Vertragsschluß über die dem Vertrag zugrundeliegenden Umstände und den diesem Vertrag tatsächlich zugrundeliegenden Umständen. Lediglich das Ausmaß des Auseinanderfallens zwischen den vorgestellten und tatsächlichen Um-

---

331 Flume, AT I/1, § 4 II (S. 56); Ulmer, FS Flume II, 301, 309; Karsten Schmidt, GesR, § 6 I 3; Hadding in Soergel, § 705, Rn. 88; siehe auch § 3 I 1.

332 Teubner in AK, § 705, Rn. 1.

333 Hadding in Soergel, § 705, Rn. 88.

334 Ulmer, FS Flume II., 301, 312; Ulmer in Staub, § 105, Rn. 336; noch weitergehender Teubner in AK, § 705, Rn. 2, nach welchem auch zwischen den Mitgliedern deren schuldrechtliche Beziehungen immer von der Organisation überlagert sind. Dagegen spricht aber die Möglichkeit, daß Innengesellschaften lediglich schuldrechtliche Sonderverbindungen darstellen können, vgl. dazu ausführlich Karsten Schmidt, GesR, § 7 I 2 b bb.

ständen gebietet eine Anpassung des Vertrages bzw., falls diese nicht möglich sein sollte, dessen Auflösung. Der Gesellschaftsvertrag selbst ist dagegen frei von Mängeln. Es besteht also bei der Anwendung der Lehre von der Geschäftsgrundlage neben dem durch Vollzug entstandenen Verband auch noch ein gültiger schuldrechtlicher Vertrag.

Die Störung des Vertrages bei der Anwendung der Lehre von der Geschäftsgrundlage ist, da sie nur das Verhältnis der Vorstellungen zumindest einer Vertragspartei zur Realität betrifft und nicht den Vertrag selbst, weniger schwer als die Störung bei der fehlerhaften Gesellschaft, bei welcher die vertragliche Abrede selbst einen Mangel aufweist. Die jeweiligen Störungen stehen nicht in einem Stufenverhältnis zueinander, sondern betreffen unterschiedliche Bereiche bei Abschluß des Vertrages - nämlich den eigentlichen Vertragsabschluß und die bei Vertragsabschluß zugrundeliegenden Vorstellungen zumindest einer der vertragsschließenden Parteien über die Umstände, unter welchen der Vertrag geschlossen werden soll.

Trotz dieser Unterschiede zur fehlerhaften Gesellschaft ist bei der Anwendung der Lehre von der Geschäftsgrundlage im Recht der Personengesellschaften eine rückwirkende Anpassung ausgeschlossen. Denn auch bei einer Fehlvorstellung über die Geschäftsgrundlage muß beachtet werden, daß durch die Invollzugsetzung die Gesellschaft als Verband entstanden ist, so daß eine rückwirkende Anpassung nicht in Betracht kommt, da man dadurch das Bestehen des Verbandes in seiner konkreten Form negieren würde und damit auch, daß der Verband als eigenständiges Rechtsobjekt im Rechtsverkehr aufgetreten ist. Etwas anderes gilt für die Bereiche, in welchen lediglich obligatorische Beziehungen zwischen den Gesellschaftern bestehen. Insoweit bestehen keine besonderen gesellschaftsrechtlichen Bedenken, welche einer rückwirkenden Anpassung des Gesellschaftsvertrages entgegenstehen würden, jedoch ist bei lediglich obligatorischen Beziehungen zu beachten, daß der Grundsatz der Verhältnismäßigkeit einer rückwirkenden Anpassung oftmals entgegensteht.

Aus diesen Gründen kann von einer entsprechenden Anwendung der Grundsätze der fehlerhaften Gesellschaft gesprochen werden, wobei aber hervorzuheben ist, daß nicht eine Vergleichbarkeit der vertraglichen Störungen vorliegt, sondern daß in beiden Fällen das Bestehen der Gesellschaft als Organisation eine Rückwirkung der Anpassung verbietet.

Köhler[335] kommt zu dem selben Ergebnis, begründet dies aber mit dem "Interesse der Rechtssicherheit und des Drittschutzes". Eine Rückwirkung lehnt er ab, falls es um die Organisation der Gesellschaft oder den Status der Gesellschafter geht. Eine Definition des Begriffs Rechtssicherheit gibt Köhler nicht. Da der Gesellschaftsvertrag aber rechtsgeschäftliche Erklärungen beinhaltet, ist davon auszugehen, daß Köhler den Begriff der Rechtssicherheit im Sinn der Bindung des Handelnden an seine rechtsgeschäftliche Erklärung versteht, d.h. der Erklärende muß sich an der Erklärung und den dadurch herbeigeführten Rechtsfolgen von denjenigen festhalten lassen, deren Rechtskreis dadurch berührt wird.[336] Durch diese Bindung wird dem Erklärungsempfänger ein Bestandsschutz gewährt.

Berücksichtigung finden kann der Umstand der Rechtssicherheit bei der Anwendung der Lehre von der Geschäftsgrundlage nur bei der Interessenabwägung im Rahmen der Unzumutbarkeit des unveränderten Festhaltens am Vertrag. Die Rechtsfolge der Lehre von der Geschäftsgrundlage ist eine möglichst interessengerechte Verteilung des verwirklichten Risikos bei möglichst geringem Eingriff in die ursprüngliche vertragliche Regelung. Dabei hängt auch die Bestimmung der Rechtsfolgen im Einzelfall von Zumutbarkeitserwägungen ab. Roth in MünchKomm[337] ist der Auffassung, daß es "wesentlich sei, daß unter Berücksichtigung aller Umstände des Einzelfalls und insbes. des Gewichts der Folgewirkungen in den Interessensphären der Partner eine flexible Rechtsfolgenbestimmung im Sinn eines optimalen Interessenausgleichs zu erfolgen hat". Insoweit könnte man daran denken, das Gebot der "Rechtssicherheit" bei der Abwägung im Rahmen des Interessenausgleichs einzubeziehen.

Dies käme aber nur in Betracht, falls eine Berufung auf das Gebot der Rechtssicherheit überhaupt möglich wäre. Die Lehre von der Geschäftsgrundlage setzt aber einen Umstand voraus, der zwar nicht Vertragsinhalt wurde, den der Vertragspartner aber kannte bzw. hätte erkennen müssen.[338] Kannte der Ver-

---

335 Köhler, FS Steindorff, 611, 628; so auch Roth in MünchKomm, § 242, Rn. 562.

336 So die Beschreibung der Bindung an die rechtsgeschäftliche Erklärung in Köhler, AT, § 12 II, Rn. 3. Der Begriff der Rechtssicherheit wird sonst im Verfassungsrecht verwandt: Die Rechtssicherheit ist wesentlicher Bestandteil des Rechtsstaatsprinzips (vgl. BVerfGE 2, 403; 3, 237; 7, 92, 196; 13, 271; 15, 319) und betrifft die Elemente, die mit der Verläßlichkeit des Rechts zu tun haben (vgl. Sachs in Sachs, GG, Art. 20, Rn. 122). Der im Verfassungsrecht angewandte Begriff ist aber nicht mit dem hier verwandten identisch.

337 Roth in MünchKomm, § 242, Rn. 545.

338 Vgl. dazu die Festlegung des Begriffs der Geschäftsgrundlage in § 1 II.

tragspartner aber die Bedeutung des fehlenden bzw. weggefallenen Umstandes oder hätte er diesen erkennen können, kann er diesen nicht einer Abänderung des Vertrages entgegenhalten. In solch einem Fall vertraut er ja gerade nicht auf die Bindung an die rechtsgeschäftliche Erklärung bzw. dürfte nicht darauf vertrauen, da der Vertragspartner weiß bzw. hätte wissen müssen, daß die rechtsgeschäftliche Erklärung auf dem fehlenden bzw. weggefallenen Umstand beruht. Besteht aber kein Vertrauen in die rechtsgeschäftliche Erklärung, ist der Handelnde auch nicht mehr unter dem Gesichtspunkt der Rechtssicherheit an diese gebunden, so daß die Rechtssicherheit nicht als Begründung für ein Verbot der Rückwirkung heranzuziehen ist.

Der Berufung auf den Drittschutz stehen die gleichen Bedenken wie bei der fehlerhaften Gesellschaft entgegen.[339] Denn auch hier besteht ein Gesellschaftsverhältnis, welches mangelhaft ist. Zwar leidet der Gesellschaftsvertrag nicht selbst an einem Mangel wie bei der fehlerhaften Gesellschaft, jedoch liegt dem Gesellschaftsvertrag ein veränderter Umstand zugrunde, der Einfluß auf den Gesellschaftsvertrag hat.

3) Vertragsanpassung und Rückwirkung

Rechtsfolge der fehlerhaften Gesellschaft ist, daß diese als wirksam nach innen und außen behandelt wird und Fehler nur noch für die Zukunft und bei der oHG/KG grundsätzlich nur durch Gestaltungsklage gem. §§ 133, 140 HGB geltend gemacht werden können.[340] Rechtsfolge der Lehre von der Geschäftsgrundlage ist dagegen in erster Linie die Anpassung an die veränderten Umstände. Eine Anpassung an veränderte Umstände greift weniger stark in die Rechtsposition der einzelnen Gesellschafter ein als eine mögliche Auflösung aufgrund der Geltendmachung des Fehlers bei der fehlerhaften Gesellschaft. Eine Auseinandersetzung findet bei der Anpassung des Gesellschaftsvertrages im Gegensatz zur Auflösung der Gesellschaft nicht statt. Man könnte demzufolge der Auffassung sein, daß eine rückwirkende Anpassung der Gesellschaft trotz Bestehens derselben als Verband möglich ist, da die Gesellschaft lediglich verändert, nicht aber aufgelöst wird. Jedoch rechtfertigt auch dieser weniger schwere Eingriff in das Gesellschaftsverhältnis nicht eine rückwirkende Abänderung des Gesellschaftsvertrages und damit eine Abweichung von den Regeln der fehlerhaften Gesellschaft. Denn die Gesellschaft ist nicht nur Schuldverhältnis, sondern auch Verband. Aber es ist nicht nur irgendein Verband durch die Invollzugsetzung entstanden, sondern ein

---

339 Vgl. § 3 III 1 a.
340 Baumbach/Hopt, § 105, Rn. 75.

Verband mit konkreten Rechten und Pflichten. Eine rückwirkende Abänderung würde eine Änderung dieser konkreten Rechte und Pflichten zur Folge haben und damit einen Eingriff in den Verband bedeuten. Auch dieser Eingriff würde der Anerkennung der Gesellschaft als Verband zuwiderlaufen. Damit kommt im Bereich der Personengesellschaften eine rückwirkende Anpassung des Gesellschaftsvertrages nicht in Betracht, sondern die Anpassung kann immer nur für die Zukunft vorgenommen werden.

IV) Ergebnis

Die Unterschiede zwischen Austausch- und Gesellschaftsverträgen hindern nicht die Anwendbarkeit der Lehre von der Geschäftsgrundlage im Recht der Personengesellschaften. Zwar ist die Gesellschaft im Gegensatz zum Austauschvertrag sowohl Schuldverhältnis als auch Verband und der Gesellschaftszweck ein überindividueller Verbandszweck. Diese Unterscheidung zwischen Gesellschafts- und Austauschverhältnis betrifft nur die vertragliche Ebene. Die Lehre von der Geschäftsgrundlage greift aber bei Störungen ein, welche dieser vertraglichen Ebene zugrunde liegen. Es handelt sich um Störungen auf unterschiedlichen Ebenen. Beide Arten von Störungen können aber Auswirkungen auf die Gesellschaft haben.

Auch das fehlende Austauschverhältnis hindert nicht die Anwendung der Lehre von der Geschäftsgrundlage im Bereich der Personengesellschaften. Zwar ist die Äquivalenzstörung ein (Haupt-)Anwendungsfall der Lehre von der Geschäftsgrundlage, aber kein Tatbestandsmerkmal derselben. Entscheidend für die Lehre von der Geschäftsgrundlage ist nicht die Äquivalenzstörung, sondern - außer der fehlenden vertraglichen Risikoverteilung - daß ein Umstand, welcher dem Vertrag zugrundeliegt fehlt, bzw. weggefallen ist und infolgedessen das Festhalten am unveränderten Vertrag unzumutbar ist. Diese Unzumutbarkeit kann sich aufgrund einer Äquivalenzstörung ergeben, aber auch aufgrund anderer Umstände.

Die Lehre von der Geschäftsgrundlage wird durch die Regelung der §§ 723, 737 BGB, 133, 140 HGB nicht ausgeschlossen. Dies ergibt sich bereits aus dem den §§ 723, 737 BGB, 133, 140 HGB immanenten Grundsatz der Verhältnismäßigkeit, welcher die Anwendung milderer Rechtsinstitute gebietet. Eine Vertragsanpassung aufgrund der Anwendung der Lehre von der Geschäftsgrundlage ist im Vergleich zur Vertragsauflösung das mildere Rechtsinstitut.

Die Lehre von der Geschäftsgrundlage und der Vertragsauflösung aus wichtigem Grund gem. §§ 723, 737 BGB, 133, 140 HGB sind unterschiedliche Rechtsinstitute. Dies ergibt sich aus den unterschiedlichen tatbestandlichen Voraussetzungen, wo die Lehre von der Geschäftsgrundlage im Gegensatz zur Vertragsauflösung aus wichtigem Grund das Fehlen bzw. Wegfallen eines dem Vertrag zugrundeliegenden Umstandes verlangt. Aber auch die Rechtsfolgen sind verschieden, denn bei der Anwendung der Lehre von der Geschäftsgrundlage kommt neben der Auflösung auch die Anpassung des Gesellschaftsvertrages in Betracht. Dabei ist die Lehre von der Geschäftsgrundlage im Recht der Personengesellschaften nur insoweit anwendbar, falls als Rechtsfolge die Vertragsanpassung in Betracht kommt, während die Vertragsauflösung nur nach den Regeln der §§ 723, 737 BGB, 133, 140 HGB möglich ist. Denn die §§ 723,737 BGB, 133, 140 HGB umfassen alle Fälle im Recht der Personengesellschaften, in welchen auch eine Vertragsauflösung bei Anwendung der Lehre von der Geschäftsgrundlage möglich wäre. Damit sind die §§ 723, 737 BGB, 133, 140 HGB gesetzliche Sonderregelungen für die Vertragsauflösung sind, welche der Lehre von der Geschäftsgrundlage vorgehen.

Allerdings ist eine rückwirkende Anpassung des Gesellschaftsvertrages nur dort möglich, wo das schuldrechtliche Verhältnis nicht durch den Verband überlagert ist. Denn die rückwirkende Anpassung würde außer Acht lassen, daß die Gesellschaft als eigenständiger Verband im Rechtsverkehr mit konkreten Rechten und Pflichten vorliegt. Eine rückwirkende Anpassung würde eine rückwirkende Änderung des konkreten Verbandes und damit einen rückwirkenden Eingriff in diesen bedeuten.

§ 4 Die Abgrenzung von ergänzender Vertragsauslegung und Wegfall der Geschäftsgrundlage

I) Überblick

Die Lehre von der Geschäftsgrundlage ist im Recht der Personengesellschaften anwendbar, soweit als Rechtsfolge derselben die Anpassung des Gesellschaftsvertrages angestrebt wird. Neben der Lehre von der Geschäftsgrundlage gibt es aber noch andere Möglichkeiten, das Risiko des Fehlens bzw. Wegfalls vertraglich nicht oder nicht ausdrücklich berücksichtigte Umstände einer oder mehrerer Vertragsparteien zuzuweisen. Eine davon ist die ergänzende Vertragsauslegung. Die Frage, wann die Lehre von der Geschäftsgrundlage oder die ergänzende Vertragsauslegung anzuwenden ist, ist umstritten. Oftmals wird aber bei der Anpassung von Verträgen an veränderte Umstände entweder nur die ergänzende Vertragsauslegung oder die Lehre von der Geschäftsgrundlage angewandt, ohne auf die Abgrenzung zum jeweils anderen "Rechtsinstitut" hinzuweisen. Aus dem Bereich des Gesellschaftsrechts läßt sich als Beispiel insbesondere die Problematik der Zulässigkeit und Anpassung von Buchwertklauseln bei nachträglich eingetretener großer Unterschiede zwischen Buchwert und tatsächlichem Wert anführen.

Nicht nur die Rechtsprechung,[341] auch die Literatur hat sich ausführlich mit der Zulässigkeit und Anpassung von Abfindungsregeln an veränderte Umstände befaßt.[342] In der Literatur ist die dogmatische Grundlage der Anpassung von Abfindungsklauseln äußerst umstritten. Wie in der Rechtsprechung wird auch in der Literatur eine Anpassung mittels ergänzender Vertragsauslegung[343] oder Wegfall

---

341 Vgl. dazu die ausführliche Darstellung der Rechtsprechung in § 2 II 2a.

342 So unter anderem Robert Fischer, FS Barz, 33ff.; Möhring, FS Barz, 49ff.; Erman, FS Harry Westermann, 75ff.; Heyn, FS Schiedermair, 271ff.; Ulmer, NJW 1979, 81ff.; ders., FS Quack, 477ff.; Flume, NJW 1979, 902ff.; Esch, NJW 1979, 1390ff.; Schilling, ZGR 1979, 419ff.; Eiselt, Festgabe Lübtow, 643ff.; ders. NJW 1981, 2447ff.; Hirtz, BB 1981, 761ff.; Bunte, ZIP 1983, 8ff.; Hennerkes/Binz, DB 1983, 2669ff.; Koller, DB 1984, 545ff.; van Randenborgh, BB 1986, 75ff.; Büttner, FS Nirk, 119ff.; Ebenroth/Müller, BB 1993, 1153ff.; Rasner, ZHR (158) 1994, 292ff.; Dauner-Lieb, ZHR (158) 1994, 271ff.; Müller, ZIP 1995, 1561ff.; Ulmer/Schäfer, ZGR 1995, 134ff.

343 Ebenroth/Müller, BB 1993, 1153, 1156; Rasner, ZHR (158) 1994, 292, 299.

der Geschäftsgrundlage[344] diskutiert. Einen vermittelnden Ansatz vertritt dabei Ulmer, welcher bei Nichtigkeit der Abfindungsklausel die ergänzende Vertragsauslegung in Betracht zieht[345], während bei Gültigkeit die Abfindungsklausel seiner Meinung nach nur mittels Wegfall der Geschäftsgrundlage[346] abgeändert werden kann. Andere schlagen eine Anpassung der Abfindungsklauseln aufgrund der gesellschaftlichen Treuepflicht vor.[347]

Gegen eine Anpassung an veränderte Umstände hat sich Flume[348] ausgesprochen. Denn die Gesellschafter treffen die Vereinbarung „in dem Bewußtsein, daß mit der Entwicklung der Gesellschaft die Klausel zu einer Beschränkung der Abfindung führen kann". Diese Vereinbarung muß der Gesellschafter gegen sich gelten lassen.[349]

Diese kurze Wiedergabe von Literatur und Rechtsprechung[350] zeigt deutlich die Uneinigkeit, welche insbesondere hinsichtlich des zur Anpassung von Abfindungsklauseln anwendbaren „Rechtsinstituts" herrscht. In diesem Zusammenhang werden vor allem die ergänzende Vertragsauslegung und die Lehre von der Geschäftsgrundlage diskutiert. Dabei wird zur Anpassung der Abfindungsklauseln eines der beiden „Rechtsinstitute" gewählt, in der Regel allerdings, ohne daß auf die Abgrenzung zum jeweils anderen eingegangen wird.

Die unterschiedlichen Auffassungen, welche Methode der Anpassung anzuwenden ist, beruhen auf der Unsicherheit, welche im Zusammenhang mit der Reichweite dieser beiden „Rechtsinstitute" und ihrem Verhältnis zueinander besteht.

---

344 Explizit wird der Wegfall der Geschäftsgrundlage als Rechtsinstitut zur Anpassung von Abfindungsklauseln genannt bei Eiselt, Festgabe Lübtow, 643, 661; Büttner, FS Nirk, 119, 126, während sich Erman, FS Harry Westermann, 75, 78; Heyn, FS Schiedermair, 271, 279; Esch, NJW 1979, 1390, 1393 bzgl. der Abänderung nur auf § 242 BGB berufen - ohne Nennung eines Rechtsinstituts.

345 Ulmer, NJW 1979, 81, 85.

346 Ulmer, NJW 1979, 81, 83.

347 Möhring, FS Barz, 49, 66; Robert Fischer, FS Barz, 33, 46; wobei Fischer darin einen Anwendungsfall des Rechtsgedankens des Wegfalls der Geschäftsgrundlage sieht, jedoch der Auffassung ist, daß die gesellschaftliche Treuepflicht zu gerechteren Ergebnissen führt.

348 Flume, AT I/1, § 12 IV (S. 184ff).

349 Flume, AT I/1, § 12 IV (S. 185); ähnlich auch Müller, ZIP 1995, 1561, 1570; welcher jedoch bei zu großer Abweichung den Einwand der unzulässigen Rechtsausübung gem. § 242 BGB zulassen möchte.

350 Vgl. dazu § 2 II, 2a.

II) Darstellung des Streitstandes

1) Ergänzende Vertragsauslegung und Lehre von der Geschäftsgrundlage als einheitliches Rechtsinstitut zur Lückenfüllung

Nicklisch geht davon aus, daß es sich bei ergänzender Vertragsauslegung und Wegfall der Geschäftsgrundlage um ein einheitliches Institut der Lückenfüllung handelt, wobei er aber die Fälle des Wegfalls der sog. „großen" Geschäftsgrundlage[351] ausnimmt.[352] Dabei soll dieses einheitliche Institut der Ausfüllung vertraglicher Risikolücken dienen.

Auf der Tatbestandsseite ergibt sich nach Nicklisch eine Strukturgleichheit, da beide Rechtsinstitute eine „Lücke" voraussetzen, d.h. "es treten in beiden Fällen Änderungen in der Wirklichkeit auf, für die der Vertrag keine unmittelbare Regelung enthält".[353] Gleichgültig sei dabei, ob diese Vertragslücke von Anfang an bestand oder infolge einer Änderung der dem Vertrag zugrunde liegenden Verhältnisse später aufgetreten ist.

Auch bei der Risikozuweisung, d.h. bei der Beachtlichkeit der Abweichung der tatsächlichen Lage von der vorgestellten, sieht Nicklisch eine Annäherung dieser beiden Rechtsinstitute. Während der Wegfall der Geschäftsgrundlage voraussetzt, daß eine Lösung von der vertraglichen Bindung nur in Betracht kommt, falls sich ein Risiko verwirklicht hat, welches in der dem Vertrag immanenten Risikoverteilung keine Berücksichtigung fand, bedarf es der ergänzenden Vertragsauslegung gerade zur Bestimmung, ob eine Risikoverteilung im Vertrag geregelt wurde. Denn ergibt dies nicht bereits die erläuternde Auslegung, ist mittels ergänzender Vertragsauslegung danach zu fragen, ob die Parteien das Risiko dem Bereich eines der Vertragspartner zugewiesen haben oder aber eine andere Auslegung getroffen hätten.[354]

Lediglich auf der Rechtsfolgenseite sieht Nicklisch - graduelle - Unterschiede. Bei der Lückenausfüllung durch ergänzende Vertragsauslegung wird stärker auf den realen, im Vertrag zum Ausdruck kommenden Parteiwillen abgestellt, während bei dem Wegfall der Geschäftsgrundlage die normativen Kriterien stärker in den Vordergrund treten.[355]

---

351 Die Unterscheidung zwischen großer und kleiner Geschäftsgrundlage geht auf Kegel, Geschäftsgrundlage, 40. DJT (1953), 139, 199ff, wobei unter "großer Geschäftsgrundlage" die Fälle der Sozialkatastrophen wie Krieg, Inflation und Naturkatastrophen verstanden werden.

352 Nicklisch, BB 1980, 949, 953; zustimmend Müller, JZ 1981, 337.

353 Nicklisch, BB 1980, 949, 952.

354 Nicklisch, BB 1980, 949, 951.

355 Nicklisch, BB 1980, 949, 952.

Nicklisch folgert aus der Feststellung, daß beide Rechtsinstitute die „gemeinsame Funktion der Ausfüllung von Vertragslücken und damit der Zuteilung von Vertragsrisiken haben und auch die Rechtsfolgenbestimmung strukturgleich ist", daß es „von der Feststellung, daß die Grenzen zwischen beiden Rechtsinstituten fließend sind, nur ein kleiner Schritt zur Entwicklung eines einheitlichen Instituts der Lückenfüllung" ist.[356]

2) *Die Abgrenzung aufgrund der Reichweite der Vertragslücke*

Nach anderer Auffassung[357] sind ergänzende Vertragsauslegung und Lehre von der Geschäftsgrundlage unterschiedliche „Rechtsinstitute". Haben die Parteien im Vertrag das Fehlen oder den Wegfall von Umständen geregelt, kann dies insoweit nicht Geschäftsgrundlage sein. Diese Einbeziehung ist auf zweifache Weise möglich: entweder soll die Änderung der Umstände Auswirkungen auf den Vertrag haben oder gerade nicht. Läßt sich eine diesbezügliche vertragliche Regelung nicht mittels erläuternder Auslegung feststellen, muß auf die ergänzende Vertragsauslegung zurückgegriffen werden.[358]

Nach der Auffassung von Larenz[359] haben ergänzende Vertragsauslegung und Wegfall der Geschäftsgrundlage unterschiedliche Funktionen. Während es bei der ergänzenden Vertragsauslegung darum geht, die „planwidrige Unvollständigkeit" der im Vertrag getroffenen Regelung zu komplettieren, zielen die Regeln vom Wegfall der Geschäftsgrundlage darauf, einen Vertrag, welcher aufgrund einer von den Parteien falsch beurteilten Wirklichkeit oder nicht vorhergesehenen Änderung derselben unangemessen ist, an die veränderten Umstände anzupassen. Dabei kann auf die Regeln vom Wegfall der Geschäftsgrundlage nur zurückgegriffen werden, wo eine ergänzende Vertragsauslegung nicht in Betracht kommt.[360]

Voraussetzung der ergänzenden Vertragsauslegung ist das Vorliegen einer Lücke im Vertrag oder - wie Larenz formuliert - einer „planwidrigen Unvollständigkeit".[361] Larenz stellt weiterhin fest, daß es kaum wissenschaftliche Untersuchungen darüber gibt, wann eine solche Unvollständigkeit vorliegt und greift

---

356 Nicklisch, BB 1980, 949, 953; ähnlich auch Hey, S. 24.
357 Larenz, AT, § 29 I (S. 545); Köhler, AT, § 16 V 3, Rn. 21.
358 Köhler, JA 1979, 498, 500.
359 Larenz, 25 Jahre Karlsruher Forum, 156, 160; ders., AT, § 29 I (S. 545).
360 Larenz, AT, § 29 I (S. 545).
361 Larenz, Methodenlehre, S. 300; ders., 25 Jahre Karlsruher Forum, S. 156, 160; ders., NJW 1963, 737, 738; Hübner, AT, Rn. 1032; so auch Dilcher in Staudinger, §§ 133, 157, Rn. 41.

deshalb zur Bestimmung der Lücke im Vertrag auf den Begriff der Gesetzeslücke zurück. Eine Gesetzeslücke liegt vor, falls eine Regelung fehlt, welche nach dem Gesetz zugrundeliegenden „Regelungsplan" notwendig wäre. Dabei ist der „Regelungsplan" das Gesetz als umfassende Gesamtregelung, wie sie vom Gesetzgeber gedacht war.[362]

Auf den Vertrag angewandt, geht Larenz vom Regelungsplan der Parteien aus. Dabei nimmt Larenz an, daß die Parteien bei Abschluß eines Vertrages ihre eigenen Zwecke verfolgen, welche mit denen des Vertragspartners nichts gemein haben müssen, ja diesen entgegengesetzt sein können. Nach Larenz ist aber Voraussetzung für das Zustandekommen eines Vertrages, daß sich diese individuellen Zwecke der Vertragsparteien „irgendwie" treffen, und dieser Treffpunkt ist dann der dem Vertrag zugrundeliegende, von beiden Seiten gebilligte Regelungsplan.[363] Eine in sich abgestimmte Regelung beinhaltet nach Larenz mehr, als in Worten und Sätzen unmittelbar gesagt wird, es besteht eine Diskrepanz zwischen Sinngehalt und Sinnform.[364]

Nach Köhler[365] bestimmt sich eine Vertragslücke „nach dem Verhältnis von tatsächlich feststellbarer Regelung und dem in dieser Regelung zum Ausdruck gelangten Sinn oder Gedanken oder - wie man auch sagen könnte - dem zugrunde liegenden Plan dieser Regelung. Dabei kann eine Lücke auch „verdeckt" sein. Eine verdeckte Vertragslücke liegt vor, „wenn eine Regelung auf bestimmte Verhältnisse zugeschnitten ist, die so nicht oder nicht mehr bestehen".[366]

Immer wird jedoch verlangt, daß eine konkrete Anknüpfung an die vertragliche Regelung möglich sein muß.[367] Läßt der Vertrag keine Möglichkeit erkennen, an die vertragliche Regelung anzuknüpfen, ergibt die ergänzende Vertragsauslegung jedoch, daß die Parteien unter den geänderten Umständen den Vertrag zumindest so nicht geschlossen hätten, können die Regeln über den Wegfall der Geschäftsgrundlage angewandt werden. Dabei sind die Grenzen zwischen ergänzender Vertragsauslegung und Wegfall der Geschäftsgrundlage „freilich fließend".[368]

---

362 Larenz, 25 Jahre Karlsruher Forum, S. 156, 160.

363 Larenz, 25 Jahre Karlsruher Forum, S. 156, 160; ders., NJW 1963, 737, 739.

364 Larenz, Methodenlehre, S. 301.

365 Köhler, Geschäftsgrundlage, S. 135.

366 Köhler, AT, § 16 V 3, Rn. 21.

367 So Larenz, Methodenlehre, S. 300:" An die von den Parteien akzeptierten Bewertungsgrundlagen ist er (der Richter, Anmerkung des Verfassers) bei der Auslegung des Vertrages gebunden, wenn anders seine Tätigkeit noch eine Vertragsauslegung bleiben soll". So auch Köhler, JA 1979, 498, 500; ders., AT, § 16 V 3, Rn. 21.

368 Köhler, JA 1979, 498, 500; ders., AT, § 16 V 3, Rn. 21.

3) Die ergänzende Vertragsauslegung als Rechtsfolge des Wegfalls der Geschäftsgrundlage

Nach Brox[369] kommt "die Auslegung einer Willenserklärung über die Erklärungs- und Inhaltsvorstellungen des Erklärenden zu dessen einzelnen Wertungsmomenten, die dem Willen des Erklärenden zugrunde liegen". Sind nun diese Wertungsmomente unrichtig, auf welchen der Wille basiert, ist die der Willenserklärung zugrunde liegende Wertung unrichtig. Baute dadurch der Vertrag auf einem unrichtigen Wertungsmoment auf, „berührt dies den Vertragsmechanismus; denn dieser beruht doch gerade auf dem Gedanken, daß jede Partei nur insoweit eine ungünstige Rechtsfolge auf sich nimmt, als sie die aus dem Vertrag zu beanspruchende Gegenleistung des Vertragspartners als mindestens gleichwertiges Entgelt dafür ansieht".[370] Die Parteien gehen also demzufolge von einer Gleichwertigkeit ihrer gegenseitigen Leistungen aus. „Geht eine Partei von einem unrichtigen Wertungsmoment aus, so wird dieses Gleichgewicht nicht hergestellt, wogegen die betreffende Partei meint, ein solches Gleichgewicht sei hergestellt". Unerheblich ist es dabei, ob dem Erklärenden das betreffende Wertungsmoment bewußt geworden ist oder nicht, denn beiden Fällen liegt der Erklärung eine falsche Wertung zugrunde. Ist nämlich dem Erklärenden der betreffende Wertungsmoment nicht bewußt geworden, "geht der Erklärende von den jetzigen Tatumständen aus und denkt gar nicht daran, daß sich der eine oder andere Umstand in Zukunft wesentlich ändert bzw. sogar ganz wegfällt oder daß ein neuer Umstand auftaucht".[371] Bringt damit ein für den Willen ursächliches, unrichtiges Wertungsmoment den Vertrag "aus dem Gleichgewicht", kann von einem Fehlen der Geschäftsgrundlage gesprochen werden. Damit gehört die Geschäftsgrundlage "zum Gebiete der Willensmängel, da auch in diesem Falle der Wille mangelhaft ist, weil er auf einem unrichtigen Wertungsmoment basiert".[372]

Mangelt es dadurch dem Vertrag an der Richtigkeit, muß dieser „saniert", notfalls vernichtet werden. „Die richterliche Korrektur hätte dann im Wege der ergänzenden Vertragsauslegung danach zu geschehen, was der Erklärende erklärt hätte, wenn er anstelle des unrichtigen Wertungsmomentes das entsprechende Richtige in seine Wertung aufgenommen hätte".[373] Eine Einschränkung macht Brox bei entgeltlichen Verträgen, wo auch geprüft werden muß, ob sich der Vertragspartner darauf eingelassen hätte.[374]

369 Brox, Irrtumsanfechtung, S. 179.
370 Brox, Irrtumsanfechtung, S. 179.
371 Brox, Irrtumsanfechtung, S. 179.
372 Brox, Irrtumsanfechtung, S. 180.
373 Brox, a.a.O., S. 180; ders., JZ 1966, 761, 767.
374 Brox, Irrtumsanfechtung, S. 180.

Medicus[375] wählt einen ähnlichen Weg. Auch er stellt fest, daß bei Störung der Geschäftsgrundlage ein „Mangel" des Vertrages, also eine Vertragslücke, vorliegt.[376] Eine Vertragslücke liegt nach Medicus somit vor, wenn aufgrund des Fehlens oder der Veränderung der dem Vertrag zugrundeliegenden Umstände die dem Vertrag immanente Risikoverteilung überschritten wird. Dabei sind die Grenzen der vertraglichen Risikoverteilung durch Auslegung zu ermitteln.[377]

Bei der Ermittlung der Rechtsfolgen des Wegfalls der Geschäftsgrundlage ist Medicus der Auffassung, daß diese im Wege der ergänzenden Vertragsauslegung gewonnen werden.[378] Dies gilt nicht nur bei der Anpassung des Vertrages an veränderte Umstände, sondern auch dort, wo der Vertrag sich auch durch Anpassung „nicht mehr retten läßt". In diesen Fällen soll mittels ergänzender Vertragsauslegung ein Rücktrittsrecht gegeben sein, da dies auf der Annahme beruht, „die Parteien hätten bei Informationen über die mögliche Grundlagenstörung ein solches Rücktrittsrecht vereinbart".[379]

Nur dann, wenn die Parteien die fehlenden oder veränderten Umstände gekannt und infolgedessen von einem Abschluß des Vertrages abgesehen hätten, die Gerichte dennoch an dem Vertrag festhalten möchten, kommt als Rechtsfolge die ergänzende Vertragsauslegung nicht in Betracht. In solch einem Fall kann die Rechtsprechung die Rechtslage nach Billigkeitserwägungen gestalten.[380]

III) Der Vorrang der ergänzenden Vertragsauslegung vor der Lehre vom Wegfall der Geschäftsgrundlage

Nach Nicklisch dienen ergänzende Vertragsauslegung und Wegfall der Geschäftsgrundlage dem gleichen Zweck, nämlich der Ausfüllung von Lücken im Vertrag.[381] Daraus schließt er, daß beide Rechtsinstitute den gleichen Anwendungsbereich haben und befürwortet die Entwicklung eines einheitlichen Instituts der Lückenfüllung. Auch Medicus tendiert in diese Richtung, sieht allerdings noch Diskussionsbedarf. Dabei ist er der Auffassung, daß sich eine Grenze zwischen der ergänzenden Vertragsauslegung und der Lehre von der Geschäftsgrundlage nicht scharf ziehen läßt.[382]

375 Medicus, FS Flume I, 629ff.
376 Medicus, a.a.O., 629, 637.
377 Medicus, a.a.O., 629, 631.
378 Medicus, a.a.O., 629, 639
379 Medicus, a.a.O., 629, 641.
380 Medicus, a.a.O., 629, 645.
381 Nicklisch, BB 1980, 949.
382 Medicus, AT, Rn. 879.

Die ergänzende Vertragsauslegung ist nach herrschender Auffassung noch Auslegung des Vertrages,[383] die Lehre von der Geschäftsgrundlage dagegen nach einhelliger Meinung nicht.[384] Um festzustellen, ob diese beiden „Rechtsinstitute" ein einheitliches Rechtsinstitut zur Lückenfüllung darstellen, oder ob es sich um zwei verschiedene „Rechtsinstitute" handelt, sind deren Grundlagen, die tatbestandlichen Voraussetzungen und Rechtsfolgen miteinander zu vergleichen. Von einem einheitlichen Institut kann man nur dann ausgehen, wenn man bei diesem Vergleich bei ergänzender Vertragsauslegung und Wegfall der Geschäftsgrundlage zum gleichen Ergebnis kommt.

1) Grundlagen der „Rechtsinstitute"

Für diese Feststellung sind zuerst einmal die Grundlagen der beiden „Rechtsinstitute" darzulegen.

a) Wegfall der Geschäftsgrundlage

Die Geschäftsgrundlage eines Vertrages, welche – wie der Name schon sagt – der vertraglichen Abrede zugrunde liegt, ist von dem Inhalt desselben zu unterscheiden. Ein Vertrag wird gemäß §§ 145 ff. BGB durch die Abgabe zweier übereinstimmender Willenserklärungen geschlossen. Der Begriff der Willenserklärung ist ein dualistischer, nach dem der innere Wille der Grund der Rechtsfolge ist, wenn er im Kundgabeakt der Erklärung richtig zum Ausdruck kommt.[385] Der innere Bestandteil der Willenserklärung ist aufgeteilt in den Handlungswillen (das Bewußtsein zu handeln), das Erklärungsbewußtsein (Bewußtsein des Handelnden, daß seine Handlung irgendeine rechtserhebliche Erklärung darstellt) und den Geschäftswillen (der Wille, mit der Erklärung eine bestimmte Rechtsfolge herbeizuführen).[386]

---

383 Vgl. nur Larenz, Methodenlehre, S. 300; zu dem Meinungsstreit, ob die ergänzende Vertragsauslegung noch Auslegung des Vertrages oder bereits dessen Ergänzung ist, vgl. ausführlich unter § 4 II 2.

384 Vgl. statt aller Larenz/Wolf, § 38 II 2, Rn. 7ff.; Teichmann in Soergel, § 242, Rn. 199ff.; Roth in MünchKomm, § 242, Rn. 496ff.

385 Heinrichs in Palandt, v. § 116, Rn. 3.

386 So auch die wohl h.L., vgl Brox, AT, Rn. 80ff.; Hübner, AT, Rn. 664ff.; Heinrichs in Palandt, v. § 116, Rn. 1; Eisenhardt, JZ 1986, 875, 879; kritisch Hefermehl in Soergel, v. § 116, Rn. 11ff.; Flume, AT II, § 4, 3 (S. 48), welcher diese "Zergliederung" in Willensteile ablehnt, da es nach seiner Auffassung nur um die Frage geht, welche Rechtsfolgen sich aus dieser fehlerhaften Willenserklärung ergeben. Dagegen wiederum Heinrichs in Palandt, a.a.O., welcher anführt, daß diese Einteilung ih-

Dabei ist es nach der Konzeption des BGB für den Vertragsschluß unerheblich, ob diesen Willenserklärungen auch auf einer richtigen Vorstellung über die bei dem Vertrag bestehenden tatsächlichen Verhältnisse beruhen.[387] Ob ein Vertrag zustande kommt und welche Rechtsfolgen sich aus diesem ergeben, hängt also allein davon ab, ob eine Vereinbarung vorliegt, und welchen Inhalt diese hat. Insofern geht das BGB von einem formalen Vertragsbegriff aus.[388]

Nach dem Grundsatz der Vertragstreue (pacta sunt servanda)[389] müssen Verträge so erfüllt werden, wie sie abgeschlossen wurden. Dieser Grundsatz gilt jedoch nicht absolut, sondern ist vom BGB eingeschränkt worden.[390] Danach wird der Schuldner von der Leistung frei, falls ihm diese unmöglich wird, wobei er aber evtl. Schadensersatz zu leisten hat (§§ 275, 280; §§ 323, 324, 325 BGB). Nach der Ausgestaltung des BGB besagt also der Grundsatz der Vertragstreue, daß „der Eintritt des vertraglich vorgesehenen Erfolges bei Verträgen nicht mehr

---

ren Grund in den unterschiedlichen Rechtsfolgen hat, welche sich aus dem Fehlen der unterschiedlichen Willensbestandteile ergibt. Davon zu unterscheiden ist die umstrittene Frage, welche inneren Bestandteile der Willenserklärung vorliegen müssen, damit diese im Rechtsverkehr Wirkungen entfaltet. Dies betrifft die Frage, was der Erklärende sich aufgrund des gebotenen Schutzes des Rechtsverkehrs zurechnen lassen muß. Eisenhardt, JZ 1986, 875, 880 ist der Auffassung, daß bei Fehlen eines der Bestandteile zwar keine Willenserklärung vorliegt, der Erklärende sich aber ein Verhalten, "aus dem bei den gegebenen Umständen nach Treu und Glauben mit Rücksicht auf die Verkehrssitte auf das Vorhandensein eines Erklärungsbewußtseins und eines Rechtsfolgewillens (Geschäftswillens) geschlossen werden darf", zurechnen lassen muß.

387 Im BGB finden sich nur sehr wenige Vorschriften, welche eine Inhaltskontrolle zulassen (§§ 134, 138, 826), bzw. einen Irrtum über die außerhalb der Willenserklärung liegende Wirklichkeit für beachtlich erklären (§§ 119 Abs. 2, 2078 Abs. 2).

388 So auch Chiotellis, S. 16.

389 Umstritten ist, woraus der Grundsatz "pacta sunt servanda" seine Berechtigung bezieht: Nach Schmidt-Rimpler, FS Nipperdey, 4ff., insb. S. 6, ist dieser Grundsatz auf die objektive Richtigkeitsgewähr des Vertrags zurückzuführen. Da die Parteien ihre gegenseitigen Interessen zu einer einheitlichen Regelung zusammenfügen, "jede in ihren Augen unrichtige Rechtsfolge" ablehnen werden, ist der Vertrag "ein Ausgleich entgegenstehender Interessen im Sinne des Richtigen" (S. 6, Fn. 5). Dagegen Flume, AT II, § 1, 6a (S. 7f.), welcher der Auffassung ist, daß man von einer Richtigkeit des Vertrages nur im Zusammenhang mit der Art des Zustandekommens sprechen kann, nicht aber bezüglich des Inhaltes. Haarmann, S. 42, geht davon aus, daß die Vertragsbindung auf das Gebot der Rechts- und Verkehrssicherheit zurückzuführen ist, da die Vertragsparteien sich darauf verlassen können müssen, daß der Vertrag erfüllt wird.

390 Koller, S. 7; Köhler, Geschäftsgrundlage, S. 2; Haarmann, S. 45; Teichmann in Soergel, § 242, Rn. 199.

vom Wollen des Vertragspartners, sondern von dessen Können abhängig gemacht wird".[391]

Die fehlende Berücksichtigung der dem Vertrag zugrunde liegenden Umstände bei Abschluß desselben und die Verpflichtung, den Vertrag so zu erfüllen, wie er abgeschlossen wurde, kann jedoch zu grob ungerechten Ergebnissen führen. Die Parteien haben nämlich bei Abschluß des Vertrages eine bestimmte Vorstellung von den Umständen, d.h. von der gegenwärtigen und zukünftigen tatsächlichen oder rechtlichen Lage, welche sie dem Vertrag und den sich daraus ergebenden Rechten und Pflichten zugrunde legen.[392] Die Umstände, auf welchen die Vorstellungen der Vertragsparteien beruhen, können aber bereits bei Vertragsabschluß fehlen oder nachträglich wegfallen bzw. sich entgegen den Vorstellungen der Vertragsparteien ändern. In solch einem Fall kann es möglich sein, daß die sich aus dem abgeschlossenen Vertrag ergebenden Rechte und Pflichten, insbesondere in ihrem Verhältnis zueinander, nicht (mehr) zumutbar erscheinen.

In diesen Fällen kann die Lehre von der Geschäftsgrundlage eingreifen, nach welcher die vertraglichen Leistungen an die veränderten Umstände angepaßt werden, bzw., falls dies nicht möglich sein sollte, die vertragliche Bindung aufgehoben wird.[393] Es ist also bei Anwendung der Lehre von der Geschäftsgrundlage festzustellen, ob die tatsächlich vorliegenden Umstände nicht (mehr) mit denen übereinstimmen, welche zumindest eine der Parteien bei Abschluß des Vertrages vorausgesetzt hat.

Doch kann nicht bei jeder Veränderung der dem Vertrag zugrundeliegenden Umstände eine Anpassung oder Lösung von dem Vertrag in Betracht kommen, da eine exakte Kenntnis der Umstände - insbesondere bei Dauerschuldverhältnissen - praktisch unmöglich ist, und der Grundsatz der Vertragstreue sonst jeden Sinn verlieren würde. So beinhaltet jeder Vertrag ein gewisses Unsicherheitsmoment. Die Grenzen ergeben sich aus der vertraglichen Regelung. Jede Partei ist bereit, zur Erreichung des mit dem Vertrag verfolgten Zieles ein gewisses Risiko[394] einzugehen. Bei Abschluß des Vertrages vergleichen die Parteien ihre gegenseitige Risikobereitschaft und vereinbaren einen Risikorahmen, innerhalb

391 Haarmann, S. 45.

392 Nach der zustimmungswürdigen Auffassung von Teichmann in Soergel, § 242, Rn. 199, kann sich dann etwas anderes ergeben, wenn sich eine Partei zur Erbringung der Leistung "komme, was wolle" verpflichtet.

393 Die Rechtsfolge der Geschäftsgrundlage ist insoweit unstreitig; vgl. z.B. Werner in Erman, § 242, Rn. 179; Heinrichs in Palandt, § 242, Rn. 130ff; Teichmann in Soergel, § 242, Rn. 262ff.; Roth in MünchKomm, § 242, Rn. 544ff.; Medicus, BR, Rn. 168ff.; ders., AT, Rn. 878ff.; Larenz, AT, § 20 III (S. 393); Larenz/Wolf, AT, § 38 V, Rn. 42ff.

394 Risiken sind nach Fikentscher, Geschäftsgrundlage, S. 31; die "vom Zufall abhängigen Entfernungen von einer vorgestellten Wirklichkeit".

dessen die eine oder andere Partei das Risiko zu tragen hat; eine Verwirklichung desselben hat somit keine Auswirkungen auf den Vertrag.[395] Die vertragliche Regelung selbst bestimmt das Risiko, welches die Parteien zu tragen haben und stellt sich somit als Absicherung gegen diese Risiken dar.[396]

Ändert sich nun aber ein Umstand, aufgrund dessen sich ein Risiko verwirklicht, welches nicht innerhalb des vertraglich vereinbarten Risikorahmens liegt, trägt keine der Parteien nach der vertraglichen Vereinbarung das Risiko. Ist also der vertragliche Risikorahmen „überspannt", kann der Vertrag nicht mehr unverändert durchgeführt werden. Man befindet sich im Anwendungsbereich der Geschäftsgrundlage.[397] Diese ist wiederum von den bloßen für den Vertrag unerheblichen Motiven abzugrenzen.[398]

Die Lehre von der Geschäftsgrundlage dient also der Berücksichtigung von Umständen, welche so nicht bei Vertragsabschluß in der Vorstellung der Vertragspartner zugrunde lagen und damit außerhalb des vertraglichen Risikorahmens angesiedelt sind. Die Grenzen des vertraglichen Risikorahmens und damit die Abgrenzung zur Geschäftsgrundlage werden dabei durch die Auslegung des Vertrages ermittelt.[399]

b) Auslegung des Vertrages

Die Auslegung des Vertrages gem. §§ 133, 157 BGB[400] ist die „Sinnermittlung" des übereinstimmend Gewollten.[401] Voraussetzung der Auslegung ist, daß eine vertragliche Regelung auslegungsbedürftig ist. Es müssen Zweifel darüber bestehen, was die Parteien gewollt haben. Sind solche Zweifel nicht ersichtlich, ist al-

---

395 Medicus, AT, Rn. 862; Fikentscher, Geschäftsgrundlage, S. 27f.; nach Fikentscher stellt der Vertrag ein "beabsichtigtes rechtliches Gleichmaß" dar, da sich jede der Parteien bindet, soweit sich auch die andere bindet.

396 Fikentscher, a.a.O., S. 31; Koller, S. 77.

397 Köhler, Geschäftsgrundlage, S. 140f.; ders, AcP 175 (1975), 262, 263; Fikentscher, Geschäftsgrundlage, S. 34.

398 Beuthien, S. 61; Köhler, Geschäftsgrundlage, S. 132; nach welchen das Verhältnis dieser Kategorien "stufenförmig" ist. Auf der ersten Stufe stehen die Motive, welche zur Geschäftsgrundlage erhoben werden können. Als dritte Stufe folgt dann der Vertragsinhalt. Nach Fikentscher, Geschäftsgrundlage, S. 36, soll dabei die Abgrenzung zwischen Geschäftsgrundlage und Motiv wertend erfolgen.

399 Köhler, Geschäftsgrundlage, S. 132; Fikentscher, Geschäftsgrundlage, S. 34.

400 Beide Vorschriften werden zusammen genannt, da sie bei der Auslegung stets nebeneinander heranzuziehen sind; vgl. Heinrichs in Palandt, § 157, Rn. 1.

401 Fastrich, S. 21; Dauner-Lieb, ZHR (158) 1994, 271, 277; Larenz, AT, § 19 IIa (S. 337); Larenz/Wolf, AT, § 28 I 1, Rn. 3; Flume, AT II, § 16, 1 (S. 291), beschreibt das Ziel der Auslegung als die Feststellung, welcher Gedanke gedacht worden sei.

so die vertragliche Regelung eindeutig, kommt eine Auslegung nicht in Betracht.[402] Anderenfalls würde man den ja eindeutigen Sinn des Vertrages nicht mehr ermitteln, sondern den Vertrag korrigieren. Die Inhaltskontrolle ist aber streng von der Vertragsauslegung zu unterscheiden. Eine Inhaltskontrolle kann nur dann vorgenommen werden, falls der Inhalt des Vertrages feststeht.[403] Dieser ist aber durch die Auslegung zu ermitteln.[404]

Diese strenge Abgrenzung von Vertragsauslegung und -korrektur beruht auf dem Grundsatz der Privatautonomie, welcher Bestandteil der allgemeinen Handlungsfreiheit ist und somit unter den Schutz des Art. 2 Abs. 1 GG fällt.[405] Der Grundsatz der Privatautonomie besagt, daß der Einzelne seine Rechtsverhältnisse nach seinem Willen selbst gestalten kann.[406] So bleibt es dem Entschluß der Vertragsparteien vorbehalten, ob und mit wem sie in ein Verpflichtungs- und Leistungsverhältnis eintreten und welchen Inhalt sie diesem Verhältnis geben.[407] Aufgrund des oftmals vorherrschenden tatsächlichen Ungleichgewichts zwischen den Vertragsparteien wurde die Vertragsfreiheit aber von Rechtsprechung und Lehre eingeschränkt. Eine Einschränkung dieses selbst gesetzten Willens ist nur aufgrund einer gesetzlichen Regelung gerechtfertigt, nicht aber durch die Auslegung, welche ihre Legitimation aus dem Parteiwillen bezieht.[408] Dieser Auffassung folgt auch der BGH, denn er knüpft die Inhaltskontrolle von Verträgen an gesetzliche Normen und stützt sich dabei nicht auf die Vertragsauslegung.

Da für die Auslegung von Gesellschaftsverträgen die Grundsätze der rechtsgeschäftlichen Auslegung gelten,[409] gibt es insoweit für Gesellschaftsverträge von Personengesellschaften keine Besonderheit. Lediglich bei dem anzuwendenden Maßstab der Auslegung werden Abweichungen von den Auslegungsgrundsätzen der §§ 133, 157 BGB diskutiert.[410]

---

402 Heinrichs in Palandt, § 133, Rn. 6; ähnlich auch Hefermehl in Soergel, § 133, Rn. 4; Hübner, AT, Rn. 744; kritisch insoweit Mayer-Maly in MünchKomm, § 133, Rn. 42.

403 Fastrich, S. 22.

404 Larenz, AT, § 29a II (S. 558).

405 Murswiek in Sachs, Art. 2 GG, Rn. 54.

406 Flume, AT II, § 1, 1 (S. 1); Medicus, AT, Rn. 174; Larenz, AT, § 2 IIe (S. 40f.); Köhler, AT, § 12 I, Rn. 1; Fastrich, S. 23; BVerfG WM 1986, 828, 831.

407 Merz, Privatautonomie, S. 2; Köhler, AT, § 12 I, Rn. 1.

408 Fastrich, S. 23.

409 Karsten Schmidt, GesR, § 5 I 4 m.w.N.

410 Umstritten ist insbesondere, ob und wann es nur auf objektiv erkennbare Umstände ankommt; vgl. dazu RGZ 156, 129, 133; BGHZ 14, 25, 36f; BGH NJW 1973, 1039, 1040; BGH WM 1955, 65, 66; 1974, 372, 373; Wiedemann, DNotZ 1977 (Sonderheft), S. 99; ders., GesR, § 3 II 2 (S. 165ff.); Priester, DB 1979, 681ff.; Winkler, DNotZ 1969, 394ff.; Coing, ZGR 1978, 659ff.; Rogier.

c) *Identität von Auslegung und Geschäftsgrundlage ?*

Vertragsauslegung und die Anwendung der Lehre von der Geschäftsgrundlage sind nicht identisch, denn während die Auslegung der Sinnermittlung des geschlossenen Vertrages dient, soll die Lehre von der Geschäftsgrundlage grobe Ungerechtigkeiten bereinigen, welche sich aus der Änderung der dem Vertrag zugrundeliegenden Umstände ergeben. Bei der Lehre von der Geschäftsgrundlage wird der Vertrag umgestaltet, um „ein Mindestmaß an Vertragsgerechtigkeit oder Billigkeit“[411] zu erhalten oder wiederherzustellen. Rechtsfolge der Lehre von der Geschäftsgrundlage ist nicht die Auslegung des Vertrages, sondern in erster Linie dessen Anpassung an die veränderten Umstände. Diese Anpassung stellt eine Abänderung des Vertrages, also eine Veränderung seines Sinngehaltes, dar.[412] Um aber feststellen zu können, ob die vertragliche Regelung aufgrund des Fehlens bzw. Wegfalls eines dem Vertrag zugrundeliegenden Umstandes zu grob ungerechten Ergebnissen führt, muß erst dessen Sinngehalt ermittelt werden, was durch Auslegung geschieht. Auslegung dient also der Sinnermittlung, die Anwendung der Lehre von der Geschäftsgrundlage dagegen der Anpassung des Vertrages und damit der Änderung des durch die Auslegung des Vertrages ermittelten Sinns.

Außerdem sind die Ansatzpunkte unterschiedlich. Die Auslegung geht von der vertraglichen Regelung aus. Es wird die vertragliche Erklärung betrachtet und der Sinn derselben ermittelt. Die Lehre von der Geschäftsgrundlage geht von einem Vergleich der dem Vertrag zugrundeliegenden Umstände aus; nämlich davon, ob die vorgestellten Umstände von den tatsächlich vorliegenden abweichen. Von diesem Ausgangspunkt wird bestimmt, wer das Risiko dieser Abweichung trägt und bei fehlender Übernahme des Risikos durch eine Partei wird der Vertrag abgeändert, bzw., falls dies nicht möglich sein sollte, aufgelöst.

Die Auslegung des Vertrages und die Lehre von der Geschäftsgrundlage dienen demzufolge nicht dem gleichen Sinn und Zweck, so daß nicht von einem einheitlichen Institut ausgegangen werden kann. Ist nun die ergänzende Vertragsauslegung als Auslegung des Vertrages einzuordnen, muß auch die Identität von ergänzender Vertragsauslegung und Lehre von der Geschäftsgrundlage verneint werden. Fraglich ist jedoch, ob die ergänzende Vertragsauslegung noch als Auslegung des Vertrages anzusehen ist, oder ob es sich nicht um eine Vertragsergänzung und damit eine Abänderung des Vertrages handelt. Ist, mit anderen Worten, die ergänzende Vertragsauslegung noch Sinnermittlung oder aber bereits Änderung des Sinngehaltes des Vertrages?

---

411 Larenz, 25 Jahre Karlsruher Forum, 156, 158.
412 Heinrichs in Palandt, § 242, Rn. 116,130; Werner in Erman, § 242, Rn. 179.

2) *Die Rechtsnatur der ergänzenden Vertragsauslegung*

Bei der Frage der Rechtsnatur der ergänzenden Vertragsauslegung werden folgende Auffassungen vertreten.

a) *Ergänzende Vertragsauslegung als Vertragsergänzung*

Teilweise wird vertreten, daß es sich bei der ergänzenden Vertragsauslegung um eine Ergänzung des Vertrages gemäß § 242 BGB, nicht um eine Auslegung nach § 157 BGB handelt.[413] Voraussetzung der ergänzenden Vertragsauslegung ist eine Vertragslücke. Nach Auffassung von Mangold liegt eine Vertragslücke immer vor, wenn entweder ein Punkt nicht geregelt wurde, bzw. die Regelung mehrdeutig ist. Die Mehrdeutigkeit bedeutet, „daß sie (die vertragliche Regelung, Anm.d.Verf.) innerhalb des Bereichs der Mehrdeutigkeit keinen Sinn hat, daß insoweit niemand etwas mit ihr anfangen kann“, so daß die Ausfüllung nicht mehr durch Sinndeutung aus den Gesamtumständen geschehen kann.[414] Diese Lücke sei primär durch das Heranziehen gesetzlicher Dispositivnormen und in Ermangelung solcher durch ergänzende Vertragsauslegung zu schließen. Damit handelt es sich nach Mangold bei der ergänzenden Vertragsauslegung um eine Gesetzesergänzung. Der Richter hat nämlich nach Mangold die Aufgabe, bei Punkten, zu welchen weder eine vertragliche noch eine gesetzliche Regelung vorliegt, „Normen zu schaffen“.[415] Diese lasse sich dann nur "durch Abwägung der Parteiinteressen auf objektiver Grundlage, d.h. auf der Grundlage der gesetzlichen Interessenbewertung," vornehmen.[416]

(Erläuternde) Auslegung kommt nach Mangold nur dann in Betracht, wenn zu ermitteln ist, ob die Erklärung nach besonderer Übereinkunft oder nach der Verkehrssitte eindeutig und den Vertragsschließenden zurechenbar ist.[417] Dabei lehnt Mangold eine Auslegung unter Beachtung der "Gesamtumstände" ab, da

---

413 Mangold, NJW 1961, 2284, 2286: “Die ergänzende Auslegung ist Rechtsfindung. Grundlage der ergänzenden Auslegung ist § 242 BGB.”; ders., NJW 1962, 1597; so wohl auch Hart in AK, § 133/157, Rn. 66: “Ergänzende Vertragsauslegung muß nach den getroffenen Feststellungen als richterliche Vertragsintervention durch Vertragsrechtsfortbildung angesehen werden und hat mit **Vertrags**auslegung wenig, mit Vertrags**auslegung** nichts zu tun. ....Ihre Zuordnung nicht zu § 157, sondern zu § 242 als Kompetenznorm für richterliche Inhaltskontrollen (neben § 9 AGBG) ist daher nur konsequent.”; Henckel, AcP 159 (1960), 106, 121; Wieacker, JZ 1967, 385, 390.

414 Mangold, NJW 1962, 1597, 1600.

415 Mangold, NJW 1961, 2284.

416 Mangold, NJW 1961, 2284; ders., NJW 1962, 1597, 1600.

417 Mangold, NJW 1961, 2284, 2286.

nicht ersichtlich sei, welche Umstände für die Auslegung des Vertrages maßgeblich sein sollen und sich so aus den "Gesamtumständen" verschiedene Willensrichtungen erschließen lassen. Der Richter habe damit - so Mangold - die Möglichkeit, durch eine entsprechende Auswahl der "Gesamtumstände" eine ihm genehme Auslegung vorzunehmen.[418]

Die Ablehnung der Berücksichtigung der vertraglichen Gesamtumstände bei der Auslegung führt Mangold konsequenterweise zur Berücksichtigung objektiver Umstände. Die Kritik von Mangold geht jedoch fehl. Denn die Gefahr einer fehlerhaften Handhabung des Gesetzes, hier der §§ 133, 157 BGB infolge fehlerhafter Berücksichtigung der Gesamtumstände, ist kein spezifisches Problem der Auslegung. Ferner können bei der Festlegung der objektiven Grundlagen infolge der gesetzlichen Interessenbewertung genauso Fehler auftreten wie bei der Bestimmung des subjektiven Parteiwillens aus der vertraglichen Regelung.

Pilz[419] lehnt eine ergänzende Vertragsauslegung nach § 157 BGB ab. Er sieht in § 157 BGB nur die Rechtsgrundlage für die erläuternde Auslegung und begründet dies insbesondere[420] mit dem Wortlaut. Er ist der Auffassung, daß man „sogar dem Wortlaut des § 157 BGB am ehesten gerecht wird, wenn man seine Aufgabe darin sieht, einen Grundsatz für die erläuternde Auslegung aufzustellen". Er schlägt dagegen vor, die vertraglichen Lücken durch die objektive Rechtsordnung zu schließen. Dabei sollen „ihre im Gesetz niedergelegten und daraus abgeleiteten zwingenden und dispositiven Rechtssätze die im Vertrag von den Parteien offen gelassenen Punkte ausfüllen".[421]

Henckel[422] geht einen anderen Weg. Nach ihm ist mittels Auslegung festzustellen, ob eine Lücke vorliegt, die Ausfüllung dieser Lücke aber soll durch objektives Recht geschehen.[423] Eine Vertragslücke liegt dann vor, „wenn nach dem übereinstimmenden Willen beider Vertragschließenden der objektive Vertragsinhalt die regelungsbedürftige Situation nicht mehr erfaßt".[424] Die Lücke ermittelt

418 Mangold, NJW 1961, 2284, 2285.

419 Pilz, S. 93f.

420 Pilz setzt sich in seiner Arbeit mit der Argumentation von Oertmann auseinander und lehnt dessen Argumentation als nicht stichhaltig ab, wonach Hinweise für die ergänzende Vertragsauslegung sich aus dem Willen des Gesetzgebers, den gesetzlichen Auslegungsregeln, einem Umkehrschluß der §§ 244, 700 BGB und der Umdeutung ergeben. Vgl. Pilz, S. 91ff.

421 Pilz, S. 126.

422 Henckel, AcP 159 (1960), 106, 121; ihm folgend Wieacker, JZ 1967, 385, 390.

423 Henckel, AcP 159 (1960), 106, 121 weist dabei darauf hin, daß es seiner Auffassung nach nicht darauf ankommt, "ob man die ergänzende Auslegung noch in einen weiteren Anwendungsbereich des § 157 BGB einbezieht, der jenseits der eigentlichen Auslegung liegt, oder ob man sie dem § 242 BGB zuweist".

424 Henckel, a.a.O., 106, 115.

Henckel dabei durch die Bestimmung der Reichweite der Bindung der Vertragsparteien an den Vertrag. Er lehnt eine Bindung ab, wenn eine Richtigkeitsgewähr des Vertragsinhaltes nicht mehr gegeben ist und andererseits Verkehrsschutzinteressen die Aufrechterhaltung des Vertrages nicht mehr gebieten.

Die Richtigkeitsgewähr ergibt sich aus der dem Vertrag immanenten eigenen „Gerechtigkeitstendenz", welche sich darauf gründet, daß der „Wille der Vertragspartner sich im Vertragsschluß aufeinander einspielt".[425] Diese „Gerechtigkeitstendenz" ist nach Henckel auch der Grund, warum der Gesetzgeber den Vertragsparteien überhaupt Privatautonomie gewährte, ihnen also die Gestaltung ihrer Rechtsverhältnisse überließ.[426]

Diese Richtigkeitsgewähr wird aber aus Gründen der Verkehrssicherheit eingeschränkt.[427] Ein Verkehrsschutzinteresse an der Aufrechterhaltung des Vertrages soll dann nicht mehr gegeben sein, wenn eine Änderung der dem Vertrag zugrundeliegenden Verhältnisse eingetreten ist, und aufgrund dieser Änderung, welche für die Parteien bei Abschluß des Vertrages nicht vorhersehbar war, der „Erklärungstatbestand" des Vertrages für die Regelung der Verhältnisse nicht „geeignet" ist[428]. Jedoch kommt hier nach dem Grundsatz von Treu und Glauben nicht bei jeder geringfügigen Abweichung der tatsächlichen Verhältnisse von den Vorstellungen der Parteien eine Aufhebung der Vertragsbindung in Betracht. Die Grenzen sind erst dann gegeben, wenn eine Bindung an den Vertrag nicht mehr zumutbar ist.[429]

Die Schließung der Lücke kann sich jedoch nicht aus dem Vertrag ergeben, da bei Vorliegen einer Lücke die Richtigkeitsgewähr des Vertrages nicht mehr gegeben ist. Da die Richtigkeitsgewähr sich aus dem Ausgleich des Willens der Vertragspartner ergibt, kann nicht auf deren Willen zurückgegriffen werden. Daher muß die Lücke aus objektiven Gesichtspunkten geschlossen werden.[430]

425 Henckel, a.a.O., 106, 115.
426 Henckel, a.a.O., 106, 113.
427 Als Beispiel gibt Henckel, a.a.O., 106, 115, die Unbeachtlichkeit des Motivirrtums an.
428 Henckel, a.a.O., 106, 115.
429 Henckel, a.a.O., 106, 116.
430 Henckel, a.a.O., 106, 117.

b) *Ergänzende Vertragsauslegung als Auslegung des Vertrages*

aa) *Auffassung von Larenz*

aaa) *Die Auffassung von Larenz*

Dagegen leitet Larenz[431] die ergänzende Vertragsauslegung aus § 157 BGB ab. Er sieht darin die Auslegung der durch den Vertrag geschaffenen objektiven Regelung. Dabei unterscheidet Larenz zwischen den beiden Willenserklärungen, welche den Vertrag zustande bringen und dem Vertrag als der durch die Parteien gemeinsam gesetzten Regelung. Die Auslegung der einzelnen zum Vertragsschluß führenden Regelungen kann nur ergeben, was der Empfänger der Willenserklärung bei Abgabe derselben "als vom Erklärenden gemeinten Inhalt entnehmen konnte und mußte". Der Vertrag jedoch ist nach Larenz eine von den Parteien "gemeinsam gesetzte Regelung, die, sobald sie von ihnen in Geltung gesetzt ist, ein eigenes Gewicht erhält".[432] Als Regelung hat der Vertrag „einen über den begrenzten Vorstellungskreis der Parteien hinausreichenden Sinngehalt".[433]

Larenz schließt daraus, daß Situationen, welche bei Abschluß des Vertrages nicht von den Parteien in ihre Überlegungen einbezogen wurden und auch nicht einbezogen werden mußten, durch den Vertrag, welcher ja eine eigene Regelung darstellt, "dann (sinngemäß, implicite) mitgeregelt" sind, wenn sich aus dem Gesamtsinn der Regelung ein Maßstab für sie entnehmen läßt.[434] Sinn und Zweck der ergänzenden Vertragsauslegung ist es nun, diese im Vertrag implizit mitgeregelten Situationen zu ergründen. Dieses von Larenz entwickelte „objektive Sinngebilde"[435] ist von dem objektiven Sinngehalt, wie ihn Henckel benutzt, zu unterscheiden. Denn während Larenz seine objektiven Regelungen aus dem Gesamtsinn des Vertrages ziehen will, zieht Henckel dazu das Verkehrsschutzinteresse heran.

Es sind nach Larenz also die Fälle durch die ergänzende Vertragsauslegung "aufzuhellen", welche den zum Vertragsabschluß führenden übereinstimmenden

431 Larenz, Methodenlehre, S. 300; ders., AT, § 29 I (S. 539); so wohl auch Larenz/Wolf, AT, § 28 VIII 3b, Rn. 113: "Doch wird man § 157 den Vorzug geben, weil er den Blick stärker auf den Vertrag und auf den Regelungsplan der Parteien lenkt".

432 Larenz, AT, § 29 I (S. 539, Fn. 6).

433 Larenz, Methodenlehre, S. 301; ders. AT, § 29 I (S. 537); ders., NJW 1963, 737, 738 spricht insoweit von einer "lex contractus"; ähnlich Köhler, Geschäftsgrundlage, S. 157.

434 Larenz, AT, § 29 I (S. 539 Fn. 6).

435 So die Definition bei Larenz, NJW 1963, 737, 739.

Willenserklärungen selbst nicht entnommen werden können, die jedoch dem Vertrag immanent sind, da dessen Regelungsgehalt über den der einzelnen Willenserklärungen hinausgeht. Die Auffassung von Larenz, nach welcher die ergänzende Vertragsauslegung ihre gesetzliche Grundlage in § 157 BGB hat, beruht demzufolge darauf, daß es einen Bereich gibt, welchen die im Vertrag bestehende Regelung umfaßt, der aber nicht von den zum Vertragsschluß führenden Willenserklärungen umfaßt wird.[436]

bbb) Kritik

Nach dem Grundsatz der Privatautonomie können die Parteien ihre Rechtsverhältnisse selbst gestalten, daß heißt nach eigenem Willen. "Die willentliche Entscheidung gilt, weil sie gewollt ist, und der Wille des einzelnen als solcher respektiert wird.[437] Der Grundsatz der Privatautonomie gibt aber kein Recht für andere zu handeln. Soll daher eine weitere Person durch ein Rechtsverhältnis betroffen werden, bedarf es der Zustimmung dieser Person."[438] Die Vertragspartner gestalten demzufolge durch den Abschluß von Verträgen ihre gegenseitigen Rechtsverhältnisse, da sie sich damit verpflichten, die in dem Vertrag vereinbarten Rechte und Pflichten zu erfüllen. Durch den Vertragsabschluß lassen die Parteien - in Selbstbestimmung - ihre Bereitschaft erkennen, sich an die vertragliche Vereinbarung zu halten und insoweit eine Einschränkung ihrer Freiheit hinzunehmen. Es wird also im Vertrag geregelt, daß und wieweit die Vertragsparteien dem jeweils anderen gegenüber sich an die in dem Vertrag festgelegten Rechte und Pflichten binden und insoweit darauf verzichten unabhängig von Dritten zu handeln. Die Parteien sind aber zu einer Beschränkung ihrer Privatautonomie nur insoweit bereit, wie sie diese auch durch die privatautonom getroffenen übereinstimmenden Willenserklärungen bei Vertragsabschluß vereinbart haben.

Nach Larenz ist aber der Inhalt der sich aus dem Vertrag ergebenden Regelung und der zum Vertragsabschluß führenden übereinstimmenden Willenserklärungen nicht identisch. Der Vertrag als "objektives Sinngebilde" ist inhaltsreicher als die ihn begründenden Willenserklärungen.[439] Larenz begründet diese Auffassung damit, daß die einzelnen Willenserklärungen im Gegensatz zum Vertrag keine Regelungen sind, sondern lediglich Willensäußerungen, wenn auch solche, die auf das Herbeiführen einer Regelung abzielen. Daraus folgert Larenz, daß zwischen der Auslegung eines "sinnbehafteten menschlichen Aktes" (damit meint

436 Diese Theorie wird auch die objektive Vertragstheorie genannt.
437 Flume, Privatautonomie, 135, 141.
438 Flume, AT II, § 1, 6a (S. 7).
439 Larenz, NJW 1963, 737, 739.

er offensichtlich die zum Vertragsschluß führenden Willenserklärungen) und einem "objektiven Sinngebilde, welches losgelöst von seinem Urheber, durch sich selbst zu uns spricht"[440] ein Unterschied besteht. Bei der Auslegung des menschlichen Aktes geht es darum, den wirklichen Willen des Erklärenden, so wie er dem Empfänger der Erklärung erkennbar ist, darzutun. Neben Umständen, „die in der persönlichen Sphäre des Erklärenden liegen, kommen daher auch solche in Betracht, von denen die Verständnismöglichkeit des Empfängers abhängt“[441]. Dagegen spielen nach Larenz bei der Auslegung des objektiven Sinngebildes, also des Vertrages, diese subjektiven Momente „keine entscheidende Rolle" mehr, sondern es geht darum, welchen objektiven Regelungsgehalt diese vertragliche Regelung enthält, wenn man diese nach dem ihr zugrundeliegenden Sinn und Zweck als "vernünftig" auffaßt.[442]

Der unterschiedliche Regelungsgehalt von Vertrag und der ihm zugrundeliegenden Willenserklärungen hat - so muß man Larenz wohl verstehen – seinen Grund in der unterschiedlichen Art und Weise der Auslegung, einmal mehr auf den erkennbaren Willen bezogen, das andere Mal mehr nach objektiven Kriterien. Schon insoweit ist Larenz zu widersprechen. Denn die Auslegung kann nicht dazu dienen, neue Rechte und Pflichten zu begründen, sondern sie dient dazu, die bereits in den Erklärungen bestehenden Rechte und Pflichten zu ermitteln.[443] Nach der Auffassung von Larenz wäre aber genau ersteres der Fall. Denn würde man danach die den Vertrag herbeiführenden Willenserklärungen "einzeln" auslegen, d.h. als Angebot und Annahme, würden diese einen anderen Inhalt enthalten, als wenn man den Vertrag als "objektives Sinngebilde" auslegen würde.

Ein Vertrag kommt gemäß §§ 145 ff. BGB durch Angebot und Annahme zustande. Dabei muß der Inhalt und Gegenstand des Vertrages im Antrag so bestimmt sein, daß die Annahme durch ein einfaches Ja erfolgen kann.[444] Im Angebot müssen bereits alle regelungsbedürftigen Punkte dargelegt sein.[445] Das Angebot hat - falls es angenommen wird - den gleichen Wortlaut wie der spätere Vertrag. Dieser Wortlaut soll nach der Auffassung von Larenz nun eine unterschiedliche Bedeutung haben, je nachdem, ob man ihn vor oder nach dem Abschluß des

---

440 Larenz, NJW 1963, 737, 739

441 Larenz, NJW 1963, 737, 739.

442 Larenz, NJW 1963, 737, 739.

443 Vgl. dazu z.B. auch Hefermehl in Soergel, § 133, Rn. 1.

444 Unstrittig, vgl. nur Heinrichs in Palandt, § 145, Rn. 1; Kramer in MünchKomm, § 145, Rn. 4; Manfred Wolf in Soergel, § 145 Rn. 4; Köhler, AT, § 15 II 1a, Rn. 8; Pawlowski, AT, Rn. 366; Hübner, AT, Rn. 994.

445 Dies verlangt - genausowenig wie beim Vertrag - nicht, daß alle Einzelfragen, welche bei der Vertragsdurchführung auftauchen können, in dem Angebot Erwähnung finden, da insoweit auch das ergänzende Gesetzesrecht eingreift.

Vertrages auslegt. Damit hat also die gleiche Willensäußerung vor und nach Vertragsabschluß einen anderen Inhalt.

Larenz begründet dies damit, daß der Vertrag "als objektives Sinngebilde, das, losgelöst von seinem Urheber, durch sich selbst zu uns "spricht"". Jedoch regelt ein Vertrag nicht die Rechtsverhältnisse der Allgemeinheit, sondern die der Vertragspartner, das heißt, um die Worte von Larenz zu bemühen, der Vertrag spricht nicht zu „uns" als der Allgemeinheit, sondern zu den Vertragsparteien.[446] Vertragspartner sind aber derjenige, welcher das Angebot abgegeben hat und derjenige, welcher es angenommen hat, also der Erklärende des Angebots und der Erklärungsempfänger. Es sind also zu beiden Zeitpunkten - bei Abgabe des Angebots und nach Annahme, d.h. wenn ein Vertrag vorliegt - die gleichen Personen betroffen. Damit ist eine unterschiedliche Auslegung nicht gerechtfertigt.[447] Es kann damit der These von Larenz, nach welcher der Vertrag und die zum Vertragsabschluß führenden Willenserklärungen einen unterschiedlichen Inhalt haben sollen, nicht gefolgt werden. Damit ist auch die Begründung, nach welcher Larenz die Rechtsgrundlage für die ergänzende Vertragsauslegung in § 157 BGB sieht, hinfällig.

Außerdem müßten die Vertragsparteien nach Larenz aufgrund des "objektiven Regelungsgehaltes" des Vertrages eine weitergehende Einschränkung ihrer Freiheit hinnehmen, als sie durch den Abschluß des Vertrages intendierten. Damit müssen die Parteien nicht nur die Verpflichtungen erfüllen, welche sie jeweils gewollt haben, sondern, da sich der Vertrag von den ursprünglichen übereinstimmenden Willenserklärungen, welche zum Vertragsabschluß geführt haben, in gewisser Hinsicht "verselbständigt" hat, auch solche, welche sich lediglich aus dem Vertrag als "objektivem Sinngebilde" ergeben. Durch diese Konsequenz verstößt die Auffassung von Larenz gegen den Grundsatz der Privatautonomie, nach welchem die Vertragsparteien ihre gegenseitigen Rechte und Pflichten durch ihre übereinstimmenden Willenserklärungen selbst festlegen.

Etwas anderes gilt auch nicht für die Auslegung der Verträge von Personengesellschaften. Hierbei ist zwar umstritten, ob und wann es bei der Auslegung nur

---

446 Köhler, AT, § 15 I 1, Rn. 1 definiert den Vertrag als die einverständliche rechtlich bindende Regelung zwischen zwei oder mehreren Personen.

447 Auch die h.L. trifft keine Unterscheidung bei der Auslegung von Willenserklärungen und Verträgen. Zwar betrifft § 133 BGB seinem Wortlaut nach nur Willenserklärungen, während § 157 BGB nach dem Wortlaut nur bei bereits zustandegekommenen Verträgen anzuwenden ist. Jedoch werden die §§ 133, 157 BGB von Rechtsprechung und Lehre auf Willenserklärungen jeglicher Art angewandt (Heinrichs in Palandt, § 133, Rn. 3). Während § 133 BGB auf den Parteiwillen abstellt, verweist § 157 BGB auf die objektive Erklärungsbedeutung. Dies bedeutet aber nicht, daß die Willenserklärungen so auszulegen sind, wie die Allgemeinheit sie versteht, sondern es ist auf den "Horizont" des Empfängers abzustellen.

auf objektiv erkennbare Umstände ankommt. Nach einer Auffassung ist der „materielle Satzungscharakter" der einzelnen Klausel entscheidend. Darunter fallen solche Klauseln, welche die Gesellschaftsgrundlagen betreffen.[448] Eine andere Meinung will die objektive Auslegung dann anwenden, falls Gesellschafter in die Gesellschaft eingetreten sind, welche den Willen der ursprünglichen Gründer nicht kennen und sich nur auf den Text des Gesellschaftsvertrages verlassen.[449] Diese unterschiedlichen Auffassungen beruhen aber nur auf der Streitfrage, welcher Personenkreis bei der Auslegung der Verträge von Personengesellschaften zu berücksichtigen ist. Keinesfalls wird hier dem Vertrag ein eigenständiger Regelungsgehalt zugewiesen, welcher sich allein aus der Tatsache des Vertragsabschlusses ergibt.

bb) Auffassung der Rechtsprechung

Nach der Rechtsprechung ist die ergänzende Vertragsauslegung noch Auslegung des Vertrages, eine inhaltliche Änderung desselben darf nicht erfolgen.[450] Denn Sinn der ergänzenden Vertragsauslegung ist nur, den Vertragsinhalt, nicht aber den Vertragswillen zu ergänzen.[451] Dabei greift die Rechtsprechung bei der Bestimmung der Rechtsgrundlage des ergänzenden Vertragsauslegung auf § 157 BGB zurück.[452] Teilweise wird daneben aber auch § 242 BGB zitiert.[453] Dies wurde jedoch in diesen Entscheidungen wohl nur gemacht, um den Einfluß von Treu und Glauben herauszustellen; keinesfalls betrachtete die Rechtsprechung die ergänzenden Vertragsauslegung als Vertragsergänzung im Sinn einer Vertragsänderung.[454] Gegen eine Einordnung der ergänzenden Vertragsauslegung als Vertragsergänzung spricht auch, daß die Rechtsprechung bei Anwendung der ergänzenden Vertragsauslegung den Vertragstext zwar entsprechend des hypotheti-

---

448 Karsten Schmidt, GesR, § 5 I 4.

449 Wiedemann, WM 1990 (Sonderbeilage 8), 15; Coing, ZGR 1978, 659, 668f.; Rogier, S. 170ff., welcher aber eine objektive Auslegung nur zulassen will, falls ein neuer Gesellschafter durch Aufnahmevertrag Gesellschafter wurde, nicht aber, falls die Gesellschafterstellung mittels Universalsukzession erlangt wurde.

450 BGHZ 9, 273, 278; 90, 69, 77; BGH NJW 1995, 1212, 1213.

451 BGHZ 9, 273, 278.

452 RGZ 87, 211, 213f.; 92, 318, 320; 129, 80, 88; 136, 178, 185; BGHZ 9, 273, 277; 12, 337, 342; 81, 135, 141; 90, 69, 75; BGH WM 1969, 1237, 1239; BAG DB 1966, 1400.

453 BGH VersR 1962, 809, 810; ArbG Essen DB 1965, 259.

454 Besonders deutlich wird dies in der Entscheidung BGH VersR 1962, 809, 810, in welcher der BGH trotz Verweis auf §§ 157, 242 BGB erklärt, daß die ergänzende Vertagsauslegung nicht zu einer Abänderung des geschlossenen Vertrages führen darf.

schen Parteiwillens ergänzt, für diese aber die in dem Vertrag enthaltenen Wertungen und Regelungen als Ausgangspunkt ansieht.[455] Der Vertragsinhalt ist nach dem BGH „Stütze und Richtlinie".[456] Die Notwendigkeit der Berücksichtigung vertraglicher Regelungen und Wertungen wird insbesondere dann deutlich, wenn zur Füllung einer Vertragslücke mehrere Gestaltungsmöglichkeiten in Betracht kommen, denn dann lehnt die Rechtsprechung die ergänzende Vertragsauslegung ab, falls keine Anhaltspunkte dafür bestehen, welche Regelungen die Parteien getroffen hätten.[457]

c) *Eigene Meinung*

Für die Betrachtung, ob die ergänzende Vertragsauslegung Teil der Auslegung und damit auf § 157 BGB zurückzuführen ist, ist entscheidend, wo man die Grenzen der Auslegung sieht. Auslegung ist Sinnermittlung, es soll der dem Vertragstext zugrunde liegende wirkliche Wille der Vertragsparteien erfaßt werden.[458] Versteht man aber unter dem Begriff der Auslegung nur die Ermittlung des erklärten Parteiwillens, ist die ergänzende Vertragsauslegung nicht mehr Auslegung des Vertrages, sondern Vertragsergänzung.[459] Denn die ergänzende Vertragsauslegung soll Regelungen gerade für Punkte finden, für welche die Parteien keine Vereinbarungen getroffen haben. Entscheidend ist demzufolge, ob die ergänzende Vertragsauslegung noch dazu dient, den Willen der Parteien und damit den Sinn des Vertrages zu ermitteln.

Bei der ergänzenden Vertragsauslegung geht es um die Ermittlung eines hypothetischen Parteiwillens,[460] denn der im Vertrag niedergelegte Text erfaßt nicht eine bei der Vertragsabwicklung eingetretene Problematik, so daß eine Ermittlung des erklärten Parteiwillens nicht in Betracht kommt. Der tatsächliche Parteiwille ist, so wie er im Vertrag hervortritt, nicht umfassend, sei es, daß die Parteien gewisse Umstände der Regelung durch die Gesetze überlassen wollten, sei es, daß sie gewisse Umstände nicht bedacht haben und daher insoweit keine Regelung trafen. Diese „Unvollständigkeit" erklärten Parteiwillens beruht auf der

455 BGHZ 9, 273, 277; 81, 135, 141f.; 90, 69, 77; 121, 13, 16; BGH NJW 1993, 3193, 3194; 1995, 1212, 1213.
456 BGH WM 1960, 437, 438; 1969, 769, 770; BGH NJW 1990, 1723, 1725.
457 BGHZ 54, 106, 115; 62, 83, 90; 90, 69, 80; BGH NJW 1974, 1322, 1323; 1977, 1336; 1984, 1177, 1179; 1990, 1723, 1725; BGH NJW-RR 1987, 1459, 1460.
458 Hinzuweisen ist darauf, daß nicht der Wille auszulegen ist, sondern nur der erklärte Wille und zwar nach den §§ 133, 157 BGB so, wie der Empfänger diesen verstehen konnte.
459 So auch Manfred Wolf in Soergel, § 157, Rn. 104.
460 Mayer-Maly, FS Flume I, 621, 625; Larenz/Wolf, AT, § 28 VIII 3d, Rn. 120.

beschränkten menschlichen Vorstellung der Umstände bei Vertragsabschluß.[461] Schließen die Parteien einen Vertrag, wird oftmals zur Lösung eines Problems ein dieses Problem behandelnder übereinstimmender Wille gefunden. Tritt jetzt aber eine Problematik auf, welche die Parteien bei Vertragsschluß nicht gesehen haben, oder ändern sich die dem Vertrag zugrundeliegenden Umstände derart, daß die im Vertrag gefundene Lösung nicht mehr angewandt werden kann, kann der tatsächliche Parteiwille insoweit eine Lösung des Problems nicht anbieten.

Um in solchen Fällen zu einer Lösung zu kommen, ist der tatsächliche Parteiwille durch den hypothetischen zu ergänzen.[462] Die Ermittlung des hypothetischen Parteiwillens setzt einen Anhaltspunkt im Vertrag voraus.[463] Dabei muß sich aus dem Wortlaut selbst nicht ergeben, welche Lösung zu finden ist. Es reicht aus, daß sich im Vertrag Wertungen befinden, welche eine Lösung des Problems ermöglichen.[464] Insoweit ist entscheidend, daß der Anhaltspunkt sich aus dem konkreten Vertrag ergibt. Wie diese Wertungen in den konkreten Vertrag eingefügt sind, ist unerheblich, so können sich die Wertungen aus der Gesamtheit der vertraglichen Regelungen schlußfolgern lassen, oder die Parteien können einen ähnlichen Fall geregelt haben, so daß sich diese Vertragsteile „analog" anwenden lassen. Ob der Anhaltspunkt dagegen für den betreffenden Vertragstypus charakteristisch ist, ist unerheblich.[465] Ausgehend von diesem Anhaltspunkt muß dann die vertragliche Regelung „zu Ende gedacht" werden. Der Richter darf also nicht den Vertragsparteien seine eigenen Maßstäbe aufdrängen.[466] Hierbei wird zwar der Text des Vertrages ergänzt, die Lösung ergibt sich aber aus dem bereits vorhandenen Vertragstext. Läßt sich aus den Wertungen des vorhandenen Vertragstextes nicht auf eine Lösung der Problematik schließen, kommt die ergänzende Vertragsauslegung nicht in Betracht.[467]

---

461 Beuthien, S. 52.

462 Heinrichs in Palandt, § 157, Rn. 7; Hefermehl in Erman, § 157, Rn. 22; Manfred Wolf in Soergel, § 157, Rn. 129.

463 So auch RGZ 87, 211, 213; 92, 318, 320; 136, 178, 185; und Mayer-Maly in MünchKomm, § 157, Rn. 39, nach welchem ein individueller Maßstab anzunehmen ist, so daß das Rechtsgeschäft aus den im konkreten Akt auffindbaren Anhaltspunkten ergänzt wird und nicht aus einer allgemeinen Ordnung.

464 In diese Richtung geht auch die Auffassung von Larenz/Wolf, AT, § 28 VIII 3c, Rn. 116, nach welcher die Grenze der ergänzenden Vertragsauslegung dort zu finden ist, "wo die gesuchte Antwort nicht mehr aus dem Zweck und dem Sinnzusammenhang der vertraglichen Regelung abgeleitet werden kann".

465 So auch Larenz, AT, § 29 I (S. 540); Mayer-Maly in MünchKomm, § 157, Rn. 24; Sandrock, S. 102; a.A. Flume, AT II, § 16 4b (S. 324).

466 So auch Larenz, AT, § 29 I (S. 539).

467 a.A. BGHZ 96, 313, 320f.; ähnlich auch BGHZ 33, 163, 165 unter Verweis auf BGHZ 19, 110, 112, wobei dort allerdings der BGH den hypothetischen Parteiwillen als "das Suchen nach dem Anknüpfungspunkt, der sich aus der Eigenart des zu

Auf den vertraglichen Anhaltspunkt kann auch nicht verzichtet werden. Denn würde man diese Voraussetzung wegfallen lassen, wären der Willkür kaum Grenzen gesetzt. Ein Richter müßte nur feststellen, daß der Vertrag keine ausdrückliche Regelung für die Problematik enthält und nicht abschließend ist, und könnte dann - in den Grenzen des Grundsatzes von Treu und Glauben gemäß § 242 BGB - den Vertrag nach seinem Belieben ergänzen. Der Richter müßte nur überlegen, welche Ergänzung in der konkreten Situation einen gerechten Interessenausgleich der Vertragsparteien herbeiführen könnte. Ist er nun dabei nicht an die Wertungen des Vertrages gebunden, kann er seine eigenen Wertungen an die Stelle der Wertungen der Vertragsparteien stellen. Aber auch, wenn der Richter gewissenhaft versucht, eine Lösung durch einen objektiven Interessenausgleich herbeizuführen, kann nicht auf vertragliche Wertungen verzichtet werden. Denn solch ein richterlicher rein objektiver Interessenausgleich kann sich von einer Vereinbarung, welche die Parteien bei Kenntnis der Notwendigkeit einer Regelung vereinbart hätten, erheblich unterscheiden. Der Vertrag ist aber kein „objektives Sinngebilde", sondern ein subjektives, von den Parteien errichtetes. Andererseits ist zu berücksichtigen, daß die Parteien bei Vertragsschluß gerade keine Regelung trafen, und es sich in den meisten Fällen nicht feststellen läßt, was die Parteien vereinbart haben würden, da sie ja gerade über diesen Punkt streiten. Diese Unkenntnis bei der Feststellung, welche Regelungen die Parteien getroffen hätten, gebietet es, in die Auslegung auch objektive Kriterien einfließen zu lassen. Der BGH spricht in diesem Zusammenhang von „einer objektiven Abwägung der beiderseitigen Interessen".[468] Der hypothetische Parteiwille ist insoweit normatives Kriterium, wobei der Ausgangspunkt der ergänzenden Vertragsauslegung aber immer die konkrete vertragliche Regelung sein muß.[469]

Es muß sich also aus den Wertungen des Vertrages bereits eine Lösung der Problematik ergeben, so daß zwar der Text des Vertrages ergänzt wird, nicht aber der dem Vertrag immanente Sinngehalt. Wird aber durch die Ergänzung des Vertrages lediglich der dem Vertrag immanente Sinn nach außen transparent gemacht, handelt es sich bei der ergänzenden Vertragsauslegung noch um eine

---

entscheidenden Sachverhalts und aus der Interessenlage, in die gegebenenfalls auch das Allgemeininteresse einzubeziehen ist, unter Berücksichtigung rein objektiver Gesichtspunkte ergibt" bezeichnet. Da der BGH auf die Eigenart des zu entscheidenden Sachverhalts abstellt, wendet er auch subjektive Gesichtspunkte an.

468 BGHZ 90, 69, 76f.; BGH NJW 1993, 3193, 3194.

469 Für eine Berücksichtigung subjektiver und objektiver Kriterien bei der ergänzenden Vertragsauslegung sind auch Roth in Staudinger, § 157, Rn. 33; Mayer-Maly in MünchKomm, § 157, Rn. 39f.; Heinrichs in Palandt, § 157, Rn. 7; Manfred Wolf in Soergel, § 157, Rn. 105; Hefermehl in Erman, § 157, Rn. 21f.; Hübner, AT, Rn. 1032; Larenz, AT, § 29 I (S. 541f.).

Auslegung des Vertrages. Denn der Anhaltspunkt, welcher Ausgangspunkt einer jeden Ergänzung des Vertragsinhalts mittels des hypothetischen Parteiwillens ist, muß in der tatsächlich bestehenden vertraglichen Vereinbarung gefunden werden. Man muß den Sinn der bestehenden vertraglichen Vereinbarung ermitteln, um feststellen zu können, ob sich aus dieser ein Anhaltspunkt für eine Ergänzung des Vertragsinhaltes durch den hypothetischen Parteiwillen ergibt.

Zur Verdeutlichung der hier vertretenen Auffassung, wie aufgrund von vertraglichen Wertungen Lücken in dem Text der rechtsgeschäftlichen Regelung geschlossen werden können, noch mehrere Beispiele aus der Rechtsprechung: So hatte der BGH[470] einen Fall zu entscheiden, in welchem die Parteien eines Mietvertrages über Geschäftsräume nicht bedacht hatten, was bei der gesetzlichen Freigabe des Mietzinses für derartige Räume geschehen soll. Aus einer anderen Klausel des Vertrages war jedoch ersichtlich, daß eine Aufwärtsentwicklung der Mieten dem Vermieter zugute kommen sollte.[471] Diesen, sich aus dem Vertrag ergebenden tatsächlichen Willen nahm der BGH zum Ausgangspunkt, um dem Vermieter die Erhöhung des Mietpreises zukommen zu lassen.

In einem anderen Fall kam der BGH[472] im Wege der ergänzenden Vertragsauslegung zu einem Rückkehrverbot eines Arztes an dessen ursprüngliche Wirkungsstätte, nachdem dieser mit einem Kollegen einen Vertrag über den Tausch der Arztpraxen geschlossen hatte. In dem Vertrag wurden nicht nur die Praxisräumlichkeiten getauscht, sondern es wurde auch die Möglichkeit eingeräumt, den Patientenkreis des Vorgängers weiterzuführen. Die Intention der Vertragsparteien, den jeweiligen Patientenkreis des Vorgängers zu übernehmen, wäre aber faktisch außer Vollzug gesetzt worden, hätte der ursprüngliche Praxisinhaber die Möglichkeit gehabt, innerhalb kurzer Zeit an seine ursprüngliche Wirkungsstätte zurückzukehren. Diese Vereinbarung nahm der BGH zum Ausgangspunkt, um im Wege der ergänzenden Vertragsauslegung dem rückkehrwilligen Arzt eine Rückkehr zu untersagen.[473]

---

470 BGH LM § 157 BGB (D) Nr. 12.

471 Dabei war die Wirksamkeit dieser Klausel umstritten. Der BGH vertritt jedoch in dieser Entscheidung die Auffassung, daß sich auch aus einer Regel, welche als solche unwirksam ist, ein tatsächlicher Wille der Parteien ergeben kann, welcher sich als Anknüpfungspunkt für den hypothetischen Parteiwillen eignet.

472 BGHZ 16, 71ff.

473 BGHZ 16, 71, 76.

d) Schlußfolgerung für die Abgrenzung von ergänzender Vertragsauslegung und Wegfall der Geschäftsgrundlage

Bei der ergänzenden Vertragsauslegung handelt es sich also um Auslegung, daß heißt Sinnermittlung des Vertrages. Wie bei der erläuternden Auslegung ist auch bei der ergänzenden Auslegung von der vertraglichen Regelung auszugehen. Der Vertrag ist dabei an Hand der Anhaltspunkte, welche sich im Vertrag befinden, „zu Ende zu denken". Die Lehre von der Geschäftsgrundlage ist keine Vertragsauslegung, sondern deren Anwendung dient dazu, Verträge an die veränderten Umstände anzupassen und so Ungerechtigkeiten, welche sich aufgrund einer Änderung der dem Vertrag zugrundeliegenden Umstände ergeben haben, zu bereinigen.[474] Entgegen der ergänzenden Vertragsauslegung, bei welcher zwar der Text des Vertrages geändert wird, nicht aber der dem Vertrag immanente Sinngehalt, wird bei der Anwendung der Lehre von der Geschäftsgrundlage der Sinngehalt des Vertrages geändert. Damit kann man - entgegen der Auffassung von Nicklisch - nicht davon ausgehen, daß es sich um ein einheitliches Institut der Lückenfüllung handelt.

Nach h.L. ist zwar das Vorliegen einer Lücke in der vertraglichen Regelung Voraussetzung der ergänzenden Vertragsauslegung. Auch die Lehre von der Geschäftsgrundlage setzt voraus, daß keine vertragliche Regelung besteht. Insoweit kann man auch bei der Lehre von der Geschäftsgrundlage von einer Lücke sprechen. Trotzdem besteht zwischen beiden „Lücken" ein Unterschied. Während die Lücke bei der ergänzenden Vertragsauslegung in dem Vertragstext bestehen muß, muß bei Anwendung der Lehre von der Geschäftsgrundlage im Vertrag, wie er sich nach der Auslegung - also auch der ergänzenden Vertragsauslegung - darstellt, eine Regelung fehlen.[475] Es muß also nicht nur die Sinnform unvollständig sein, sondern auch der Sinngehalt des Vertrages. Haben die Parteien im Vertrag, so wie er sich nach Anwendung der ergänzenden Vertragsauslegung darstellt, eine Regelung für eine bestimmte Situation getroffen, bleibt für die Lehre von der Geschäftsgrundlage kein Raum. Diese setzt nämlich gerade das Vorliegen oder die Veränderung von Umständen voraus, welche bei Vertragsabschluß nicht berücksichtigt worden sind.

Auch der Auffassung von Brox, welcher die ergänzende Vertragsauslegung als Rechtsfolge der Lehre von der Geschäftsgrundlage ansieht, kann damit nicht gefolgt werden. Denn ergänzende Vertragsauslegung und die Lehre von der Geschäftsgrundlage sind unterschiedliche Rechtsinstitute. Betrachtet man allerdings

474 Vgl. § 4 II 1a.

475 Chiotellis, S. 25, spricht insoweit von einer "Doppellücke", da neben dem Fehlen einer vertraglichen Regelung auch eine gesetzliche Regelung nicht vorliegen darf.

beide „Rechtsinstitute“ nur vom Ergebnis her, ist die Auffassung von Brox nachvollziehbar. Denn auch bei der Lehre von der Geschäftsgrundlage ist die Anpassung unter Beachtung der vertraglichen Regeln vorzunehmen,[476] da es darum geht, den schwächstmöglichen Eingriff in die eingegangenen Verpflichtungen vorzunehmen. Dabei darf sich allerdings bei der Anwendung der Lehre von der Geschäftsgrundlage die Lösung nicht aus dem Vertrag selbst ergeben, d.h. es darf kein Anhaltspunkt im Vertrag selbst vorliegen, welcher „zu Ende” gedacht werden kann, da dann der Bereich der ergänzenden Vertragsauslegung eröffnet wäre.

Trotzdem ist die Frage, ob die Lehre von der Geschäftsgrundlage neben der ergänzenden Vertragsauslegung noch ein eigenständiges Rechtsinstitut ist, nicht unberechtigt. Für die Lehre von der Geschäftsgrundlage wäre nämlich kein Platz, wenn alle Fälle, welche die Lehre von der Geschäftsgrundlage regelt, bereits von der ergänzenden Vertragsauslegung erfaßt werden würden. Da die ergänzende Vertragsauslegung Teil der Auslegung ist, geht sie der Lehre von der Geschäftsgrundlage vor.[477] Entscheidend für die Anwendbarkeit der Lehre von der Geschäftsgrundlage ist demnach, daß es Fälle gibt, in denen eine ergänzende Vertragsauslegung nicht in Betracht kommt. Es muß also Fälle geben, bei welchen die Voraussetzungen der ergänzenden Vertragsauslegung nicht eingreifen, wohl aber die der Lehre von der Geschäftsgrundlage, d.h. daß ein Vertrag auch nach einer eventuell vorgenommenen ergänzenden Vertragsauslegung wegen des Fehlens bzw. Wegfalls eines Umstandes einer Anpassung mittels der Anwendung der Lehre von der Geschäftsgrundlage bedarf.

3) Die Lücke im Vertrag

Die erste Voraussetzung der ergänzenden Vertragsauslegung ist nach herrschender Lehre das Bestehen einer Regelungslücke im Vertrag.[478] Dabei soll eine Re-

---

476 Roth in MünchKomm, § 242, Rn. 545; Teichmann in Soergel, § 242, Rn. 223; Chiotellis, S. 45; so im Ergebnis auch Medicus, FS Flume I, 629, 637.

477 So auch BGH NJW 1984, 1177, 1178; BGHZ 81, 135, 143; Larenz/Wolf, AT, § 38 VI 2a, Rn. 54; Werner in Erman, § 242, Rn. 169; Manfred Wolf in Soergel, § 157, Rn. 108; Huber, JuS 1972, 57, 65.

478 Heinrichs in Palandt, § 157, Rn. 3; Hart in AK, §§ 133/157, Rn. 50; Mayer-Maly in MünchKomm, § 157, Rn. 29; Manfred Wolf in Soergel, § 157, Rn. 123; Piper in RGRK, § 157, Rn. 99; Hefermehl in Erman, § 157, Rn. 17; Roth in Staudinger, § 157, Rn. 15; Larenz, AT, § 29 I (S. 538); ders., 25 Jahre Karlsruher Forum, 156, 158; Brox, AT, Rn. 137; Köhler, AT, § 16 V 2, Rn. 19; Hübner, AT, Rn. 1030; RGZ 87, 211, 213; 92, 318, 320; 129, 80, 88; 136, 178, 185; BGHZ 9, 273, 277f.; 16, 71, 76; 23, 282, 285; 40, 91, 103; 77, 301, 304; 84, 1, 7; BGH NJW 1965, 1960; 1975, 1116, 1117; 1985, 480, 481; 1985, 1835, 1836; 1990, 1723, 1724; 1994, 1008,

gelungslücke nur dann bestehen, falls der Vertrag „innerhalb der wirklich gewollten Vereinbarungen der Parteien eine planwidrige Unvollständigkeit aufweist".[479] Fraglich ist jedoch, wann solch eine planwidrige Unvollständigkeit vorliegt.

a) Der Vertragszweck als Anhaltspunkt für die Vertragslücke

Der BGH[480] stellt im Zusammenhang mit der Bestimmung der planwidrigen Unvollständigkeit bei der ergänzenden Vertragsauslegung teilweise auf den Zweck des Vertrages ab. Fraglich ist jedoch, was unter dem Vertragszweck zu verstehen ist und ob daraus auf eine Lücke im Vertrag geschlossen werden kann. In seinen Entscheidungen geht der BGH darauf nicht weiter ein.

aa) Der Begriff des Vertragszwecks

Nach Beuthien muß der Vertragszweck Vertragsinhalt geworden sein, damit er für die ergänzende Vertragsauslegung aussagekräftig ist.[481] Dabei ist er der Auffassung, daß - bei einem Austauschvertrag - die Parteien von unterschiedlichen Zweckvorstellungen ausgehen. Auch kann nach Beuthien unter den Vertragszweck nicht der Austauschzweck fallen, da dieser lediglich formaler Natur und aussageschwach ist. Vertragszweck kann nicht ein den beiden Beteiligten gemeinsamer Geschäftszweck, sondern nur „ein den Vertragstyp besonders prägender Geschäftszweck einer Partei sein, regelmäßig der des Sachleistungsgläubigers".[482] Beuthien geht davon aus, daß bestimmte Geschäftszwecke des Sachleistungsgläubigers derart Leistungsinhalt werden können, daß der Schuldner diese Zwecke zwar nicht zu verwirklichen, die Leistung aber so zu erbringen hat, daß sie zur Erreichung des Zweckes geeignet ist. Ob eine Leistung solcherart von einem Zweck abhängt, entscheidet sich aufgrund des Parteiwillens, wobei sich die-

---

1011; BGH WM 1967, 1147, 1148; 1969, 1323, 1324; 1976, 251, 252f; a.A. Lüderitz, S. 406; Sonnenberger, S. 165.

479 BGHZ 90, 69, 73f; BGH NJW-RR 1990, 817, 818; 1991, 176, 177; BGH WM 1993, 1668; BGH BB 1994, 2234, 2235; Hefermehl in Erman, § 157, Rn. 17; Larenz, NJW 1963, 737, 738; gegen diesen Begriff Roth in Staudinger, § 157, Rn. 15, da auch bewußte Lücken im Vertrag möglich sind.

480 BGHZ 9, 273, 277: "Bei dieser Rechtslage ist es unter Anwendung des § 157 BGB erforderlich, den gesamten Vertragszweck und Vertragsinhalt unter Berücksichtigung des erklärten Parteiwillens und unter Berücksichtigung von Treu und Glauben zu ermitteln"; ähnlich auch BGHZ 16, 71, 76; 29, 107, 110; 56, 269, 273; BGH NJW 1963, 2071, 2074.

481 Beuthien, S. 52.

482 Beuthien, S. 53.

ser häufig nur aus den Begleitumständen und vom Vertragstyp her ermitteln läßt.[483]

Eine ähnliche Auffassung vertritt auch Larenz. Nach ihm ist der nächste unmittelbare Zweck einer jeden Vertragspartei bei einem gegenseitigen Vertrag, die Gegenleistung zu erhalten. Dieser Zweck ist Vertragszweck, da „jede Partei insoweit den Zweck der anderen mit herbeiführen muß, um den eigenen zu erreichen".[484] Daneben verfolgt aber jede Partei bei Abschluß des Vertrages noch weitere Zwecke. Selbst wenn der Vertragspartner diese weiteren Zwecke der Partei kennt, muß er keine Rücksicht auf sie nehmen, da sie nicht Vertragsinhalt sind.[485] Eine Ausnahme ist davon nach Larenz nur zu machen, falls ein Vertragspartner sich den weiteren Zweck des anderen „zu eigen" macht. Dabei muß der betreffende Zweck nicht ausdrücklich im Vertrag genannt werden. Es ist ausreichend, wenn er bei Abschluß des Vertrages von beiden Parteien berücksichtigt und damit zumindest mittelbar im Vertragsinhalt zum Ausdruck kommt. Der Zweck, den eine Vertragspartei mit dem Vertrag verbindet, ist nach Larenz dann Vertragszweck, „wenn er den Inhalt der Leistung oder den Umfang der Berechtigung bestimmen soll, wenn die Höhe der Gegenleistung mit Rücksicht gerade auf diesen Zweck festgesetzt worden ist, oder wenn ein gemeinsames Interesse beider Parteien an seiner Erreichung besteht. Der Zweck muß ferner für das Geschäft in dem Sinne wesentlich sein, daß er nicht, ohne daß das Geschäft seinen Charakter ändert, durch einen anderen ersetzt werden kann".[486]

Auch Köhler unterscheidet zwischen dem unmittelbaren Zweck und den weiteren Zwecken. Dabei handelt es sich nach seiner Auffassung bei beiden Arten von Zwecken nicht um die Zwecke des Vertrages, sondern um die individuellen Zwecke der Parteien.[487] Der unmittelbare Zweck ergibt sich aus dem Interesse an dem Erhalt der Leistung.[488] Da die Parteien in der Regel die Leistung nicht um ihrer selbst willen erhalten möchten, sondern damit ein weiteres Interesse verfolgen, ergeben sich daraus die weiteren Zwecke.[489]

Flume ist der Auffassung, daß es - außer bei den Gesellschaftsverträgen - einen Vertragszweck, welcher neben der Vereinbarung von Leistung und Gegenleistung besteht, nicht gibt. Solche Zwecke seien nur die selbständigen Zwecke einer oder beider Vertragsparteien.[490]

---

483 Beuthien, S. 183f; zustimmend Esser/Eike Schmidt, § 5 IV 2 (S. 97).
484 Larenz, Geschäftsgrundlage, S. 104f; Larenz/Wolf, AT, § 23 IV 1a, Rn. 62.
485 Larenz, Geschäftsgrundlage, S. 105.
486 Larenz, a.a.O., S. 107.
487 Köhler, Geschäftsgrundlage, S. 7.
488 Köhler, a.a.O., S. 8 in Anlehnung an Larenz, AT, § 2 V (S. 28).
489 Köhler, Geschäftsgrundlage, S. 8.
490 Flume, AT II, § 26, 5b (S. 513).

bb) Die Eignung des Vertragszwecks zur Bestimmung der Vertragslücke

Betrachtet man diese Darstellungen über den Vertragszweck, ist es für Austauschverträge umstritten, ob es einen Vertragszweck, welcher Inhalt des Vertrages ist, überhaupt gibt, oder ob damit nicht lediglich die unterschiedlichen individuellen Zwecksetzungen der Vertragsparteien gemeint sind.

Bei einem Austauschvertrag ist das Ziel der Parteien, die jeweilige Gegenleistung des Vertragspartners zu erhalten. Insoweit kann man die gegenseitige Erfüllung als Vertragszweck betrachten. Dieser Zweck besagt aber nur, daß Verträge, so wie sie geschlossen wurden, zu erfüllen sind und ist demzufolge für die ergänzende Vertragsauslegung nicht aussagekräftig. Die weitergehenden Zwecke der Vertragsparteien sind nicht Vertragsinhalt und tangieren somit die anderen Vertragspartner nicht, außer es besteht diesbezüglich eine ausdrückliche Vereinbarung im Vertrag. Geht man nun davon aus, daß diese Zwecke nicht Vertragsinhalt sind, ist eine Bestimmung der Vertragslücke aufgrund dieser Zwecke problematisch, da es sich bei einer Lücke um eine planwidrige Unvollständigkeit des Vertrages handelt und die Lücke - im Wege der erläuternden Auslegung - sich aus dem Vertrag ergeben muß, nicht aber aus den außerhalb des Vertrages liegenden individuellen Zwecken der Vertragsparteien.

Entscheidend für die Ablehnung des Vertragszwecks zur Lückenbestimmung, so man diesen bei Austauschverträgen überhaupt - wie Beuthien als den Vertrag prägender Geschäftszweck einer Partei - anerkennt, ist aber folgende Überlegung. Jeder Vertrag läßt sich in zwei Bereiche aufteilen: einmal in den Bereich, welcher die Erfüllung des Vertrages betrifft und zum anderen in den Bereich, welcher die Vertragsstörungen umfaßt. Der Vertragszweck dient aber nur dem Interesse der Vertragsparteien bei der Erfüllung der Primärleistungspflichten des Vertrages, und auch nur insoweit, wie diese den Vertragsablauf bestimmen, ist der Vertragszweck aussagekräftig. So können Verhaltenspflichten der Vertragsparteien davon abhängen, welchen Zweck der Sachleistungsgläubiger verfolgt.[491] Gerade bei komplizierteren Vertragswerken haben die Vertragsparteien aber oftmals Vertragsbestandteile ohne Rücksicht auf einen eventuellen Vertragszweck festgelegt. Über die Konsequenzen, welche sich aus einer Störung dieser Vertragsbestandteile ergeben, sagt der Vertragszweck nichts aus.[492] Eine Vertragslücke kann aber auch in diesem Bereich des Vertrages auftreten, welcher ohne Berücksichtigung eines eventuellen Vertragszwecks vereinbart wurde. In diesem Bereich läßt sich

491 So ein Beispiel nach Köhler, Geschäftsgrundlage, S. 125, wonach bei einer Bäckereipacht der Verpächter nicht in unmittelbarer Nähe eine neue Bäckerei eröffnen kann, da dies dem Zweck des Pachtvertrages zuwiederlaufen würde.

492 So auch Koller, S. 36.

damit jedoch nicht mittels des Vertragszwecks feststellen, ob eine Lücke vorliegt oder nicht.

Dagegen kann auch nicht eingewandt werden, daß im Bereich der Vertragsstörungen in der Regel das dispositve Gesetzesrecht eingreift. Schon die Abgrenzung zwischen der ergänzenden Vertragsauslegung und der Schließung von Regelungslücken im Vertrag mittels dispositivem Gesetzesrecht ist umstritten.[493] Auch wenn man das dispositive Recht anwenden möchte, muß man also zuerst feststellen, ob ein Lücke besteht. Beide setzen jedoch voraus, daß eine Lücke im Vertrag besteht, welche geschlossen werden muß.[494] Der Streit um die Abgrenzung von ergänzender Vertragsauslegung und Anwendung des dispositiven Gesetzesrechts betrifft nur die Ausfüllung einer bereits festgestellten Lücke, nicht aber die Feststellung derselben.

Etwas anderes ergibt sich auch nicht für die Feststellung von Lücken bei Gesellschaftsverträgen. Zwar verpflichten sich die Parteien insoweit zur Förderung eines gemeinsamen Zwecks, so daß ein dem Gesellschaftsvertrag immanenter Vertragszweck vorliegt. Jedoch spricht auch hier die gleiche Problematik wie schon bei den Austauschverträgen gegen den Vertragszweck als geeignetes Mittel zur Feststellung der Lücken im Vertrag. Auch hier läßt sich aus dem Vertragszweck nicht immer erkennen, ob im Bereich der Vertragsstörungen die Regelung lückenhaft ist oder nicht.

Als Beispiel läßt sich eine Entscheidung des BGH[495] anführen, wo nach Auffassung des BGH eine lückenhafte vertragliche Regelung über die Aufteilung des Gesellschaftsvermögens vorlag. Aus dem Zweck der Gesellschaft, welcher in dem Urteil nicht genannt wird, läßt sich nicht schließen, ob die vertragliche Regelung über die Aufteilung des Gesellschaftsvermögens vollständig ist oder nicht.

Aber auch die nach der neuen Auffassung des BGH vorliegende Lückenhaftigkeit der Buchwertklausel läßt sich nicht mittels des Zwecks der Gesellschaft feststellen, sondern selbst nach dem BGH[496] ist entscheidend, „ob die Parteien, wenn sie bei Vertragsschluß die spätere Entwicklung der Verhältnisse in Betracht gezogen hätten, es gleichwohl bei der vereinbarten Regelung belassen, oder ob sie bei einer angemessenen Abwägung ihrer Interessen nach Treu und Glauben

---

493 Vgl. dafür Mayer-Maly in MünchKomm, § 157, Rn. 37f.; Manfred Wolf in Soergel, § 157, Rn. 109; Hefermehl in Erman, § 157, Rn. 20, jeweils m. w. N.; die herrschende Lehre geht davon aus, daß die Parteien einen Bereich, welchen sie nicht geregelt haben, dem dispositivem Gesetzesrecht überlassen wollen, außer es ergibt sich aus dem lückenhaften Rechtsgeschäft, daß die Parteien die dispositive gesetzliche Regelung nicht wollen.

494 Heinrichs in Palandt, § 157, Rn. 4; Manfred Wolf in Soergel, § 157, Rn. 109.

495 BGHZ 9, 273ff., vgl. dazu § 2 II 2 a.

496 BGHZ 123, 281, 285.

als redliche Vertragspartner jener Entwicklung durch eine anderweitige vertragliche Bestimmung Rechnung getragen hätten. Führt eine solche Prüfung zu dem Ergebnis, daß letzteres zu bejahen ist," liegt eine Lücke vor. Entscheidend ist für den BGH bei der Feststellung der Lücke, ob die konkrete Buchwertklausel abschließend ist, nicht aber, welchen Zweck die Gesellschaft hat.

b) Die Vervollständigungsbedürftigkeit als Anhaltspunkt für die Vertragslücke

Die Rechtsprechung[497] stellt zur Feststellung einer Lücke im Vertrag in ihren neueren Urteilen auf die Vervollständigungsbedürftigkeit ab. Demnach liegt eine Lücke vor, "wenn der Regelungsplan der Parteien vervollständigungsbedürftig ist, mithin ohne diese Vervollständigung eine angemessene, interessengerechte Lösung nicht zu erzielen wäre".[498] Die Rechtsprechung verwendet mit dem Begriff des Regelungsplans den gleichen Begriff wie Larenz. Während Larenz jedoch davon ausgeht, daß die vertragliche Vereinbarung unvollständig ist und mittels des dem Vertrag zugrunde liegenden vollständigen Regelungsplans ergänzt werden muß,[499] ist nach der Rechtsprechung der Regelungsplan selbst vervollständigungsbedürftig.

Fraglich ist, was die Rechtsprechung unter dem Begriff Regelungsplan versteht und in welchem Verhältnis Regelungsplan und Vertrag sich zueinander befinden. Der Regelungsplan ist nach der Rechtsprechung selbst vervollständigungsbedürftig, genau wie die von den Parteien tatsächlich geschlossene vertragliche Regelung. Sind beide vervollständigungsbedürftig, ist nicht ersichtlich, worin der Unterschied zwischen Regelungsplan und der vertraglichen Regelung bestehen soll. Somit muß man davon ausgehen, daß für die Rechtsprechung der Begriff des Regelungsplans identisch ist mit dem der vertraglichen Vereinbarung.

Ist davon auszugehen, daß der von der Rechtsprechung verwandte Begriff des Regelungsplans und die tatsächlich bestehende vertragliche Vereinbarung identisch sind, liegt Vervollständigungsbedürftigkeit des Vertrages nach der Rechtsprechung vor, falls sich aus dem vertraglichen Wortlaut keine interessengerechte Lösung erzielen läßt. Es ist also nach den Grundsätzen der erläuternden Ausle-

---

497 BGHZ 90, 69, 74; BGH NJW 1993, 2935, 2937.

498 BGH NJW 1990, 115, 116; 1993, 2935, 2937; BGHZ 90, 69, 74; Ähnlich auch schon BGH WM 1969, 1237, 1238, wonach eine Lücke voraussetzt, "daß das Vertragswerk einen offengebliebenen, der Regelung bedürftigen Punkt enthält, dessen Ergänzung zwingend und selbstverständlich geboten ist, um einen offenen Widerspruch zwischen der tatsächlich entstandenen Lage und dem vertraglich Vereinbarten zu beseitigen".

499 Vgl. dazu ausführlich § 4 I 2.

gung festzustellen, ob sich aus dem bestehenden Vertragswortlaut eine interessengerechte Lösung ergibt. Bei dem Begriff interessengerechte Lösung ist aber immer auf die Interessen der Vertragsparteien abzustellen, nicht auf das objektive Interesse, da der Vertrag eine Regelung zwischen den Vertragsparteien darstellt und somit deren Vorstellungen entscheidend sind. Dabei ist der Begriff interessengerechte Lösung im Zusammenhang mit der Vertragsauslegung mißverständlich. Entscheidend für die Auslegung ist nicht, ob ein - wenn auch subjektives - interessengerechtes Ergebnis sich ergibt, sondern was die Parteien tatsächlich vertraglich vereinbart haben, wobei allerdings gemäß §§ 133, 157 BGB nach dem objektiven Empfängerhorizont auszulegen ist. Eine für die Parteien interessengerechte Lösung fehlt dann, wenn die Parteien einen bestimmten regelungsbedürftigen Punkt im Vertrag nicht bedacht haben, außer die Parteien haben die im Vertrag getroffene Regelungen bewußt als abschließend angesehen.[500] Somit ist die neuere Rechtsprechung wohl dahingehend auszulegen, daß eine Lücke im Vertrag vorliegt, falls ein Punkt nicht geregelt wurde, außer die getroffenen Regelungen sollten bewußt abschließend sein.

c) Der Begriff der Gesetzeslücke als Anhaltspunkt für das Bestehen einer Vertragslücke

aa) Gesetzes- und Vertragslücke

Nach Larenz liegt eine planwidrige Unvollständigkeit und somit eine Lücke dann vor, „wenn etwas fehlt, was eigentlich da sein sollte".[501] Für die Bestimmung der Vertragslücke möchte Larenz auf den Begriff der Gesetzeslücke[502] zurückgreifen und diesen auf den Vertrag übertragen.[503]

Nach Larenz/Canaris[504] liegt eine Gesetzeslücke nicht automatisch vor, wenn das Gesetz, daß heißt "die Gesamtheit der in den Gesetzen oder im Gewohnheitsrecht gegebenen, der Anwendung fähigen Rechtsregeln", für eine bestimmte Problematik, welche innerhalb des von diesem Gesetz geregelten Bereichs liegt, keine Regel enthält, also "schweigt". Hat der Gesetzgeber bewußt diese Problematik nicht geregelt, liegt keine Lücke vor, welche mittels Analogie geschlossen werden könnte.[505] Eine Lücke im Gesetz weist auf eine Unvollständigkeit hin. Sie

500 BGH NJW 1985, 1835, 1836.
501 Larenz, 25 Jahre Karlsruher Forum, 156, 160.
502 Die Feststellung einer Lücke im Gesetz ist eine Voraussetzung der ergänzenden Rechtsfindung; vgl. Bydlinski, Methodenlehre, S. 473.
503 Larenz, NJW 1963, 737, 738.
504 Larenz/Canaris, Methodenlehre, S. 191.
505 Bydlinski, Methodenlehre, S. 475; Canaris, Lücken, S. 40ff.

kommt nur in Betracht, wenn der Gesetzgeber für einen bestimmten Bereich eine "einigermaßen vollständige Regelung" angestrebt hat.[506] Ob eine Lücke vorliegt, beurteilt sich also aus dem Gesetz selbst, aus der diesem zugrundeliegenden Regelungsabsicht, dem Plan des Gesetzgebers.[507] Eine Lücke ist also dann gegeben, „wenn das Gesetz innerhalb der Grenzen seines möglichen Wortsinnes und das Gewohnheitsrecht eine Regelung nicht enthält, obwohl die Rechtsordnung in ihrer Gesamtheit eine solche fordert".[508]

Dabei unterscheiden Larenz/Canaris[509] zwischen zwei Arten von Lücken: Einmal liegt eine Lücke vor, wenn eine einzelne Norm in sich unvollständig ist, also bereits ihrem Wortlaut nach „keine vollständige Verhaltenslinie gibt"[510]. Eine Anwendung dieser Norm setzt voraus, daß ihr eine andere Bestimmung beigefügt wird.[511]

Eine Lücke liegt aber auch dann vor, wenn nicht die einzelne Norm, sondern "eine Regelung im ganzen unvollständig ist, das heißt, sie enthält keine Regel für eine solche Frage, die nach der zugrundeliegenden Regelungsabsicht einer Regelung bedarf".[512]

Voraussetzung dafür, daß der Begriff der Gesetzeslücke auf den Vertrag angewandt werden kann, ist, daß auch der Vertrag als Regelung angesehen wird. Eine Regelung liegt dann vor, wenn Normen aufgestellt und in Kraft gesetzt werden, welche fortan innerhalb eines bestimmten Geltungsbereichs Geltung beanspruchen.[513] Nach Larenz ist ein Vertrag deshalb als Regelung anzusehen, weil die Parteien damit in ihrem gegenseitigen Verhältnis Rechte und Pflichten festlegen und diese auch in Geltung setzen.

---

506 Larenz/Canaris, Methodenlehre, S. 192; Canaris, Lücken, S. 16.

507 Larenz/Canaris, Methodenlehre, S. 194.

508 Canaris, Lücken, S. 39.

509 Larenz/Canaris, S. 193f.; so auch Zippelius, § 11 I, wobei dieser aber die Begriffe Formulierungs- und Wertungslücke gebraucht. Daneben verwenden manche Autoren noch den Begriff der Rechtslücke. Darunter fällt nach Larenz, Methodenlehre, S. 375, der Fall, daß nicht ein einzelnes Gesetz in sich, also nach seinem Regelungsplan unvollständig ist, sondern die Rechtsordnung als solche, weil sie einen ganzen Bereich, welcher einer Regelung bedarf, nicht mit Gesetzen ausfüllte, bzw. ein Rechtsinstitut nicht enthält, welches die Rechtsordnung mit Rücksicht auf ein unabweisbares Verkehrsbedürfnis oder ein vom allgemeinen Rechtsbewußtsein bejahtes Rechtsprinzip enthalten sollte. Vgl. dazu Pawlowski, Methodenlehre, Rn. 472ff. und mit ablehnender Anmerkung Larenz, Methodenlehre, 370ff.

510 Zippelius, § 11 I a.

511 Sog. Normlücken, ein Beispiel ist § 904 S. 2 BGB, aus welchem nicht ersichtlich ist, wer Ersatz leisten muß: der Einwirkende oder der Begünstigte.

512 Sog. Regelungslücken.

513 Larenz, NJW 1963, 737, 738.

Da nun der Vertrag wie das Gesetz eine Regelung ist, ist auch die Vertragslücke - wie die Gesetzeslücke - eine "planwidrige" Unvollständigkeit der von den Parteien im Vertrage getroffenen Regelung.[514] Ebenso wie dem Gesetz liegt nach Larenz auch dem Vertrag ein von beiden Vertragsparteien "gebildeter Regelungsplan" zugrunde. Die Parteien verfolgen zwar im Zusammenhang mit dem Abschluß eines Vertrages jeweils ihre eigenen Zwecke, welche sich auch konträr zueinander verhalten können. Larenz ist jedoch der Auffassung, daß sich diese "individuellen Zwecke, damit ein Vertrag zustande kommt, irgendwie treffen, und das, worin sie sich treffen, woraus sich die von ihnen gesetzte Regelung im einzelnen ergibt, ist der dem Vertrag zugrundeliegende, von beiden gebildete Regelungsplan. Bei einem Austauschvertrag etwa umfaßt er wenigstens den Austauschzweck, sowie Art, Gegenstand oder Umfang der auszutauschenden Leistungen", nicht aber die Einzelheiten der Durchführung.[515] Eine Vertragslücke liegt demzufolge vor, wenn die von den Parteien getroffene Regelung weniger umfaßt als der dieser Regelung zugrundeliegende Regelungsplan.

bb) Kritik

Fraglich ist zuerst, ob der Regelungsplan des Vertrages gleichbedeutend ist mit dem Vertragszweck. Dagegen spricht die von Larenz gewählte Terminologie. Denn während er im Zusammenhang mit der Feststellung von Lücken den Begriff des Regelungsplanes verwendet, benutzt er bei anderer Gelegenheit explizit den Begriff des Vertragszweckes.[516] Diese unterschiedliche Terminologie findet sich nicht nur im Bereich der Verträge, sondern auch bei der Auslegung von Gesetzen. Bei den Gesetzeslücken spricht Larenz von dem, dem Gesetz zugrundeliegenden Regelungsplan, welcher aus dem Gesetz selbst im Wege der historischen und teleologischen Auslegung zu ermitteln ist[517], während das Kriterium der teleologischen Auslegung die "erkennbaren Zwecke und die Grundgedanken einer Regelung sind".[518] Damit ist also der Gesetzeszweck ein Kriterium zur Bestimmung des dem Gesetz zugrundeliegenden Regelungsplans, das heißt, der Regelungsplan berücksichtigt zwar den Gesetzeszweck, ist aber umfassender als dieser. Da Larenz diese für die Gesetze geltende Unterscheidung auf die Verträge anwendet, muß diese Unterscheidung demzufolge auch insoweit gelten.

---

514 Larenz, NJW 1963, 737, 738.
515 Larenz, 25 Jahre Karlsruher Forum, 156, 160; ders., Geschäftsgrundlage, S. 107; ähnlich auch Larenz/Wolf, AT, § 28 VIII 3d, Rn. 114.
516 Larenz, Geschäftsgrundlage, S. 104f.
517 Larenz, Methodenlehre, S. 373.
518 Larenz, a.a.O., S. 332.

Die Übertragung der Grundsätze der Gesetzeslücke auf die vertragliche Vereinbarung und die Lücke im Vertrag setzt voraus, daß man den Vertragsparteien - ebenso wie dem Gesetzgeber bei den Gesetzen - eine dem Vertrag zugrundeliegende Regelungsabsicht, Larenz spricht im Zusammenhang mit den Verträgen von einem Regelungsplan, zugesteht. Zwischen Verträgen und Gesetzen besteht jedoch ein gravierender Unterschied. So ergibt sich der Regelungsplan des Gesetzes aus der historischen und teleologischen Auslegung. Ziel der erstgenannten Auslegungsart ist die Festlegung der Absicht des Gesetzgebers, also die Zwecke und Vorstellungen, welche der Gesetzgeber bei Erlaß des Gesetzes verfolgte.[519] Die teleologische Auslegung dient dagegen der Erforschung der ratio legis des Gesetzes, nicht des Gesetzgebers.[520] "Die einzelne Regelung ist im Rahmen ihres Wortsinns und in Übereinstimmung mit dem Bedeutungszusammenhang des Gesetzes in dem Sinn auszulegen, der den Zwecken der gesetzlichen Regelung und dem Rangverhältnis der Zwecke optimal entspricht."[521] Der Regelungsplan des Gesetzes ergibt sich nach Larenz also durch die Zwecke des Gesetzgebers und den Zwecken, welche dem Gesetz "in der ihm eigenen Vernünftigkeit" zugrunde liegen.

Im Gegensatz zu den Gesetzen, welche eine eigene, vom Gesetzgeber unabhängige ratio haben können, ist eine von den Vertragsparteien unabhängige ratio bei Verträgen nicht möglich. Denn Verträge sind gerade Vereinbarungen zwischen den Vertragsparteien und regeln nur das Verhältnis zwischen diesen, nicht aber der Allgemeinheit. Auch Larenz geht davon aus, wenn er schreibt, daß der Regelungsplan sich aus dem "Treffpunkt" der individuellen Zwecke ergibt.[522] Entscheidend bei der Festlegung des Regelungsplans der Verträge sind nach Larenz demzufolge die Zwecke der Vertragsparteien. Jedoch kann Larenz selbst insoweit nicht gefolgt werden. Allen Austauschverträgen immanent ist der Austauschzweck. Dieser Zweck besagt aber nur, daß die Vertragspartner ihre Leistung erbringen, um die Gegenleistung zu erhalten. Einen weitergehenden Inhalt hat dieser Zweck nicht. Lediglich aus der gemeinsamen Erwartung der Vertragsparteien, die jeweilige Gegenleistung zu erhalten, läßt sich jedoch nicht ein dem Vertrag zugrundeliegender Regelungsplan ableiten, da dieser Zweck für die inhaltliche Ausgestaltung des Vertrages zu aussageschwach ist.

Neben diesem Austauschzweck gibt es aber noch weitere Zwecke der Vertragsparteien, welche aber in der Regel nicht Vertragsinhalt sind. Auch diese Zwecke sind ungeeignet, um daraus einen gemeinsamen Regelungsplan zu ent-

519 Bydlinski, Methodenlehre, S. 451; Larenz, Methodenlehre, S. 328.
520 Larenz, Methodenlehre, S. 332.
521 Larenz, a.a.O., S. 332.
522 Larenz, Geschäftsgrundlage, S. 107; ders., 25 Jahre Karlruher Forum, 156, 160.

wickeln. Denn auf die individuellen Zwecke einer Vertragspartei braucht der Vertragspartner keine Rücksicht nehmen. Schließt man nun aus diesen individuellen Zwecken auf einen Regelungsplan der Vertragsparteien, so hätten diese individuellen Zwecke - obwohl nicht Vertragsinhalt geworden - dennoch Auswirkungen auf den Vertrag. Ferner ist nicht ersichtlich, wo sich diese Zwecke treffen sollen. Kauft jemand beispielsweise einen Wagen, um diesen seinem Kind zu schenken, und wird der Wagen vom Verkäufer verkauft, weil dieser eine Weltreise finanzieren möchte, so erbringt jeder seine Leistung um der Gegenleistung willen. Ein "Treffpunkt" der weiteren Zwecke - Beschenkung des Kindes und Finanzierung der Weltreise - ist nicht ersichtlich.

Aber selbst, wenn die individuellen Vertragszwecke Berücksichtigung im Vertrag gefunden haben sollten, läßt sich daraus nicht auf einen Regelungsplan schließen. Denn auch die Autoren,[523] welche anerkennen, daß die individuellen Vertragszwecke Vertragsinhalt sein können, gestehen doch zu, daß diese Fälle die Ausnahme darstellen. Ist der Vertragszweck aber nur ausnahmsweise Vertragsinhalt, kann daraus nicht auf den Regelungsplan geschlossen werden, da dieser allen Verträgen zugrunde liegen soll, das heißt auch solchen, bei denen kein Vertragszweck besteht.

Der Regelungsplan, so wie Larenz diesen Begriff verwendet, ist nicht existent. Es gibt außer dem Vertrag, wie in die Parteien abgeschlossen haben, keine weitere von den Parteien in irgendeiner Art und Weise übereinstimmend vereinbarte Regelung, die der eigentlichen vertraglichen Regelung zugrunde liegt. Die Parteien haben nur den Vertrag abgeschlossen. Alle Versuche, einen dem Vertrag zugrundeliegenden Regelungsplan herzuleiten, müssen fehlschlagen, denn es gibt keine zwischen den Parteien vereinbarten Kriterien, aufgrund welcher solch ein Regelungsplan erstellt werden könnte. Das Kriterium des Regelungsplans ist damit ungeeignet, um das Vorliegen einer Lücke im Vertrag zu bestimmen.

d) *Der Vertrag als umfassendes Funktionsschema*

aa) *Das Funktionsschema*

Pawlowski sieht den Vertragstext als besonderes Gesetz (lex contractus) an, welches das Vertragsverhältnis voll und ganz bestimmt, wobei „er (der Vertragstext, Anm. d. Verf.) teils durch die dispositiven Normen des Gesetzes und teils durch eine ausdehnende (extensive) Auslegung seiner eigenen Vorschriften ersetzt wird“. Pawlowski möchte ein Funktionsschema des Vertrages entwickeln und "die lückenhafte Regelung des Vertrages um die Abreden (Regelungen) ergän-

---

523 Larenz und Beuthien, vgl. § 4 II 3 a, aa.

zen, die sich am besten in das bestehende Funktionsschema einpassen lassen".[524] Bei der Ergänzung des Vertragstextes ist der Vertragszweck, "so wie er sich nach dem "Vertragstext" darstellt, der nach § 133 zu ermitteln ist", entscheidend.[525] Ähnlich argumentiert auch Mayer-Maly[526], welcher eine Vertragslücke bei einem Vergleich zwischen dem vorhandenen Vertrag mit einem „vollständigen und richtigen Regelungsgefüge" feststellen möchte.

bb) Kritik

Weder Pawlowski noch Mayer-Maly legen dar, woraus man das Funktionsschema bzw. das vollständige Regelungsgefüge ableiten kann. Eine Ableitung aus dem konkreten Vertrag und eine damit subjektive Bestimmung des Funktionsschemas bzw. des Regelungsgefüges ist nicht möglich. Um nämlich festzustellen, was ein vollständiges Funktionsschema bzw. Regelungsgefüge ist, müßte man bei einer Ableitung aus dem Vertrag zuerst feststellen, ob der Vertrag umfassend, also mit dem vollständigen Funktionsschema bzw. Regelungsgefüge identisch ist, oder ob der Vertrag teilweise unvollständig ist, um dann aus diesem unvollständigen Vertrag ein vollständiges Funktionsschema bzw. Regelungsgefüge zu entwickeln. Schon auf dieser Stufe, das heißt bei der Entwicklung des Funktionsschemas bzw. des Regelungsgefüges müßte man also entscheiden, ob der Vertrag unvollständig ist, also eine Lücke aufweist. Entwickelt man also das Funktionsschema bzw. Regelungsgefüge aus dem Vertrag, muß man schon dabei festlegen, ob der Vertrag eine Lücke hat, obwohl man eigentlich das Bestehen der Lücke erst aus einem Vergleich zwischen dem Vertrag und dem Funktionsschema bzw. Regelungsgefüge schließen soll. Insoweit droht ein Zirkelschluß. Das Regelungsgefüge bzw. Funktionsschema soll festlegen, ob der Vertrag lückenhaft und wie er zu schließen ist, jedoch muß dies schon bei der Entwicklung des Regelungsgefüges aus dem Vertrag festgelegt werden.

Wird ein Funktionsschema bzw. Regelungsgefüge objektiv, das heißt nicht aus dem konkreten Vertrag entwickelt, setzt man ein objektives Verständnis, wie ein vollständiger Vertrag auszusehen hat, an die Stelle des Verständnisses der Vertragsparteien. Fraglich ist schon, ob ein außerhalb des Vertrages stehender Dritter besser als die Vertragsparteien in der Lage ist, solch ein Funktionsschema bzw. Regelungsgefüge zu entwickeln. Das Funktionsschema bzw. Regelungsgefüge stellt eine die vertragliche Situation umfassend behandelnde Regelung dar,

---

524 Pawlowski, AT, Rn. 521; eine genauere Darstellung, was Pawlowski unter dem Begriff Funktionsschema versteht, fehlt leider.

525 Pawlowski, AT, Rn 516.

526 Mayer-Maly in MünchKomm, § 157, Rn. 39.

so daß man davon sprechen kann, daß es sich dabei um ein vollständiges lükkenloses Vertragswerk handelt. Geht man bei der Entwicklung dieses vollständigen Vertragswerkes von objektiven Kriterien aus, legen nicht mehr die Parteien ihre Rechte und Pflichten fest. Der von den Parteien geschlossene lückenhafte Vertrag wird an Hand dieses objektiven Funktionsschemas ergänzt. In den Vertrag werden damit Regelungen aufgenommen, für welche nicht mehr der Vertrag und damit der Wille der Vertragsparteien maßgeblich war, sondern ein unabhängig von dem konkreten Vertrag entwickeltes objektives Funktionsschema bzw. Regelungsgefüge. Damit greift man in die Privatautonomie der Vertragsparteien ein, wenn man mittels dieses aus objektiven Kriterien entwickelten Vertragswerkes feststellt, daß der Vertrag der Parteien ergänzungsbedürftig ist.

e) Der Sinnzusammenhang der vertraglichen Regelung

Teilweise wird im Zusammenhang mit der ergänzenden Vertragsauslegung auch auf den Sinn des Vertrages abgestellt. So ist nach Köhler[527] noch Vertragsinhalt, was sich aus dem sogenannten „Sinn- und Zweckzusammenhang" des konkreten Vertrages als ergänzende Regelung ergibt. Auch er geht davon aus, daß entscheidend für eine Vertragslücke der Vertragszweck ist. Dabei will er in diesem Zusammenhang unter dem Begriff des Vertragszwecks nicht den vereinbarten Zweck sehen,[528] sondern den intersubjektiven Sinn einer getroffenen, aber unvollständigen Regelung. Eine Vertragslücke bestimmt sich nach Köhler „nach dem Verhältnis von tatsächlich feststellbarer Regelung und dem in dieser Regelung zum Ausdruck gelangten Sinn oder Gedanken oder - wie man auch sagen könnte - dem zugrundeliegenden Plan dieser Regelung".[529] Mit dem Plan der Regelung benutzt Köhler an dieser Stelle den gleichen Begriff wie Larenz. Sollte er auch inhaltlich von einem identischen Begriff ausgehen, stehen dieser Begriffsbestimmung die oben gemachten Bedenken entgegen.

An einer anderen Stelle der Monographie umschreibt Köhler[530] den Sinn des Vertrages wie folgt: „Mit dem Abschluß des Vertrages wird diesem zugleich ein bestimmter Sinn gegeben, der in der Hinordnung der vertraglichen Regelung auf bestimmte weitere Zwecke der Vertragsparteien und der Brauchbarkeit und Angemessenheit dieser Regelungen besteht". Dabei sei der Sinn dem Vertrag imma-

---

527 Köhler, Geschäftsgrundlage, S. 134.

528 Köhler, a.a.O., S. 7 ist der Auffassung, daß der Vertragszweck in erster Linie ein Zweck der Parteien, nicht des Vertrages schlechthin ist.

529 Köhler, a.a.O., S. 135.

530 Köhler, Geschäftsgrundlage, S. 124; so auch Flume, AT II, § 16 4e (S. 329), wobei dieser den Unterschied zwischen Vertragszweck und -sinn als Formulierungsfrage ansieht.

nent oder liege diesem zugrunde, er sei jedoch nicht etwas Erklärtes,[531] sondern die Sinnausrichtung sei aus der vorhandenen Regelung und den Umständen zu ermitteln[532]. Nach Köhler ergibt sich der „eigentümliche Sinngehalt“ des Vertrages aus den weiteren Zwecken der Vertragsparteien, welche aber nicht Vertragsinhalt geworden sind.[533] Da aber - wie oben gesehen - diese individuellen Zwekke einer der Vertragsparteien für den anderen Vertragspartner unerheblich sind, kann man daraus auch nicht auf einen Sinn des Vertrages schließen, welcher für die Reichweite der vertraglichen Regelung und damit das Vorliegen einer Lücke entscheidend ist.[534]

f) Die Lücke als Scheinproblem

Gegen den Begriff der Lücke als Voraussetzung der ergänzenden Vertragsauslegung wendet sich Lüderitz.[535] Nach ihm handelt es sich bei der Lücke um ein Scheinproblem, da sich seiner Auffassung nach die Argumentation im Kreis bewegt. "Ergänzende Auslegung ist nur zulässig, wenn der Vertrag eine Lücke aufweist; eine Lücke hat der Vertrag dort, wo ergänzende Auslegung dies ergibt".[536] Aus der erläuternden Auslegung ergibt sich seiner Auffassung nach nur, daß keine Regelung im Vertrag vorliegt, so daß die Bestimmung einer Lücke daraus nicht möglich ist.[537] Eine Lücke setzt „ein Ganzes“ voraus. Dieses „Ganze“ bestimmt sich nach Lüderitz aus den Kriterien, welche „die ergänzende Vertragsauslegung“ leiten sollen.[538] Damit ist eine Trennung von Lücke und Ergänzung im normativen Bereich nicht möglich, das heißt Feststellung und Schließung einer Lücke sind identische Vorgänge.[539]

Gegen diese Auffassung wird vorgebracht, daß die Lehre von der Vertragslücke die Grenzen zur erläuternden Auslegung deutlich macht, daß also bei der ergänzenden Vertragsauslegung ein anderer Deutungsversuch vorgenommen wird, nachdem der erste - die erläuternde Auslegung - kein voll befriedigendes Resultat erbracht hat. Damit wird "die Grenze der Leistungsfähigkeit der einfachen Auslegung erklärt und diese vor Fiktionen bewahrt".[540]

---

531 Köhler, Geschäftsgrundlage, S. 124.
532 Köhler, a.a.O., S. 125.
533 Köhler, a.a.O., S. 126.
534 Auch Köhler, a.a.O., S. 125, will den Sinn des Vertrages nur anwenden, um die Rechtsfolgen herauszufinden, welche zu einer Sinnverwirklichung führen.
535 Lüderitz, S. 406; so auch Sonnenberger, S. 165.
536 Lüderitz, S. 405.
537 Lüderitz, S. 403.
538 Lüderitz, S. 405.
539 Lüderitz, S. 406.
540 Mayer-Maly in MünchKomm, § 157, Rn. 30; Roth in Staudinger, § 157, Rn. 15.

g) *Die Lücke als Feststellung der abschließenden Regelung des Vertrages*

Die Kritik von Lüderitz an dem Begriff der Gesetzeslücke ist aber nicht gänzlich unberechtigt. Insbesondere die Autoren, welche die Vertragslücke durch einen Vergleich mit einer umfassenden Regelung feststellen möchten, müssen sich den Vorwurf gefallen lassen, daß die Feststellung der Lücke durch einen Vergleich der vertraglichen Abrede mit einer vollständigen Regelung und ihre Schließung zusammenfallen, denn die Regelung kann ja nur vollständig sein, wenn sie für die Lücke im Vertrag eine Lösung bereithält. Aber auch die anderen, oben genannten Begriffsmerkmale, welche eine Vertragslücke näher bestimmen sollen, sind aus den oben genannten Gründen unergiebig.

Dennoch ist der Begriff der Vertragslücke - im Gegensatz zur Auffassung von Lüderitz - als Voraussetzung einer ergänzenden Vertragsauslegung nicht unnötig.

Voraussetzung für eine Lücke ist, daß keine vertragliche Regelung vorliegt. Eine Lücke im Vertrag fehlt aber, wenn die getroffene Regelung nach dem Willen der Parteien trotz des Vorliegens anderer als beim Vertragsabschluß vorausgesetzter Umstände abschließend sein soll. Ob die vertragliche Regelung abschließend ist, ergibt sich im Weg der erläuternden (einfachen) Auslegung. Eine vertragliche Regelung ist abschließend, wenn sich aus der Vereinbarung ergibt, daß die vertraglich vereinbarte Regelung - unabhängig von einer Veränderung der tatsächlichen Lage -, so wie sie von den Vertragsparteien festgelegt wurde, gelten soll. Eine Vertragslücke liegt also dann vor, wenn sich nach der erläuternden Auslegung ergibt, daß die Parteien die konkrete Vertragsregelung nicht als abschließend angesehen haben,[541] und im Vertragstext nicht auf die Problematik, wie sie sich aufgrund der im Vergleich zu den Vorstellungen der Parteien anderen tatsächlichen Lage vorliegt, eingegangen wird.

Benutzt man den Begriff der Lücke nur, um festzustellen, ob ein Vertrag nach seiner Intention abschließend ist oder nicht, geht auch die Kritik von Lüderitz ins Leere. Denn bei einem derartigen Lückenbegriff muß nicht mittels Auslegung festgestellt werden, ob zwischen dem Text des Vertrages und dem vertraglichen „Ganzen" ein Unterschied besteht, sondern nur, ob die vertragliche Regelung trotz Veränderung der tatsächlichen Lage Bestand haben soll.

Ist es ausschließlich der Zweck der Vertragslücke (als Voraussetzung der ergänzenden Vertragsauslegung) festzustellen, daß keine bewußt abschließende Regelung vorliegt, ist der Begriff der Vertragslücke aber nicht geeignet, die ergänzende Vertragsauslegung von der Lehre von der Geschäftsgrundlage abzugrenzen. Bei der ergänzenden Vertragsauslegung besagt das Vorliegen einer Lücke, daß für den betreffenden Punkt keine vertragliche Regelung vorliegt, der

541 So auch BGH NJW 1985, 1835, 1836.

Vertrag andererseits aber auch nicht abschließend ist.[542] Die Lücke, welche bei der Lehre von der Geschäftsgrundlage vorliegen muß, hat im Vergleich zur Lükke im Sinn der ergänzenden Vertragsauslegung eine weitere Voraussetzung. Denn es muß bei der Lücke im Sinn der Lehre von der Geschäftsgrundlage nicht nur nicht eine Abhandlung der tatsächlichen Problematik im Vertragstext und eine abschließende Regelung fehlen, sondern es darf auch keine vertragliche Regelung aufgrund einer Anwendung der ergänzenden Vertragsauslegung gegeben sein. Die Lücke im Sinn der Lehre von der Geschäftsgrundlage beinhaltet also die Lücke, welche Voraussetzung der ergänzenden Vertragsauslegung ist. Da beide Male, bei der ergänzenden Vertragsauslegung und der Lehre von der Geschäftsgrundlage, eine Lücke, wie sie bei der ergänzenden Vertragsauslegung zu verstehen ist, vorausgesetzt wird, kann aufgrund dieses Merkmals der Anwendungsbereich der ergänzenden Vertragsauslegung nicht von der Lehre von der Geschäftsgrundlage abgegrenzt werden. Insoweit kann auch Nicklisch zugestimmt werden, daß beide Rechtsinstitute zur Lückenfüllung dienen.

Zweite Voraussetzung der ergänzenden Vertragsauslegung ist das Vorliegen eines Anhaltspunktes zur Lösung des Problems im Vertragstext.[543] Der Richter muß die im konkreten Vertrag vorliegenden Wertungen der Vertragsparteien zu Ende denken. Sind solche Anhaltspunkte im Vertrag nicht gegeben, kann eine Schließung der Vertragslücke nicht mittels der ergänzenden Vertragsauslegung vorgenommen werden. Ist aber eine Schließung der Vertragslücke mittels der ergänzenden Vertragsauslegung nicht möglich, bedeutet dies, daß der Vertrag für ein eingetretenes Risiko keine vertragliche Regelung getroffen hat, so daß dieses Risiko keiner der Vertragsparteien zugewiesen wurde. Dagegen ist das Vorliegen eines Anhaltspunktes im Vertragstext keine Voraussetzung der Lehre von der Geschäftsgrundlage, so daß in solch einem Fall die Anpassung des Vertrages mittels der Lehre von der Geschäftsgrundlage möglich ist. Da die ergänzende Vertragsauslegung Vorrang vor der Anwendung der Lehre von der Geschäftsgrundlage hat, ist für deren Anwendbarkeit entscheidend, ob die Lücke in der vertraglichen Regelung aufgrund von Anhaltspunkten im Vertrag geschlossen werden kann, und somit die ergänzende Vertragsauslegung in Betracht kommt. Erst wenn die ergänzende Vertragsauslegung zu keinem Ergebnis kommt, können die Grundsätze der Lehre von der Geschäftsgrundlage angewandt werden.

Auch darf die ergänzende Vertragsauslegung weder zu einer Abänderung des tatsächlich geschlossenen Vertrages noch zu einer unzulässigen Erweiterung des

542 Diese Frage ist immer dann aufzuwerfen, wenn im Vertrag ein Bereich geregelt wird, man aber bei der Festlegung der vertraglichen Regeln von einer anderen tatsächlichen Lage als der eingetretenen ausging.

543 Vgl. § 4 II 2 c.

Vertragsgegenstandes führen, während sich aus der Lehre von der Geschäftsgrundlage sogar die Aufhebung des Vertrages ergeben kann.[544] Diese Grenzen der ergänzenden Vertragsauslegung dürften allerdings keine eigenständige Bedeutung haben, sondern aus einer konsequenten Fortführung des Gedankens stammen, daß die Wertungen des Vertrages zu Ende zu denken sind. Denn denkt man dessen Wertungen zu Ende, kommt man weder zu einer Änderung des Vertrages noch zu einer Erweiterung des Vertragsgegenstandes. Allerdings kommt die Lehre von der Geschäftsgrundlage auch nicht in Betracht, falls der Vertrag abschließend ist, die Vertragsparteien also zu erkennen gegeben haben, daß die vertraglichen Regelungen unabhängig von einer Änderung der tatsächlichen Lage Bestand haben sollen.

IV) Ergebnis

Ergänzende Vertragsauslegung und Lehre von der Geschäftsgrundlage sind zwei unterschiedliche Rechtsinstitute. Während die Auslegung der Sinnermittlung des Vertrages dient, ist das Ziel der Anwendung der Lehre von der Geschäftsgrundlage die Korrektur des Vertrages, um Abweichungen der tatsächlichen Lage von der von den Vertragsparteien bei Vertragsabschluß vorgestellten zu begegnen und insoweit eine fehlende vertragliche Risikovereinbarung zu korrigieren. Auch die ergänzende Vertragsauslegung ist noch Sinnermittlung und damit Auslegung des Vertrages. Denn obwohl der Vertragstext unvollständig ist, sind in diesem jedoch Wertungen enthalten, welche es ermöglichen, den Vertrag „zu Ende zu denken". Ohne diese in dem Vertrag vorliegenden Wertungen ist eine ergänzende Vertragsauslegung nicht möglich.

Nicht gefolgt werden kann der Auffassung von Larenz, nach welcher der Regelungsgehalt des Vertrages über den Regelungsgehalt von Angebot zum Vertragsschluß und Annahme hinausgeht, die vertragliche Regelung also umfassender ist als die zu dem Vertrag führenden Willenserklärungen. Denn das Angebot hat vor und nach der Annahme den gleichen Inhalt. Außerdem verstößt die „Verselbständigung" des Vertrages gegen die Privatautonomie, nach welcher die Parteien ihre Rechte und Pflichten selbst festlegen.

Da die ergänzende Vertragsauslegung noch Auslegung des Vertrages ist, hat sie Vorrang vor der Lehre von der Geschäftsgrundlage. Denn durch die Auslegung inklusive der ergänzenden Vertragsauslegung ist die vertragliche Risikoverteilung festzustellen. Erst wenn durch (ergänzende) Auslegung des Vertrages feststeht, daß der Vertrag für einen eingetretenen Umstand keine Risikoverteilung

---

544 Unstreitig, vgl. nur Littbarski, JZ 1981, 8, 11.

getroffen hat, kommt die Anwendung der Lehre von der Geschäftsgrundlage in Betracht.

Nicht alle Fälle, welche im Vertragstext keine Lösung enthalten, können mit der ergänzenden Vertragsauslegung gelöst werden. Insoweit besteht für die Lehre von der Geschäftsgrundlage ein eigenständiger Anwendungsbereich. Zu dessen Bestimmung kann aber nicht auf den Begriff der Lücke zurückgegriffen werden, denn dieser besagt nur, daß einerseits für eine bestimmte Situation keine vertragliche Regelung im Vertragstext vorliegt, der Vertrag andererseits auch nicht abschließend ist. Einen weitergehenden Inhalt hat der Begriff der Vertragslücke nicht, insbesondere kann nicht zu dessen Bestimmung auf den Vertragszweck zurückgegriffen werden. Denn es ist schon zweifelhaft, ob bei allen Verträgen ein Vertragszweck anzuerkennen ist, welcher über den Zweck, die Leistung zu erhalten und dafür die Gegenleistung zu erbringen, hinausgeht. Aber auch wenn man einen weitergehenden Vertragszweck anerkennt, ist dieser Vertragszweck nicht für alle Bestandteile des Vertrages aussagekräftig. Auch ein Vergleich mit der Gesetzeslücke kann nicht zur Bestimmung der Vertragslücke herangezogen werden. Bei Verträgen besteht, im Gegensatz zu Gesetzen, keine durch teleologische Auslegung zu ermittelnde, von den Vertragsparteien unabhängige ratio. Auch aufgrund anderer Anhaltspunkte läßt sich ein dem Vertrag zugrundeliegender Regelungsplan nicht ermitteln. Die Parteien haben nun einmal nur den Vertrag abgeschlossen und sich nicht zusätzlich auch noch über einen Regelungsplan geeinigt, welcher der eigentlichen vertraglichen Abrede zugrunde liegt.

Entscheidend für die Anwendbarkeit der ergänzenden Vertragsauslegung ist vielmehr, ob sich aus dem Vertrag Anhaltspunkte für eine Ergänzung des Vertragstextes ergeben. Es müssen im Vertragstext Wertungen vorliegen, welche es ermöglichen, den Vertrag „zu Ende" zu denken. Fehlen diese, ist eine ergänzende Vertragsauslegung nicht möglich, so daß die Anwendung der Lehre von der Geschäftsgrundlage in Betracht kommt.

§ 5 Treuepflichten und die Lehre von der Geschäftsgrundlage

Die Lehre von der Geschäftsgrundlage wird angewandt, um Verträge an veränderte Umstände anzupassen, falls die vertragliche Risikoverteilung diese Änderung nicht berücksichtigt hat. Aber nicht nur mittels der Anwendung der Lehre von der Geschäftsgrundlage, sondern auch das Rechtsinstitut der Treuepflicht wird - insbesondere von der Rechtsprechung[545] - herangezogen, um die Abänderung von Gesellschaftsverträgen zu begründen. So hat der BGH[546] eine Zustimmungspflicht aufgrund der gesellschaftlichen Treuepflicht zu einem Antrag nach § 140 HGB erwogen, bei welchem es um den Ausschluß zweier Komplementäre aus einer KG wegen gesellschaftswidriger Handlungen ging. Einer der Komplementäre hatte in Ausübung seiner Geschäftsführungsbefugnisse die gesellschaftsvertraglich gebotene Zustimmungspflicht der Gesellschafter nicht beachtet, während der andere Komplementär seine Kontrollfunktion dem ersten gegenüber nicht ausgeübt hatte und demzufolge nach Auffassung der Kläger die gesellschaftswidrigen Handlungen des ersten Komplementäres erst ermöglicht hatte.[547]

Die Treuepflicht der Gesellschafter untereinander und zur Gesellschaft ergibt sich aus der Bindung, welche die Gesellschafter mit Abschluß des Gesellschaftsvertrages eingegangen sind. Sie beherrscht die gesamte Mitgliedschaft der Gesellschafter mit all ihren Einzelpflichten.[548] Die Gesellschafter sind aufgrund der Treuepflicht gehalten, die Interessen der Gesellschaft wahrzunehmen und alles zu unterlassen, was diesen Interessen schaden könnte.[549] Inhalt und Umfang der Treuepflicht liegen nicht allgemein fest, sondern es hängt grundsätzlich von den Umständen des Einzelfalles ab, welche konkreten Folgen aus der Treuepflicht hergeleitet werden können.[550] Wegen dieser Abhängigkeit der Treuepflicht von den Umständen des Einzelfalles bedarf es jeweils einer konkreten Interessenab-

---

545 Vgl. die Darstellung in § 2 II 3.

546 BGHZ 64, 253ff.; vgl. ausführlich zu den von der Rechtsprechung aufgestellten Voraussetzungen der Zustimmungspflicht § 2 II 3.

547 BGHZ 64, 253, 254.

548 Baumbach/Hopt, § 109, Rn. 23; Ulmer in MünchKomm, § 705, Rn. 181f.; Harm Peter Westermann in Erman, § 705, Rn. 47; Zöllner, Anpassung, S. 34.

549 Götz Hueck, GesR, § 7 I 1 d (S. 52); Hadding in Soergel, § 705, Rn. 60; Larenz, SchBT, § 60 II a (S. 382).

550 Kraft/Kreutz, C II 2 b; Ulmer in MünchKomm, § 705, Rn. 184; Hadding in Soergel, § 705, Rn. 59.

wägung.[551] Die Treuepflicht endet an den eigenen berechtigten Interessen der Gesellschafter, welche diesen auch unter Berücksichtigung der Interessen der Gesellschaft zugebilligt werden müssen.[552] Verletzt ein Gesellschafter die Treuepflicht, haftet er nach den allgemeinen Regeln des Vertragsrechts.[553]

Unter engen Voraussetzungen kann nach Auffassung der Rechtsprechung[554] und der h.L.[555] eine Pflicht zur Zustimmung zur Abänderung eines Gesellschaftsvertrages aufgrund der gesellschaftlichen Treuepflicht gegeben sein. Diese liegt vor, wenn

- ein besonders gelagerter Ausnahmefall eintritt,
- die Änderung mit Rücksicht auf das bestehende Gesellschaftsverhältnis oder mit Rücksicht auf die Rechtsbeziehungen der Gesellschafter zueinander erforderlich ist, und
- die vorgesehene Änderung dem einzelnen Gesellschafter unter Berücksichtigung seiner eigenen Belange zumutbar ist, d.h. es dürfen keine schutzwerten Belange des Gesellschafters entgegenstehen.

Die Begründung einer Zustimmungspflicht der Gesellschafter zur Änderung des Gesellschaftsvertrages mit der Treuepflicht der Gesellschafter hat nicht nur Zustimmung erfahren, sondern es ist an dem Rechtsinstitut der Treuepflicht im Zusammenhang mit der Abänderung von Gesellschaftsverträgen auch Kritik geübt worden.

---

551 Von Gerkan in Röhricht/Graf von Westphalen, § 109, Rn. 15; Harm Peter Westermann in Erman, § 705, Rn. 47; BGHZ 80, 69, 74.

552 Götz Hueck, GesR, § 7 I 1 d (S. 52f.); Eisenhardt, GesR, Rn. 248; Baumbach/Hopt, § 109, Rn. 23; Hadding in Soergel, § 705, Rn. 60.

553 Eisenhardt, GesR, Rn. 57; von Gerkan in Röhricht/Graf von Westphalen, § 109, Rn. 16; Kübler, § 6 II 2 d (S. 47); Karsten Schmidt, GesR, § 20 IV 4; Larenz, SchBT, § 60 II a (S. 382); Ulmer in MünchKomm, § 705, Rn. 197f.; Hadding in Soergel, § 705, Rn. 64.

554 BGH BB 1954, 156; 1985, 423, 424; BGH WM 1961, 301, 302; 1970, 246, 248; 1973, 990, 992; 1979, 1058, 1060; 1985, 195, 196; BGHZ 64, 253, 258.

555 Karsten Schmidt, GesR, § 5 IV 2 a; Eisenhardt, GesR, Rn. 248; Kraft/Kreutz, C II 2 b; Zöllner, Anpassung, S. 25; Hey, S. 57; Baumbach/Hopt, § 105, Rn. 64; von Gerkan in Röhricht/Graf von Westphalen, § 109, Rn. 13; Thomas in Palandt, § 705, Rn. 27; Harm Peter Westermann in Erman, § 709, Rn. 35; Hadding in Soergel, § 705, Rn. 63; Ulmer in MünchKomm, § 705, Rn. 190; a.A. Schneider, AG 1979, 57, 63, welcher bzgl. der materiellen Voraussetzungen der herrschenden Auffassung zustimmt, bei deren Vorliegen aber nicht eine Zustimmungspflicht des Gesellschafters bejaht, welche gem. § 894 ZPO eingeklagt werden muß, sondern für das Vorliegen der Vertragsänderung einen Beschluß der restlichen Gesellschafter ausreichen lassen will.

I) Ablehnung der Vertragsänderungspflicht aufgrund der Treuepflicht

Abgelehnt wird die Zustimmungspflicht zur Vertragsänderung aufgrund der Treuepflicht von Kollhosser[556]. Den dogmatischen Begründungen der die Zustimmungspflicht bejahenden Lehre steht er ablehnend gegenüber.[557] Die Treuepflicht, welche sich aus § 242 BGB und der Verpflichtung der Gesellschafter zur gemeinsamen Zweckverfolgung ergibt, kann Wirkungen nach seiner Auffassung nur im Rahmen der bestehenden Beziehungen entfalten, nicht aber eine Verpflichtung zur Abänderung des Vertrages begründen. Eine Begründung neuer Rechte will Kollhosser nur zulassen, "wenn diese Zustimmungspflicht auf eines der im Wege der Rechtsfortbildung bei § 242 BGB bereits angesiedelten Rechtsinstitute zurückgeführt werden kann, oder wenn eine Interessenanalyse ein überwiegendes Bedürfnis für die Entwicklung einer solchen Zustimmungspflicht durch Rechtsfortbildung ergibt"[558]. Eine Rückführung der Zustimmungspflicht auf die Lehre von der Geschäftsgrundlage lehnt Kollhosser[559] ab, da bei der Treuepflicht auch Umstände außerhalb der Geschäftsgrundlage berücksichtigt werden, andererseits nach seiner Auffassung das Bedürfnis nach Vertragsanpassung höher sein muß als bei der Lehre von der Geschäftsgrundlage. Auch ein überwiegendes schutzwertes Bedürfnis sieht Kollhosser nicht[560]. Jede Vertragsänderung ist ein Eingriff in die Privatautonomie, die einem Gesellschafter grundsätzlich nicht gegen seinen Willen aufgezwungen werden kann. Eine Ausnahme will Kollhosser nur zulassen, falls eine sinnvolle "Entwicklung des Gesellschaftszwecks" nicht mehr möglich ist, und die Gesellschafter sich nicht auf eine Änderung des Vertrages bzw. eine Auflösung der Gesellschaft einigen können. Hier muß die Rechtsordnung Lösungsmöglichkeiten bereitstellen, wobei aber nach seiner Auffassung die gesetzlichen Regelungen der §§ 133, 140, 142 HGB (für die Personenhandelsgesellschaften) ausreichen.[561] Nicht mehr zumutbar erscheint Kollhosser die Abänderung des Gesellschaftsvertrages, auch nicht unter dem Blickwinkel, daß dies im Vergleich zur Vertragsauflösung bzw. Ausschließung das mildere Mittel ist. Denn falls der änderungsunwillige Gesellschafter dies als für ihn günstigere Möglichkeit ansehen würde, könnte er der

---

556 Kollhosser, FS Harry Westermann, 275, 277; ders., FS Bärmann, 533, 534; so auch Reuter, ZHR 148 (1984), 523, 542f.

557 Kollhosser, FS Harry Westermann, 275, 277: "Soweit im Schrifttum Begründungen nachgeliefert wurden, vermögen sie mich nicht zu überzeugen."

558 Kollhosser, a.a.O., 275, 279.

559 Kollhosser, a.a.O., 275, 280.

560 Kollhosser, a.a.O., 275, 280.

561 Kollhosser, a.a.O., 275, 281f.

Vertragsänderung zustimmen.[562] Auch das Argument, daß die Gesellschafter die Möglichkeit haben müßten, die Gesellschaft weiterzuführen, lehnt er als nicht stichhaltig ab, da insoweit die Ausschlußklage in Betracht kommt.[563]

Auch Konzen[564] steht der Treuepflicht als Rechtsgrundlage der Abänderung von Gesellschaftsverträgen kritisch gegenüber. Dagegen spricht seiner Auffassung nach schon, daß im Gesellschaftsvertrag keine Verpflichtung zur Vertragsanpassung bei veränderten Umständen besteht, da man sonst ein "Unterwerfungsmoment" in den Gesellschaftsvertrag hineininterpretieren würde.[565] Außerdem reichen die allgemeinen Anpassungsregeln nach Konzen zur Gestaltung des Gesellschaftsverhältnisses aus.[566]

"Geradezu paradox" nennt Flume[567] die Versuche mittels der Treuepflicht zu einer Abänderung des Gesellschaftsvertrages zu gelangen. Er lehnt diesen Eingriff des Richters in privatautonome Rechtsgestaltungen ab und ist der Auffassung, daß „zu Unrecht die Vorstellung erweckt wird, daß es auf einen konstitutiven Akt ankäme, durch welchen für das, was zu geschehen hat, durch Änderung des Gesellschaftsvertrages erst eine Grundlage geschaffen werden müßte".[568] Flume will statt dessen den Vertrag durch ergänzende Vertragsauslegung an die veränderten Umstände anpassen. Dabei ist er der Auffassung, daß der Gesellschaftsvertrag als Vertragstyp darauf ausgerichtet ist, "daß er bei Änderung der für die Gesellschaft relevanten Verhältnisse offen für die Anpassung durch ergänzende Vertragsauslegung ist"[569].

Eine Besonderheit sieht Flume in der Ausschließung des Gesellschafters. Dort ist er der Auffassung, daß ein Gesellschafter, der sich weigert, an der Ausschließung eines anderen Gesellschafters mitzuwirken, selbst einen Grund für die Ausschließung gibt.[570] Den wichtigen Grund sieht er darin, daß der Gesellschafter "die für die anderen Gesellschafter allein zumutbare Fortsetzung der Gesellschaft, nämlich eine Fortsetzung ohne den auszuschließenden Gesellschafter, unmöglich macht".[571] Ist aber diese Weigerung mit einer Sanktion bedacht, bedeutet dies eine Einschränkung der Entscheidungsfreiheit des Gesellschafters, da der Gesellschafter, ohne selbst den Ausschluß aus der Gesellschaft befürchten zu

---

562 Kollhosser, a.a.O., 275, 283.
563 Kollhosser, a.a.O., 275, 283f.
564 Konzen, AcP 172 (1972), 317, 337.
565 Konzen, a.a.O., 317, 338.
566 Konzen, a.a.O., 317, 339.
567 Flume, AT I/1, § 15 IV (S. 280); ders., FS Rittner, 119, 128.
568 Flume, AT I/1, § 15 IV (S. 280).
569 Flume, AT I/1, § 15 IV (S. 281).
570 Flume, FS Rittner, 119, 123; ders., AT I/1, § 15 III (S. 276).
571 Flume, FS Rittner, 119, 124.

müssen, nur der Ausschließung des Mitgesellschafters zustimmen kann. Auch Flume bejaht damit insoweit eine Zustimmungspflicht des Gesellschafters. Flume begründet dies damit, daß die Zustimmung zur Ausschließung eines Gesellschafters "nicht auf eine Stufe zu stellen ist mit der Änderung der materiell-rechtlichen Bestimmungen des Gesellschaftsvertrages".[572]

Die Auffassung von Kollhosser ist mit Recht abgelehnt worden.[573] So kommt der Ausschluß eines Gesellschafters nur dann in Betracht, wenn die Gesellschaft die nötige Liquidität hat, so daß das Unternehmen den Kapitalabfluß verkraften kann, den es dadurch erleidet, daß der ausgeschlossene Gesellschafter eine Abfindung erhält.[574] Außerdem ist es problematisch, in der Weigerung zur Vertragsanpassung einen wichtigen Grund für einen Vertragsausschluß zu sehen.[575] Denn warum liegt in der Weigerung zur Vertragsänderung ein wichtiger Grund zum Ausschluß aus der Gesellschaft vor, wenn man gleichzeitig eine Pflicht zur Vertragsanpassung verneint.[576] Schließlich ist auch die praktische Durchführung nicht völlig problemfrei, denn die Ausschlußklage bedarf der Zustimmung aller anderen Gesellschafter. Weigern sich Mitgesellschafter, der Ausschließung zuzustimmen, verneint Kollhosser eine Mitwirkungspflicht, verweist aber die Ausschließungswilligen auf die Möglichkeit, auch diese Gesellschafter auszuschließen, so daß im Extremfall alle Gesellschafter bis auf einen ausgeschlossen werden. Diese Konsequenz macht eine Durchsetzung des Systems von Kollhosser unrealistisch.[577]

Zöllner wendet sich auch gegen das Argument, daß die Treuepflicht Wirkungen nur innerhalb der bestehenden Beziehungen entfalten, nicht aber zu Vertragsänderungen führen kann. Für die Möglichkeit der Kontrolle und Abänderung

---

572 Flume, a.a.O., 119, 123.

573 Karsten Schmidt, GesR, § 5 IV 2 c; Harm Peter Westermann, FS Hefermehl, 225, 227, welcher die Auffassung von Kollhosser in Anbetracht des Bedürfnisses nach Anpassung von Gesellschaftsverträgen als "wenig realistisch" bezeichnet.

574 Zöllner, Anpassung, S. 21, welcher die Auffassung von Kollhosser plastisch als "Rausschmiß-Konzept" bezeichnet.

575 Zöllner, a.a.O., S. 22.

576 Karsten Schmidt, GesR, § 5 IV 2 c; Pabst, Mitwirkungspflicht, S. 159; Alfred Hueck, oHG, § 10 VII 4 (S. 148); Lindacher, FS Paulick, 73, 75.

577 Zöllner, Anpassung, S. 23f.; a. A. Flume, FS Rittner, 119, 124, der zwar eine Erschwernis der Ausschließungsklage zugesteht, bei praktischer Unmöglichkeit der Durchführung die Gesellschafter jedoch auf die Kündigung aus wichtigem Grund und Auflösung verweist. "Die verbreitete Liquidationsphobie ist gegenüber Gesellschaften, bei denen ein Gesellschafter einen wichtigen Grund zur Ausschließung gibt und die übrigen Gesellschafter sich über die Ausschließung nicht einigen können, nicht angebracht." Auf die nachteiligen Folgen einer Auflösung, insbesondere die Zerschlagung wirtschaftlicher Werte, macht Pabst, Mitwirkungspflicht, S. 159ff., aufmerksam.

von Verträgen verweist Zöllner[578] auf das Auseinanderfallen vom Willen der Vertragsschließenden und der ratio des Vertrages. Zwar entspreche die ratio des Vertrages bei Vertragsschluß in der Regel dem erklärten Willen der Vertragsparteien, bei einer Änderung der wesentlichen Umstände könne ein "Festhalten an der privatautonom getroffenen Regelung" nicht mehr auf den "Gedanken der Richtigkeitsgewähr" gestützt werden.[579] Dies ist nach Zöllner der "typische Anlaß für eine Vertragskontrolle: Eine Regelung, bei der der erklärte Parteiwille keine Gewähr mehr für die Richtigkeit gibt." Daraus muß sich auch die Möglichkeit einer Vertragsanpassung ergeben, wobei diese nach Zöllner neben der ergänzenden Vertragsauslegung und der Lehre von der Geschäftsgrundlage auch mittels der Treuepflicht möglich ist. Die Treuepflicht ist dabei „weder durch ergänzende Vertragsauslegung noch durch die Lehre von der Geschäftsgrundlage voll ersetzbar".[580] Die Vertragsanpassung auf Grund der Treuepflicht begründet Zöllner damit, daß die Gesellschafter nicht eine rigorose Bindung an den Gesellschaftsvertrag wollten, und sie hätten dieser bei entsprechender Belehrung auch nicht zugestimmt.[581] Außerdem ist eigentlich der gegen die Anpassung stimmende Gesellschafter derjenige, welcher die Selbstbestimmung der Gesellschafter verletzt, da eine notwendige Vertragsänderung der "privatautonom eingegangenen Bindung zu derjenigen Gestalt verhilft, die sie bei entsprechender Voraussicht der Dinge und jedenfalls bei gerechtem Sinn der Vertragsparteien mit Wahrscheinlichkeit erhalten hätte".[582]

II) Überblick über den Meinungsstand zur Abgrenzung der Zustimmungspflicht aufgrund der Treuepflicht und der Lehre von der Geschäftsgrundlage

Nach h.M.[583] kann die Treuepflicht unter engen Voraussetzungen eine Pflicht zur Zustimmung zur Abänderung von Gesellschaftsverträgen begründen. Dabei wird

578 Zöllner, Anpassung, S. 31.
579 Zöllner, a.a.O., S. 32.
580 Zöllner, a.a.O., S. 33.
581 Zöllner, a.a.O., S. 35.
582 Zöllner, a.a.O., S. 38.
583 Karsten Schmidt, GesR, § 5 IV 2 a; Eisenhardt, GesR, Rn. 248; Kraft/Kreutz, C II 2 b; Zöllner, Anpassung, S. 25; Hey, S. 57; Baumbach/Hopt, § 105, Rn. 64; von Gerkan in Röhricht/Graf von Westphalen, § 109, Rn. 13; Thomas in Palandt, § 705, Rn. 27; Harm Peter Westermann in Erman, § 709, Rn. 35; Hadding in Soergel, § 705, Rn. 63; Ulmer in MünchKomm, § 705, Rn. 190; BGH BB 1954, 156; 1985, 423, 424; BGH WM 1961, 301, 302; 1970, 246, 248; 1973, 990, 992; 1979, 1058, 1060; 1985, 195, 196; BGHZ 64, 253, 258.

in den meisten Fällen nur darauf eingegangen, ob eine Pflicht zur Zustimmung zu einer Vertragsänderung aufgrund der Treuepflicht besteht.[584] Mit der Abgrenzung der Anwendung der Lehre von der Geschäftsgrundlage und der Treuepflicht im Hinblick auf die Abänderung von Gesellschaftsverträgen haben sich aber nur wenige Autoren beschäftigt. Dabei kann man die vertretenen Auffassungen in drei Gruppen gliedern.

1) Identität der Lehre von der Geschäftsgrundlage und Treuepflicht im Gesellschaftsrecht

a) „Materielle Identität" der Rechtsinstitute

Nach Haarmann[585] kann die Treuepflicht nur zur Durchbrechung des Grundsatzes „pacta sunt servanda" führen, wenn für die Vertragsparteien aufgrund außergewöhnlicher, besonderer Umstände ein Festhalten am bisherigen Vertrag unzumutbar ist. Da Haarmann auf die Unzumutbarkeit abstellt, ist die Treuepflicht seiner Auffassung nach „nur die Kehrseite des Rechtes auf Anpassung bzw. Aufhebung der Verträge". Haarmann schließt daraus, daß Treuepflicht und Lehre von der Geschäftsgrundlage „dasselbe rechtliche Phänomen nur aus verschiedenen Perspektiven betrachten".[586] Auch ist er der Auffassung, daß beide die gleichen Tatbestandsmerkmale haben.[587] Da also die „gleichen Gedanken und die gleichen Wertungen" zugrunde liegen, besteht nach Haarmann zwischen der Treuepflicht und der Lehre von der Geschäftsgrundlage „materiell Identität".[588]

b) Identität der Anwendungsbereiche

Hey[589] ist der Auffassung, daß die Treuepflicht und die Lehre von der Geschäftsgrundlage im Gesellschaftsrecht einen identischen Anwendungsbereich haben und deshalb „auf die Anwendung der Lehre von der Geschäftsgrundlage zugunsten zustimmungspflichtiger Gesellschafterbeschlüsse" verzichtet werden kann.

---

584 Ulmer in MünchKomm, § 705, Rn. 190ff.; Thomas in Palandt, § 705, Rn. 27; BGH WM 1960 105, 106; 1961, 301, 302; 1970, 246, 248; 1973, 990, 992; 1985, 195, 196.

585 Haarmann, S. 55.

586 Haarmann, S. 55.

587 Haarmann, S. 55: "Es ist aber nicht ersichtlich, daß es Umstände gibt, die für die übervertragliche Treuepflicht bedeutsam sind und für die Geschäftsgrundlage nicht."

588 Haarmann, S. 56.

589 Hey, S. 85.

Dabei sieht er nicht die Möglichkeit, daß die Zustimmungspflicht zur Anpassung auch auf Gründen beruhen kann, welche außerhalb der Geschäftsgrundlage liegen; er ist vielmehr der Auffassung, daß sich dieses vermeiden läßt, wenn man den Kreis der zur Geschäftsgrundlage gehörenden Umstände nicht zu eng sieht.[590]

Ähnlicher Auffassung ist auch H.P. Westermann,[591] nach welchem sich zwar die Zustimmungspflicht aufgrund der Treuepflicht als „gesellschaftsrechtsspezifische Ausprägung der Lehre vom Fortfall der Geschäftsgrundlage“ darstellt, welcher aber bei der "Lösung konkreter Einzelfälle hier die eine, dort eher die andere Lehre" anwenden möchte. Theoretisch besteht seiner Meinung nach der Unterschied darin, daß die Lehre von der Geschäftsgrundlage auf die „Gerechtigkeitsgewähr des Beitrittsaktes“ abstellt, während „die Zustimmungspflicht eine Konkretisierung der im Beitritt übernommenen allgemeinen Förderungspflicht“ ist. Er ist aber der Meinung, daß für beide Lehren die gerechte Risikoverteilung bei der Übernahme der allgemeinen Förderungspflicht entscheidend ist, und daß bei extremer Abweichung von dieser der Richter diese wieder herstellen muß. Der Richter kann die Wiederherstellung der gerechten Risikoverteilung entweder auf die Lehre von der Geschäftsgrundlage oder auf die Treuepflicht stützen, wobei „randscharfe Unterscheidungen zwischen den Methoden der Vertragsanpassung nicht erkennbar sind“.[592]

2) *Abgrenzung nach Fallgruppen*

K. Schmidt[593] bejaht eine Verpflichtung der Gesellschafter, an Veränderungen des Gesellschaftsvertrages mitzuwirken. Bei der Festlegung der Voraussetzungen folgt er dabei „im Grundsatz der Rechtsprechung“, wobei er versucht, die für eine Vertragsänderung in Betracht kommenden Fallgruppen zu systematisieren. Karsten Schmidt unterscheidet drei Fallgruppen: (1.) solche Vorgänge, welche den Verbandszweck und seine Verwirklichung berühren; (2.) Vorgänge, welche den Sinn und Zweck einzelner Klauseln berühren und (3.) Vorgänge, die zu Äquivalenzstörungen in den Leistungsbeziehungen führen. Als Grundlage der Vertragsänderung in der ersten Fallgruppe sieht er die Treuepflicht an, für die dritte Fallgruppe die Lehre von der Geschäftsgrundlage. Bei der zweiten Fallgruppe will er „meist“ das Institut der Lehre von der Geschäftsgrundlage anwen-

590 Hey, S. 82.
591 Harm Peter Westermann, FS Hefermehl, 225, 240.
592 Harm Peter Westermann, a.a.O., 225, 241.
593 Karsten Schmidt, GesR, § 5 IV 2 d, wobei die Darstellung der Fallgruppen bei Karsten Schmidt leider sehr knapp ausfällt.

den. Karsten Schmidt[594] warnt dabei „vor einer übermäßigen Zuspitzung des Gegensatzes“ und weist darauf hin, daß ”die Konkretisierung von Treupflichten nur im Lichte der verbandsrechtlichen Geschäftsgrundlage erfolgen kann, und auf Störungen der Geschäftsgrundlage kann nur im Lichte der Treupflichten angemessen reagiert werden”.

3) *Unterscheidung nach den tatbestandlichen Voraussetzungen*

Zöllner bejaht die Möglichkeit der Anpassung von Gesellschaftsverträgen aufgrund der Treuepflicht, unterscheidet aber zwischen der Anpassung im Bereich der Zweckverfolgung[595] und solchen zur Wahrung mitgliedschaftlicher Einzelinteressen[596]. Grund der Unterscheidung ist, daß in beiden Bereichen Voraussetzung und Grenze der Zustimmungspflicht verschieden zu bemessen sind; so ist bei Anpassungen im Zweckverfolgungsbereich der Gesellschaftszweck vorrangig vor Beeinträchtigungen persönlicher Art der Mitgesellschafter zu berücksichtigen.[597] Nach der Auffassung von Zöllner sind Treuepflicht und die Lehre von der Geschäftsgrundlage zwei unterschiedliche Rechtsinstitute, wobei die Lehre von der Geschäftsgrundlage insoweit weniger erfordert, als diese nicht eine Störung des gegenseitigen Vertrauens voraussetzt[598]. Dagegen sind bei der Lehre von der Geschäftsgrundlage nur solche Fälle relevant, bei denen die Veränderung der Umstände für die Parteien nicht vorhersehbar war, während es darauf bei der Treuepflicht nach Zöllner nicht ankommt.[599] ”Es ist gerade Sinn der Treuepflicht, nämlich notwendige Folge des eingeräumten Vertrauens, daß auch dann angepaßt werden muß, wenn etwas eintritt, womit man an sich hätte rechnen müssen.”[600] Einen weiteren Unterschied sieht Zöllner darin, daß die Anpassung bei der Lehre von der Geschäftsgrundlage automatisch erfolgt und mittels Feststellungsklage manifestiert wird, während bei der Vertragsänderung aufgrund der Treuepflicht eine Klage auf Zustimmung erforderlich ist.[601]

Pabst ist der Auffassung, daß die Verpflichtung zur Zustimmung zur Änderung von Gesellschaftsverträgen von einer Abwägung der Prinzipien der Zweck-

594 Karsten Schmidt, GesR, § 5 IV 2 d.
595 Zöllner, Anpassung, S. 40ff.
596 Zöllner, a.a.O., S. 49ff.
597 Zöllner, a.a.O., S. 52.
598 Zöllner, a.a.O., S. 53.
599 Zöllner, a.a.O., S. 54.
600 Zöllner, a.a.O., S. 55.
601 Zöllner, a.a.O., S. 56.

bindung[602] und der Privatautonomie abhängt.[603] Rechtsgrundlage der Zustimmungspflicht sei die gesellschaftliche Treuepflicht, welche auf § 242 BGB beruht.[604]

Die Lehre von der Geschäftsgrundlage und die Zustimmungspflicht zur Vertragsänderung aufgrund der Treuepflicht sind nach Pabst[605] zwei unterschiedliche Rechtsinstitute, wobei letzteres nicht durch die Lehre von der Geschäftsgrundlage ausgeschlossen ist, da sonst alle Entwicklungen, welche außerhalb der Geschäftsgrundlage stattfinden, hingenommen werden müßten, auch wenn dadurch die Verfolgung des Gesellschaftszwecks behindert werden würde. Für den Bereich der Geschäftsgrundlage sieht Pabst allerdings die Lehre von der Geschäftsgrundlage als spezielleres Rechtsinstitut an, welche die „Basis des Geschäftswillens" schützt.[606] Da für diesen Bereich nur bei Vorliegen der Voraussetzungen der Lehre von der Geschäftsgrundlage eine Anpassung des Vertrages an veränderte Umstände erfolgen soll, würde die Anpassung aufgrund eines allgemeineren Rechtsinstituts dem widersprechen. Um dies zu verhindern, verdrängt das für den Bereich der „Basis des Geschäftswillens" speziellere Rechtsinstitut der Lehre von der Geschäftsgrundlage die Zustimmungspflicht aufgrund der Treuepflicht.[607]

---

602 Pabst, Mitwirkungspflicht, S. 145: "Die Verpflichtung zur Zweckförderung ist die Generalverpflichtung der Gesellschafter und überlagert die einzelnen gesellschaftsvertraglichen Rechte und Pflichten. ..... Es ergibt sich daher als fundamentale Verpflichtung der Gesellschafter, alle diejenigen erlaubten Maßnahmen zu ergreifen bzw. an ihnen mitzuwirken, die zur Erreichung des vereinbarten Gesellschaftszwecks notwendig sind."

603 Pabst, a.a.O., S. 144, 147: "....Auslegung von § 705 BGB im Lichte der Privatautonomie....".

604 Pabst, a.a.O., S. 149f., 163.

605 Pabst, a.a.O., S. 153.

606 Pabst, a.a.O., S. 177.

607 Pabst, a.a.O., S. 178; im Ergebnis auch Hadding in Soergel, § 705, Rn. 63: "Außerdem kommen der ergänzenden Vertragsauslegung und den Regeln über den Wegfall der Geschäftsgrundlage Vorrang vor einer allgemeinen Zustimmungspflicht aus der mitgliedschaftlichen Förderungspflicht zu".

III) Treuepflicht und Lehre von der Geschäftsgrundlage

1) Grundlagen und Voraussetzungen der Abänderung aufgrund der Treuepflicht

Nach einhelliger Meinung[608] sind Gesellschafter in der Regel nicht verpflichtet, der Änderung eines Gesellschaftsvertrages zuzustimmen. Eine Pflicht zur Zustimmung zur Änderung des Gesellschaftsvertrages kann nur ausnahmsweise aufgrund der Treuepflicht erfolgen.[609]

a) Rechtliche Grundlagen der Treuepflicht

Die Treuepflicht beherrscht das gesamte Gesellschaftsverhältnis. Ihre rechtlichen Grundlagen sind aber umstritten. Nach einer Auffassung[610] ist die Treuepflicht auf das jeweilige Vertragsverhältnis und die damit durch die Vertragsparteien übernommenen Verbindungen zurückzuführen. Nach anderer Meinung[611] ist die Treuepflicht eine Ausprägung des Grundsatzes von Treu und Glauben nach § 242 BGB. Zwar bejaht auch diese Auffassung eine Sonderstellung der Treuepflicht zum allgemeinen Gebot von Treu und Glauben aus § 242 BGB. Dabei soll es sich jedoch nicht um eine prinzipielle Unterscheidung, sondern lediglich um eine Unterscheidung in der Intensität handeln. Der Grund dafür sei in der "Verfestigung des personalen Rechtsverhältnisses zur Organisation" zu sehen.[612]

---

608 So u.a. BGH BB 1954, 156; BGH WM 1960, 105, 106; 1961, 301, 301; 1973, 990, 991; BGHZ 44, 40, 41; 64, 253, 257; BGH NJW 1985, 972, 973; Ulmer in Staub, § 105, Rn. 194; Baumbach/Hopt, § 105, Rn. 64; Hadding in Soergel, § 705, Rn. 63; Keßler in Staudinger, § 709, Rn. 29; Götz Hueck, GesR, § 14 III 1 (S. 109); Alfred Hueck, oHG, § 11 III 2 (S. 173); ders., ZGR 1972, 237, 244; Karsten Schmidt, GesR, § 5 IV 2 a; Eisenhardt, GesR, Rn. 248; Kraft/Kreutz, C II 2 b; Zöllner, Anpassung, S. 25; Hey, S. 57; von Gerkan in Röhricht/Graf von Westphalen, § 109, Rn. 13; Harm Peter Westermann in Erman, § 709, Rn. 35.

609 BGH BB 1954, 156; BGH WM 1960, 105, 106; 1961, 301, 302; 1970 246, 248; 1973, 990, 992; 1979, 1058, 1060; Ulmer in Staub, § 105, Rn. 194; Götz Hueck, GesR, § 14 III 1 (S. 109); Alfred Hueck, oHG, § 11 III 2 (S. 173f.); Hüffer, GesR, § 10 3 a. E.

610 Alfred Hueck, oHG, § 13 I (S. 192).

611 Roth in MünchKomm, § 242, Rn. 117; Keßler in Staudinger, v. § 705, Rn. 42; Becher, NJW 1961, 1998; Kraft/Kreutz, C II 2 b; Larenz, SchRBT, § 60 II a, (S. 382); Harm Peter Westermann in Erman, § 705, Rn. 47; Hennrichs, AcP 195 (1995), 221, 228ff.

612 Roth in MünchKomm, § 242, Rn. 117; Hennrichs, AcP 195 (1995), 221, 240; Teubner in AK, § 242, Rn. 82, für das Verhältnis der Gesellschafter zur Gesellschaft.

Einer dritten Auffassung nach ist die Rechtsgrundlage der Treuepflicht in der mitgliedschaftlichen Förderungspflicht des § 705 BGB zu sehen.[613] Eine vermittelnde Ansicht[614] will die Treuepflicht sowohl auf § 242 BGB, als auch auf § 705 BGB zurückführen. § 242 BGB ist heranzuziehen, falls es sich um Ausübungsschranken für schon bestehende Gesellschafterrechte handelt, während § 705 BGB bei positiven Handlungspflichten anzuwenden ist.

Eine Unterscheidung hinsichtlich der Reichweite der Treuepflicht läßt sich aber aus den unterschiedlichen Rechtsgrundlagen nicht herleiten. Denn auch wenn man die Treuepflicht auf § 242 BGB oder § 705 BGB stützt, ist für die konkrete Ausgestaltung derselben der jeweilige Vertrag entscheidend, da sich nur aus dem jeweiligen Gesellschaftsvertrag die konkreten Rechte und Pflichten der Vertragsparteien ermitteln lassen.[615]

b) Voraussetzungen der Vertragsänderung aufgrund der Treuepflicht

aa) Überblick über den Meinungsstand zur Begründung der Erforderlichkeit der Vertragsänderung

Die Verpflichtung, der Änderung eines Gesellschaftsvertrages zuzustimmen, kann nur ausnahmsweise und unter engen Voraussetzungen aus der Treuepflicht

613 Lutter, AcP 180 (1980), 84, 85; die Auffassungen, welche die Treuepflicht auf § 242 BGB stützten, lehnt Lutter ab, denn "die hier gemeinte Förderungspflicht ist mehr, geht weiter, gründet - so hat man in Anlehnung an die Systematik des Schuldrechts zu sagen - als Hauptpflicht in jeder Mitgliedschaft".

614 Hadding in Soergel, § 705, Rn. 58; so auch Hüffer, FS Steindorff, 59, 72, welcher die Treuepflicht als die "gedankliche und sprachliche Zusammenfassung im Gesetz vorhandener Teilelemente" bezeichnet und neben den §§ 242, 705 BGB auch noch auf die §§ 112, 113 HGB, 53a, 243 AktG hinweist.

615 So auch die h.L., vgl. Ulmer, FS Möhring, 295, 299; ders. in MünchKomm, § 705, Rn. 182; Pabst, Mitwirkungspflicht, S. 103; für die Reichweite der Treuepflicht stellen auch auf den individuellen Vertrag ab: Roth in MünchKomm, § 242, Rn. 123 ("Die Intensität der Treuepflicht korreliert grundsätzlich mit der Stärke der persönlichen Prägung der Treuepflicht."); Keßler in Staudinger, v. § 705, Rn. 43 ("Das Kriterium dafür, wie weit die Treue der Gesellschafter einer bürgerlich-rechtlichen Gesellschaft und seine Mitgesellschafter - gleichgültig in welcher Struktur sie gestaltet ist - verpflichtet, die Interessen der Gesellschaft zur Richtschnur seines Verhaltens zu nehmen, bestimmt sich durch sein bei Abschluß des Gesellschaftsvertrages gegebenes Versprechen, die Erreichung des gemeinsamen Zwecks "in der durch den Vertrag bestimmten Art und Weise zu fördern, § 705 BGB. Je enger oder weiter dieser Zweck gefaßt ist, desto mehr oder weniger bindet die Treuepflicht den Gesellschafter"); ähnlich auch Lutter, AcP 180 (1980), 84, 85; Hadding in Soergel, § 705, Rn. 58; Kübler, § 6 II 2c (S. 44).

abgeleitet werden.[616] Die Vertragsänderung muß mit Rücksicht auf das bestehende Gesellschaftsverhältnis oder mit Rücksicht auf die Rechtsbeziehungen der Gesellschafter zueinander erforderlich sein.[617] Wann dieser Fall vorliegt, wird aber in Lehre und Rechtsprechung nicht einheitlich beurteilt. K. Schmidt[618] verlangt, daß die Vertragsänderung objektiv im Interesse der Gesellschafter und der Gesellschaft geboten ist. Der BGH[619] ist der Auffassung, daß die Vertragsänderung mit "Rücksicht auf das Gesellschaftsverhältnis, insbesondere zur Erhaltung des im Rahmen des Gesellschaftsverhältnis Geschaffenen, erforderlich" sein muß. In einem anderen Urteil legt der BGH[620] Wert darauf, daß es sich "im wesentlichen" um solche Fälle handelt, "bei denen für eine verständige Weiterverfolgung des Gesellschaftszwecks eine Anpassung an veränderte Verhältnisse dringend geboten ist". Fischer[621] argumentiert, "daß der Bestand des gemeinsam geschaffenen Unternehmens für jeden Gesellschafter bestimmte Verpflichtungen begründen kann, und daß er sich demzufolge nicht in Widerspruch zu seiner bisherigen Tätigkeit beim Aufbau und Ausbau des gemeinsamen Unternehmens setzen darf". Eine verbreitete Auffassung will nur in Fällen, in welchen die Verfolgung des Gesellschaftszwecks eine Vertragsanpassung gebietet, eine Zustimmungspflicht aufgrund der Treuepflicht bejahen.[622]

Betrachtet man Lehre und Rechtsprechung, so ist festzustellen, daß über die Voraussetzungen der Zustimmungspflicht keine Einigkeit herrscht; zum Teil wird nur ein irgendwie geartetes Interesse der Gesellschaft bzw. der Gesellschafter vorausgesetzt, zum Teil wird dargelegt, daß nicht jedes Interesse ausreicht, sondern es wird verlangt, daß dies zur Zweckverfolgung notwendig sein muß.

---

616 So die h.L., vgl. BGH BB 1954, 156; 1985, 423, 424; BGH WM 1961, 301, 302; 1970, 246, 248; 1973, 990, 992; 1979, 1058, 1060; 1985, 195, 196; BGHZ 64, 253, 258; Karsten Schmidt, GesR, § 5 IV 2 a; Eisenhardt, GesR, Rn. 248; Kraft/Kreutz, C II 2 b; Zöllner, Anpassung, S. 25; Hey, S. 57; Baumbach/Hopt, § 105, Rn. 64; von Gerkan in Röhricht/Graf von Westphalen, § 109, Rn. 13; Thomas in Palandt, § 705, Rn. 16; Harm Peter Westermann in Erman, § 709, Rn. 35; Hadding in Soergel, § 705, Rn. 63; Ulmer in MünchKomm, § 705, Rn. 190.

617 Vgl. dazu § 5 II.

618 Karsten Schmidt in Schlegelberger, § 105, Rn. 143; auch Alfred Hueck, ZGR 1972, 237, 244.

619 BGHZ 64, 253, 258; BGH NJW 1985, 972, 973; 1985, 974, 975; BGH JuS 1987, 409 m. Anm. Karsten Schmidt.

620 BGHZ 44, 40, 41; BGH JuS 1986, 406, 407 m. Anm. Karsten Schmidt.

621 Robert Fischer in Staub, HGB, § 105, Rn. 31c; ihm folgend Harm Peter Westermann, FS Hefermehl, 225, 229.

622 Hadding in Soergel, § 705, Rn. 63; Keßler in Staudinger, § 709, Rn. 29; Alfred Hueck, Anm. zu BGH JR 1965, 386f., JR 1965, 387.

bb) Der Gesellschaftszweck als entscheidendes Merkmal

aaa) Pacta sunt servanda und Treuepflicht

Ausgangspunkt jeder Überlegung zur Zustimmungspflicht bei der Abänderung von Gesellschaftsverträgen muß die Bindung der Gesellschafter an den geschlossenen Vertrag sein. Die Gesellschafter sind nach dem Grundsatz „pacta sunt servanda" an den Vertrag gebunden, so wie sie ihn abgeschlossen haben.

Andererseits wird aber das Gesellschaftsverhältnis von der Treuepflicht beherrscht.[623] Die Treuepflicht ist aus dem Zweck des Vertrauensschutzes im Rahmen bestehender Gemeinschaftsverhältnisse gerechtfertigt.[624] Der Zusammenschluß der Gesellschafter zu einer Zweckgemeinschaft verlangt ein im Vergleich zum Austauschvertrag erhöhtes Vertrauens- oder besser Loyalitätsverhältnis, da die Gesellschafter nicht nur Gegenstände austauschen, sondern sich zur Erreichung eines gemeinsamen Ziels zusammenschließen. Dabei sind die Loyalitätspflichten keine Rechtsquellen oder Rechtsnormen, sondern „von diesen Pflichten ist stets nur generalklauselartig im Sinne konkretisierungsbedürftiger Pflichten aus einer Sonderverbindung die Rede".[625] Als Teil des mitgliedschaftlichen Rechtsverhältnisses sind sie so komplex wie die Mitgliedschaft selbst.

Gegen das Loyalitätsverhältnis als Wurzel der Treuepflicht kann auch nicht eingewandt werden, daß solch ein Loyalitätsverhältnis bei lediglich finanzieller Beteiligung an der Gesellschaft[626] zwischen den Gesellschaftern nicht besteht, denn der Gesellschaftsvertrag begründet - wie jedes andere Rechtsverhältnis auch - die Pflicht, auf die Belange des Vertragspartners Rücksicht zu nehmen. Auch in solch einem Fall verpflichten sich die Gesellschafter mit Abschluß des Gesellschaftsvertrages zur Förderung eines gemeinsamen Zwecks.[627] Die Treuepflicht als Ausfluß des Loyalitätsverhältnisses ist also generell vorhanden, fraglich ist

---

623 So auch Baumbach/Hopt, § 109, Rn. 23; Gerkan in Röhricht/Graf von Westphalen, § 109, Rn. 12; Karsten Schmidt, GesR, § 20 IV 1 a; Kübler, § 6 II 2 c (S. 46); Kraft/Kreutz, C II 2 b; Götz Hueck, GesR, § 7 I 1 d (S. 52); Ulmer in MünchKomm, § 705, Rn. 181ff.; Harm Peter Westermann in Erman, § 705, 47; v. Gamm in RGRK, § 705, Rn. 17.

624 Hüffer, GesR, § 10 3.

625 Karsten Schmidt, GesR, § 20 IV 1 b.

626 So vor allem die sog. Publikumsgesellschaften, welche aus einer Vielzahl untereinander nicht persönlich verbundener Gesellschafter bestehen (so die Beschreibung bei Ulmer in MünchKomm, v. § 705, Rn. 3).

627 Zumindest mit der Anerkennung von Treuepflichten in der Aktiengesellschaft hat auch die Rechtsprechung das Bestehen von Treuepflichten bei lediglich finanzieller Beteiligung anerkannt; vgl, BGHZ 103, 184, 194f.; 129, 136, 142; BGH NJW 1992, 3167, 3171.

nur ihr Umfang.[628] Aus diesem Loyalitätsverhältnis ergeben sich damit die Treue-(Loyalitäts-)pflichten.[629]

Hüffer[630] sieht daneben noch einen weiteren Zweck der Treuepflicht: die Einwirkungskontrolle, d.h. die Treuepflicht ist das "rechtliche Gegengewicht für die gesteigerten Einwirkungsmöglichkeiten, welche die Gesellschafter infolge ihrer Mitgliedsposition erlangen". Die Treuepflicht ist nach Hüffer somit auch Verhaltensschranke.

Die Treuepflicht besagt, daß die Gesellschafter positiv die Pflicht haben, „in Ausübung ihrer im Gesellschaftsinteresse begründeten mitgliedschaftlichen Befugnisse diejenigen Handlungen vorzunehmen, die der Förderung des Gesellschaftszwecks dienen" und negativ die Pflicht, "alles zu unterlassen, was die Interessen der Gesellschaft schädigt".[631] Ebenso wie die Mitgliedschaft, ist auch die Schutzrichtung der Treuepflicht eine doppelte: einmal zwischen der Gesellschaft und den Gesellschaftern und dann auch zwischen den Gesellschaftern untereinander.[632] Auch die Intensität der Treuepflicht ist unterschiedlich. Geht es um uneigennützige, „zur Förderung des gemeinsamen Zwecks verliehene Befugnisse"[633], haben die Interessen der Gesellschaft Vorrang. Eigene Interessen können nur dann verfolgt werden, wenn sie denen der Gesellschaft nicht entgegenstehen. Geht es andererseits um den Gebrauch eigennütziger Mitgliedschaftsrechte, muß der Gesellschafter lediglich „im Rahmen des Zumutbaren Rücksicht nehmen; er darf sich nicht willkürlich oder grundlos über anerkennenswerte Interessen der Gemeinschaft oder der Partner hinwegsetzen"[634]. Diese letzte Unterscheidung findet insbesondere im Bereich der Bindung und Beschränkung von Rechten Anwendung.[635] Zöllner[636] wendet sie aber auch für die Zustimmungs-

---

628 Karsten Schmidt, GesR, § 20 IV 2 d.

629 So im Ergebnis auch Karsten Schmidt, GesR, § 20 IV 1 b; Zöllner, Schranken, S. 341f., der hervorhebt, daß es nicht entscheidend ist, daß der eine dem anderen persönliches Vertrauen entgegenbringt, "sondern daß er sich im Vertrauen auf ein entsprechendes solches Wohlverhalten des begünstigten Teils einer bestimmten Rechtsmacht begeben, mithin dem anderen Einfluß auf seine Interessen einräumt"; für den Zweck der Treuepflicht als Schutz des Vertrauens auch Hüffer, FS Steindorff, 59, 73.

630 Hüffer, a.a.O., 59, 74; ders., GesR, § 10, 3.

631 Hüffer, FS Steindorff, 59, 69; ähnlich Götz Hueck, § 7 I 1d (S. 52); Alfred Hueck, ZGR 1972, 237, 240.

632 Karsten Schmidt in Schlegelberger, § 105, Rn. 162.

633 Ulmer in MünchKomm, § 705, Rn. 184.

634 Ulmer in MünchKomm, § 705, Rn. 184.

635 Karsten Schmidt in Schlegelberger, § 105, Rn. 165.

636 Zöllner, Anpassung, S. 40ff.

pflicht zur Änderung von Gesellschaftsverträgen und damit im Bereich der Begründung von Pflichten an.

bbb) Der Vertragszweck als Begründung der Durchbrechung des Grundsatzes Pacta sunt servanda

Weder Rechtsprechung noch Lehre haben sich intensiv mit dem Argument von Kollhosser[637] auseinandergesetzt, daß die Treuepflicht nur innerhalb des Gesellschaftsvertrages Wirkungen entfalten kann, da sie auf dem Gesellschaftsvertrag beruht und die Gesellschafter auch zur Förderung des Gesellschaftszwecks gemäß § 705 BGB nur im Rahmen des geschlossenen Gesellschaftsvertrages verpflichtet sind.

Nach § 705 BGB sind die Gesellschafter verpflichtet, „die Erreichung eines gemeinsamen Zweckes in der durch den Vertrag bestimmten Weise zu fördern". Im Vertrag muß also der Zweck der Gesellschaft festgelegt werden. Die Gesellschafter verpflichten sich dann durch den Vertragsabschluß, diesen von ihnen festgelegten Zweck zu verfolgen. Dabei sind sie jedoch nicht verpflichtet, jegliche Maßnahmen zu unternehmen, um den Vertragszweck zu erreichen, sondern nur diejenigen, zu welchen sie sich im Vertrag verpflichtet haben. Da mit Abschluß des Vertrages aber auch zwischen den Gesellschaftern eine Treuepflicht entsteht, diese somit Vertragsinhalt ist, müssen die Gesellschafter bei der Verfolgung des Vertragszwecks die Treuepflicht berücksichtigen.

Es ist zu berücksichtigen, daß die Personengesellschaft den Charakter eines Dauerschuldverhältnisses[638] hat. Gesellschaften sind in der Regel auf Dauer angelegt. Der Gesellschaftsvertrag dagegen statuiert eine den Vertragsparteien im Augenblick des Vertragsabschlusses adäquate Problemlösung.[639] Zukünftige Entwicklungen werden in der Regel nicht berücksichtigt und können es auch nicht, da die Zukunft so viele Ungewißheiten birgt, daß eine auf die Zukunft gerichtete vertragliche Regelung nur selten die ihr zugedachte Aufgabe erfüllen kann. Während also der Vertragstext unverändert bleibt, ändern sich die Gesellschaft und die äußeren Umstände. Damit ändern sich aber auch die Anforderun-

637 Kollhosser, FS Harry Westermann, 275, 278, die Kritik richtet sich in der Regel gegen den von Kollhosser vorgeschlagenen Weg.

638 Ulmer in Staub, § 105, Rn. 245; Larenz, SchAT, § 2 VI (S. 29).

639 Vgl. dazu die einprägsame Umschreibung bei Zöllner, Anpassung, S. 11: "Der Gesellschaftsvertrag ist der paradoxe Versuch, einem Unternehmensträgerverein und seinem Unternehmen eine dauerhafte Verfassung zu geben. Paradox ist dieser Versuch deshalb, weil solche Verfassungen statisch konzipiert werden, während Unternehmen sich dynamisch entwickeln und zwar in einer rasch sich wandelnden Welt dynamisch entwickeln müssen, wenn sie nicht aufhören wollen zu bestehen."

gen, welchen die Gesellschafter gerecht werden müssen, um den Gesellschaftszweck zu erreichen.

Wünschen die anderen Gesellschafter nun eine Abänderung des Gesellschaftsvertrages, ist der Gesellschafter nicht verpflichtet, zuzustimmen. Denn er hat sich nur zu den im Gesellschaftsvertrag vorgesehenen Bedingungen auf die Gesellschaft eingelassen. Dies gilt auch, wenn die Änderung der Gesellschaftsvertrages im Interesse der übrigen Gesellschafter oder des Gesellschaftsunternehmens erfolgt.[640] Etwas anderes kann sich jedoch aus dem Gesellschaftszweck ergeben, denn die Gesellschafter haben sich im Gesellschaftsvertrag gegenseitig verpflichtet, den Gesellschaftszweck zu verfolgen. Der Gesellschaftszweck ist dabei nicht irgendeine Pflicht innerhalb des Gesellschaftsvertrages, sondern das Ziel, welches durch das Zusammenwirken der Gesellschafter erreicht werden soll.[641] Es ist gerade der Sinn der Gesellschaft, diesen vereinbarten Gesellschaftszweck zu erreichen. Das gesamte Handeln der Gesellschaft ist darauf ausgerichtet, und die Gesellschafter sind verpflichtet, dieses Ziel zu fördern. Dabei handelt es sich bei der Förderungspflicht der Gesellschafter nicht um eine einmalige Pflicht, sondern sie muß entsprechend dem Dauerschuldcharakter der Gesellschaft eine dauernde sein.[642]

Der Gesellschaftsvertrag andererseits ist statisch. Zu einem bestimmten Zeitpunkt, d.h. bei Abschluß des Gesellschaftsvertrages, wird ein Ziel vereinbart, der Gesellschaftszweck, welches aber häufig nicht sofort, sondern erst nach Ablauf einer gewissen Zeitspanne erreicht werden kann. Im selben Zeitpunkt wird aber auch vereinbart, wie dieses Ziel zu erreichen ist, wobei die Vertragsparteien ihre zu diesem Zeitpunkt bestehenden Vorstellungen über die zum Erreichen des Gesellschaftsziels notwendigen Maßnahmen dem Gesellschaftsvertrag zugrunde legen. Zu diesem Zeitpunkt, d.h. mit Abschluß des Gesellschaftsvertrages, entsteht auch das Vertrauens- und Loyaliätsverhältnis zwischen den Gesellschaftern, aus welchen sich die gesellschaftliche Treuepflicht ergibt.

Ist die Erreichung des Gesellschaftszwecks unter den gegebenen vertraglichen Voraussetzungen nicht mehr möglich, kann der Gesellschafter bei der Entscheidung, ob er einer Vertragsänderung zustimmt, welche die Zweckverfolgung wieder ermöglicht, nicht außer acht lassen, daß er sich zur „Treue“ den anderen Gesellschaftern gegenüber verpflichtet hat.[643] Zwar ist der Gesellschafter nach

640 Ähnlich Keßler in Staudinger, § 709, Rn. 29.

641 Ulmer in MünchKomm, § 705, Rn. 95; Keßler in Staudinger, v. § 705, Rn. 29; Harm Peter Westermann in Erman, § 705, Rn. 29 Thomas in Palandt, § 705, Rn. 20f.

642 So auch Ulmer in MünchKomm, § 705, Rn. 120; Hadding in Soergel, § 705, Rn. 37.

643 So im Ergebnis auch Keßler in Staudinger, § 709, Rn. 29; Weipert, ZGR 1990, 141, 148.

§ 705 BGB nur zu der im Vertrag bestimmten Weise verpflichtet, den Gesellschaftszweck zu fördern. Andererseits ist das Erreichen des Vertragszwecks der Sinn der Gesellschaft, deren Ziel. Die Bestimmungen über Art und Weise, wie der Vertragszweck zu erreichen ist, sind - obwohl auch Bestandteil des Gesellschaftsvertrages - dagegen „nur“ Modalitäten, welche den Weg zum Ziel, dem Erreichen des Gesellschaftszwecks, festlegen. Ist der Gesellschaftszweck nur mittels einer Änderung des Gesellschaftsvertrages zu erreichen, ist der Gesellschafter wegen der im Vertrag bestehenden Treuepflicht verpflichtet, sich den anderen Gesellschaftern gegenüber loyal zu verhalten. Daher muß er – in engen Grenzen - einer Änderung der Modalitäten, welche den Weg zum im Gesellschaftsvertrag vereinbarten Ziel der Gesellschaft, dem Gesellschaftszweck, festlegen, zustimmen. Voraussetzung einer Zustimmungspflicht zur Vertragsänderung aufgrund der Treuepflicht ist also, daß das Ziel der Gesellschaft, der Gesellschaftsvertrag, das Gleiche bleibt. Es darf sich durch die Vertragsänderung lediglich der Weg ändern, auf welchem das Ziel erreicht wird. Dabei ist darauf hinzuweisen, daß die Vertragsänderung ultima ratio ist, denn eine Änderung des einmal geschlossenen Vertrages greift auch unter Berücksichtigung der Treuepflicht so tief in die Rechte der Gesellschafter ein, daß mildere Mittel Vorrang haben.

ccc) Keine Berücksichtigung anderer Umstände

Dient die beabsichtigte Vertragsänderung der Verfolgung anderer Ziele als dem Gesellschaftszweck, wie zum Beispiel der Erhaltung der im Rahmen der Gesellschaft geschaffenen Werte oder mitgliedschaftlicher[644] Interessen der Gesellschafter, kommt eine Pflicht zur Zustimmung zur Änderung des Gesellschaftsvertrages aufgrund der Treuepflicht nicht in Betracht, denn zur Verfolgung dieser Ziele haben sich die Gesellschafter nicht verpflichtet. Nur aufgrund der Treuepflicht allein kann kein Gesellschafter gezwungen werden, einer Änderung des Gesellschaftsvertrages zuzustimmen. Denn die Treuepflicht basiert auf dem Gesellschaftsvertrag und besagt, daß die Gesellschafter die Interessen der Gesellschaft, so wie sie im Gesellschaftsvertrag festgelegt worden sind, wahren müssen. Nur wenn die Gesellschafter sich zur Verfolgung bestimmter Ziele im Gesellschaftsvertrag verpflichtet haben, kann die Treuepflicht eine Zustimmungspflicht zur Abänderung des Gesellschaftsvertrages begründen, falls mit der ursprünglichen vertraglichen Regelung die Verpflichtung nicht mehr erfüllt werden kann.

---

644 Auf private Interessen einzelner Gesellschafter außerhalb der Gesellschaft müssen die Gesellschafter nach ganz h.M. bei Ausübung der gesellschaftlichen Rechte keine Rücksicht nehmen; vgl. nur Ulmer in MünchKomm, § 705, Rn. 188 m.w.N.

Auch die Auffassung von Fischer,[645] nach welcher „der Bestand des gemeinsam geschaffenen Unternehmens für jeden Gesellschafter bestimmte Verpflichtungen begründen kann und er sich demzufolge nicht in Widerspruch zu seiner bisherigen Tätigkeit beim Aufbau und Ausbau des gemeinsamen Unternehmens setzen darf", läßt sich nicht halten. Fischer argumentiert mit dem Verbot des venire contra factum proprium. Dieser Grundsatz greift nur dann ein, wenn durch das Verhalten ein Vertrauenstatbestand geschaffen wurde, auf den sich die anderen Vertragspartner verlassen haben und diese auch diesbezüglich schutzwürdig sind.[646] Die Gesellschafter haben sich aber nicht verpflichtet, ein Unternehmen aufzubauen, sondern lediglich dazu, den Gesellschaftszweck zu verfolgen. Dieser kann zwar den Aufbau eines Unternehmens beinhalten, muß es aber nicht. Der Vertrauenstatbestand besteht demzufolge nur hinsichtlich der Verfolgung des Gesellschaftszwecks, nicht aber in Bezug auf den Bestand des gemeinsam geschaffenen Unternehmens.

ddd) Kein Einfluß des Art. 9 Abs. 1 GG

In diesem Zusammenhang kann nach der Auffassung von Haarmann[647] auch die negative Vereinigungsfreiheit des Art. 9 Abs. 1 GG nicht ganz unberücksichtigt bleiben. Nach dieser ist die Entscheidung geschützt, einer Vereinigung fernzubleiben oder aus ihr auszutreten.[648] Darunter muß nach Haarmann aber auch die Konstellation fallen, daß jemand einer Gesellschaft beitritt, deren vertragliche Grundlage später geändert wird. Denn auch dann besteht eine Mitgliedschaft unter Bedingungen, denen der Gesellschafter nicht zugestimmt hat.[649] Dem könnte man entgegenhalten, daß der Gesellschafter ja weiterhin die Möglichkeit hat, aus der Gesellschaft auszutreten. Ist aber die gesellschaftliche Tätigkeit Lebensgrundlage der Gesellschafter, besteht möglicherweise ein tatsächlicher Zwang, in der Gesellschaft zu bleiben. Andererseits hat der Gesellschafter, falls er ausscheidet, einen Anspruch gegen die Gesellschaft nach § 738 BGB auf Auszahlung eines Abfindungsguthabens, so daß man in der Regel nicht davon ausgehen kann, daß ein Zwang im Sinn einer fehlenden Wahlmöglichkeit besteht.

---

645 Robert Fischer in Staub, § 105, Rn. 31c.

646 BGHZ 94, 344, 351; BGH NJW 1986, 2104, 2107; Werner in Erman, § 242, Rn. 79; Heinrichs in Palandt, § 242, Rn. 55.

647 Haarmann, S. 168.

648 BVerfGE 10, 89, 104; 38, 281, 297f.; 50, 290, 354; Jarass/Pieroth, Art. 9, Rn. 6; Kannengießer in Schmidt-Bleibtreu/Klein, Art. 9, Rn. 5b; Höfling in Sachs, Art. 9, Rn. 21; Scholz in Maunz/Dürig, Art. 9, Rn. 42.

649 Haarmann, S. 168.

Art. 9 Abs. 1 GG umfaßt aber nicht nur die Freiheit des Einzelnen, sich zusammenzuschließen bzw. einer Gesellschaft fernzubleiben, sondern auch die Selbstbestimmung über die eigene Organisation, das Verfahren ihrer Willensbildung und die Führung ihrer Geschäfte.[650] Aufgrund der Zustimmungspflicht könnte man die Auffassung vertreten, daß die Selbstbestimmung der Gesellschaft nicht mehr gewahrt sei. Art. 9 Abs. 1 GG findet im Privatrecht jedoch nicht unmittelbar Anwendung. Es besteht lediglich eine mittelbare Drittwirkung.[651] Gegen eine unmittelbare Drittwirkung spricht schon der Wortlaut des Grundgesetzes, welcher in Art. 1 Abs. 1 GG die Verpflichtung zur Achtung und zum Schutz der Menschenwürde ausdrücklich „aller staatlicher Gewalt" und gerade nicht „jedermann" auferlegt[652] und in Art. 1 Abs. III GG Gesetzgebung, vollziehende Gewalt und Rechtsprechung an die Grundrechte unmittelbar bindet.[653] Ferner ist Adressat der Verfassung nicht der Bürger, sondern der Staat.[654] Als „Schutzpatron der Marktteilnehmer" ist er jedoch verpflichtet, für eine gerechte Privatrechtsordnung zu sorgen.[655] Daher sind die Wertentscheidungen des Grundgesetzes bei der Auslegung der „wertausfüllungsfähigen und wertausfüllungsbedürftigen Begriffe und Generalklauseln"[656] im Zivilrecht zu berücksichtigen.[657] Sinn der Drittwirkung ist es, die Chancengleichheit durch Herstellung faktischer Symmetrie zu wahren.[658]

---

650 Kannengießer in Schmidt-Bleibtreu/Klein, Art. 9, Rn. 5b.

651 Jarass/Pieroth, Art. 9, Rn. 13; Pieroth/Schlink, Rn. 181; Stein, § 26 V; Hübner, AT, Rn. 120; Larenz/Wolf, AT, § 4, Rn. 51; Heinrichs in Palandt, § 242, Rn. 8; Manfred Wolf in Soergel, v. § 305, Rn. 16; Erichsen, Jura 1996, 527, 531; anders Enneccerus/Nipperdey, § 15 IV 4 c; BAG, BAGE 1, 185, 193f.: "Zwar sind nicht alle, aber doch eine Reihe bedeutsamer Grundrechte der Verfassung sollen nicht nur Freiheitsrechte gegenüber der Staatsgewalt garantieren, sie sind vielmehr Ordnungsgrundsätze für das soziale Leben, die in einem aus den Grundrechten näher zu entwickelndem Umfang unmittelbare Bedeutung auch für den Rechtsverkehr der Bürger untereinander haben"; gegen die unmittelbare Wirkung der Grundrechte aber BAGE 48, 122, 138f.

652 Canaris, AcP 184 (1984), 201, 203f.

653 Erichsen, Jura 1996, 527, 530.

654 Heinrichs in Palandt, § 242, Rn. 8; Canaris, AcP 184 (1984), 201, 204; Stein, § 26 V.

655 Wiedemann, JZ 1990, 695, 696.

657 Dürig in Maunz/Dürig, Art. 1, Rn. 132.

658 Jarass/Pieroth, Art. 1, Rn. 27; Hesse, Rn. 356; Pieroth/Schlink, Rn. 181; BVerfGE 7, 198, 205f.; 73, 261, 269: "Gesetzgebung, Verwaltung und Rechtsprechung empfangen von ihnen Richtlinien und Impulse. So beeinflußt es selbstverständlich auch das bürgerliche Recht; keine bürgerlich-rechtliche Vorschrift darf im Widerspruch zu ihm stehen, jede muß in seinem Geiste ausgelegt werden."; auch BVerfG JZ 1990, 691, 692.

658 BVerGE 81, 242, 261; 89, 214, 232f.; Hesse, Rn. 357.

Im Zusammenhang mit der Zustimmungspflicht greifen keine staatlichen Stellen in die Organisation und den Willensbildungsprozeß der Gesellschaft ein, denn die Gerichte entscheiden nur, ob ein solcher Anspruch zwischen den Gesellschaftern, zwei Subjekten des Privatrechts, besteht. Aber auch zwischen Subjekten des Privatrechts können Ungleichgewichte bestehen, welche es gebieten, eine Inhaltskontrolle vorzunehmen.[659] Diese Inhaltskontrolle soll verhindern, daß eine Vertragspartei aufgrund ihrer Unterlegenheit in Verträge einwilligt, welche übermäßig nachteilig für sie sind. Die Inhaltskontrolle soll also die Freiheit schützen, bestimmte Vertragsklauseln abzulehnen. Bei der Zustimmungspflicht zu einer Vertragsänderung aufgrund der Treuepflicht geht es aber um das Gegenteil. Der Vertragspartner soll gerade nicht in seiner Freiheit, Vertragsklauseln abzulehnen, geschützt werden, sondern er soll gezwungen werden, einer Vertragsänderung zuzustimmen. Diese Verpflichtung zur Zustimmung greift auch nicht in die Selbstbestimmung der Gesellschaft ein, denn der inhaltliche Vorschlag für die angestrebte Vertragsänderung stammt nicht von den Gerichten, sondern aus dem Kreis der Gesellschafter, und die Zustimmungspflicht zur Änderung des Gesellschaftsvertrages ergibt sich aus der gesellschaftlichen Treuepflicht. Die Gerichte stellen lediglich fest, ob solch eine Pflicht zur Zustimmung besteht. Damit liegt kein Verstoß - auch nicht mittelbar - gegen Art. 9 Abs. 1 GG vor.

eee) Ergebnis

Zusammenfassend ist zu sagen, daß eine Zustimmungspflicht zur Vertragsänderung aufgrund der Treuepflicht dann vorliegt, wenn

- die Vertragsänderung zur Verwirklichung des Gesellschaftszwecks erforderlich ist und
- die vorgesehene Veränderung dem einzelnen Gesellschafter zumutbar ist.

Die dritte Voraussetzung, welche im Zusammenhang mit der Pflicht zur Zustimmung aufgrund der Treuepflicht teilweise noch verlangt wird, das Vorliegen eines besonderen Ausnahmefalles, ist nicht notwendig, denn die Erforderlichkeit der Vertragsänderung zur Verwirklichung des Gesellschaftszwecks beinhaltet dies. Es ist immer nur dann ein besonderer Ausnahmefall gegeben, wenn der vertraglich vereinbarte Gesellschaftszweck nicht (mehr) ohne eine Veränderung

659 Larenz/Wolf, AT, § 4 Rn. 51f.; Stein, § 26 V; eine Inhaltskontrolle eines Vertrages wurde vom BVerfG in der Entscheidung zur Sittenwidrigkeit von Bürgschaften vorgenommen; vgl. BVerfGE 89, 219.

des Gesellschaftsvertrages erreicht werden kann.[660] Erforderlich ist eine Vertragsänderung dann, wenn die Zweckverfolgung anders nicht erreichbar ist, es also keine weniger in die Rechte des Gesellschafters einschneidenden Maßnahmen gibt, die die Zweckverfolgung ermöglichen.[661]

Davon abzugrenzen ist die Unmöglichkeit der Zweckerreichung. Unmöglichkeit liegt vor, wenn die Leistung von niemandem erbracht werden kann. Sie entspricht genereller Unerfüllbarkeit.[662] Bei Unmöglichkeit greift im Recht der Gesellschaft bürgerlichen Rechts § 726 BGB ein, wonach die Gesellschaft endet. Die Unmöglichkeit darf aber nicht nur lediglich vorübergehend sein, sondern muß „dauernd und offenbar" sein.[663] Anders liegt die Regelung im Recht der Handelsgesellschaften. Dort ergibt die Unerreichbarkeit des Gesellschaftszwecks lediglich einen wichtigen Grund gem. § 133 HGB.[664] Unmöglichkeit liegt aber nur vor, wenn der Gesellschaftszweck überhaupt nicht mehr erreichbar ist, während bei der Erforderlichkeit als Voraussetzung der Vertragsänderung bei der Treuepflicht der Gesellschaftszweck noch erreicht werden kann, jedoch nicht mit der bestehenden vertraglichen Regelung.

2) Die Abgrenzung der Zustimmungspflicht zur Vertragsänderung aufgrund der Treuepflicht und der Lehre von der Geschäftsgrundlage

a) Unterschiede der beiden Rechtsinstitute

Betrachtet man die Meinungen, welche von einer Identität der Rechtsinstitute ausgehen, so muß man feststellen, daß die rechtliche Begründung für den glei-

---

660 Für einen lediglich zweistufigen Aufbau der tatbestandlichen Voraussetzungen bei der Zustimmungspflicht zur Vertragsänderung auch Ulmer in MünchKomm, § 705, Rn. 191.

661 In Anlehnung an die Definition der Erforderlichkeit im Verfassungsrecht, vgl. Jarass/Pieroth, Art. 20, Rn. 85; in der Literatur und der Rechtsprechung zur Zustimmungspflicht aufgrund der Treuepflicht wird dieser Begriff nicht definiert, es wird aber statt der Erforderlichkeit eine dringende Erforderlichkeit verlangt; vgl. Alfred Hueck, ZGR 1972, 237, 244.

662 Heinrichs in Palandt, § 275, Rn. 4.

663 RGZ 164, 129, 142f.; BGHZ 24, 279, 293; 84, 379, 381; Ulmer in MünchKomm, § 726, Rn. 4; v. Gamm in RGRK, § 726, Rn. 3; Thomas in Palandt, § 726, Rn. 2; sind die Umstände nicht so eindeutig, kommt aber noch die Möglichkeit einer Kündigung aus wichtigem Grund nach § 723 BGB in Betracht.

664 BGHZ 65, 160, 162; Karsten Schmidt in Schlegelberger, § 133, Rn. 12; Alfred Hueck, oHG, § 25 II 2 (S. 374); Baumbach/Hopt, § 133, Rn. 10; a. A. Flechtheim in Düringer-Hachenburg, § 131 Anm. 11, § 133, Anm. 8.

chen Anwendungsbereich dieser Rechtsinstitute im Gesellschaftsrecht unterschiedlich ist. Haarmann spricht von einer "materiellen Identität",[665] sieht also wohl in der Lehre von der Geschäftsgrundlage und der Zustimmungspflicht nicht zwei unterschiedliche Rechtsinstitute, sondern zwei Ausprägungen des gleichen Rechtsinstituts. Hey[666] und H.P. Westermann[667] sind zwar der Auffassung, daß es sich um zwei unterschiedliche Rechtsinstitute handelt, diese aber im Gesellschaftsrecht den gleichen Anwendungsbereich besitzen. Daraus folgert Hey, daß im Gesellschaftsrecht auf die Anwendung der Lehre von der Geschäftsgrundlage verzichtet werden kann, während H.P. Westermann mal die Lehre von der Geschäftsgrundlage, mal die Treuepflicht anwenden möchte.

aa) Lehre von der Geschäftsgrundlage und Treuepflicht als identische Rechtsinstitute?

Fraglich ist, ob die Lehre von der Geschäftsgrundlage und die Zustimmungspflicht zur Vertragsänderung auf Grundlage der Treuepflicht nicht lediglich zwei unterschiedliche Ausprägungen des gleichen Rechtsinstituts sind. Zwar beruht die Lehre von der Geschäftsgrundlage nach einhelliger Auffassung auf § 242 BGB,[668] bei der Treuepflicht ist es aber schon sehr umstritten,[669] ob diese ihre Rechtsgrundlage in § 242 BGB hat. Selbst wenn man aber die Treuepflicht auf § 242 BGB gründet, kann man daraus nicht per se schließen, daß es sich um das gleiche Rechtsinstitut handelt, denn Rechtsprechung und Lehre haben "aus § 242 BGB den das gesamte Rechtsleben beherrschenden Grundsatz entnommen, daß jedermann in Ausübung seiner Rechte und Erfüllung seiner Pflichten nach Treu und Glauben zu handeln hat".[670] Aus diesem Grundsatz haben Rechtslehre und Rechtsprechung unterschiedliche Rechtsinstitute herausgearbeitet.[671] Allein die gleiche Rechtsgrundlage, § 242 BGB, ist daher kein Argument für die Identität der Rechtsinstitute.

---

665 Haarmann, S. 56.
666 Hey, S. 85.
667 Harm Peter Westermann, FS Hefermehl, 225, 239: "Die Frage bleibt, wie die beiden Anpassungsmethoden voneinander abzugrenzen sind. Praktisches Gewicht hat sie allerdings nur, wenn sich die Voraussetzungen des richterlichen Eingreifens wesentlich voneinander unterscheiden. Dies dürfte kaum der Fall sein."
668 Vgl. nur z.B. Heinrichs in Palandt, § 242, Rn. 114; Roth in MünchKomm, § 242, Rn. 496f.; Werner in Erman, § 242, Rn. 166.
669 Siehe dazu nur die Darstellung in § 5 III 1 a.
670 Heinrichs in Palandt, § 242, Rn. 1.
671 Jürgen Schmidt in Staudinger, § 242, Rn. 114; Heinrichs in Palandt, § 242, Rn. 2.

aaa) Die unterschiedlichen Grundlagen der Lehre von der Geschäftsgrundlage und der Treuepflicht

Der Grundsatz von Treu und Glauben gem. § 242 BGB hat unterschiedliche Ausprägungen.[672] Nach der hier vertretenen Auffassung der Lehre von der Geschäftsgrundlage ist für deren Anwendbarkeit entscheidend, ob das Risiko im Vertrag berücksichtigt wurde.[673] Denn durch jeden Vertrag unterwirft sich eine Partei gewissen Risiken, deren Eintreten eine Änderung des Vertrages gerade nicht bewirken soll. Dieses Vertragsrisiko ist aber dann überschritten, wenn sich Risiken ereignen, welche nicht „in den vertraglichen Risikorahmen" der Parteien aufgenommen wurden.[674] Die Treuepflicht ergibt sich dagegen aus der - im Vergleich zu anderen Schuldverhältnissen - stärkeren persönlichen Bindung,[675] welche ein stärkeres persönliches Vertrauen zwischen den einzelnen Gesellschaftern zur Folge hat.[676] Damit beruhen die Lehre von der Geschäftsgrundlage und die Treuepflicht auf unterschiedlichen Grundlagen - einerseits der fehlenden vertraglichen Risikoverteilung und andererseits der persönlichen Vertrauensbeziehung. Schon dies spricht gegen ein einheitliches Rechtsinstitut.

Ein anderes Ergebnis könnte sich ergeben, falls man der Auffassung von Hüffer folgt, nach welcher die Treuepflicht zwar aus der Mitgliedschaft folgt,[677] dabei aber einen Doppelzweck hat.[678] Neben dem Vertrauensschutz im Rahmen bestehender Gemeinschaftsverhältnisse ist der Zweck der Treuepflicht die Kontrolle von Einwirkungsmöglichkeiten, welche den Gesellschaftern durch ihre Mitgliedschaft zuwachsen.[679] Nach seiner Auffassung läßt sich auch dann eine Zustimmungspflicht zur Vertragsänderung begründen, wenn kein Vertrauensverhältnis besteht, sondern lediglich die Treuepflicht als Verhaltensschranke eingreift. Er vergleicht dies mit dem treuwidrigen Widerspruch zur Geschäftsführungsmaßnahme und ist der Auffassung, daß beide Male „durch das Unterlassen

---

672 Heinrichs in Palandt, § 242, Rn. 2.

673 Vgl. zu den Voraussetzungen der Anwendung der Lehre von der Geschäftsgrundlage § 1 II.

674 So auch Fikentscher, Geschäftsgrundlage, S. 35; Teichmann in Soergel, § 242, Rn. 223.

675 Götz Hueck, § 7 I 1d (S. 52); Karsten Schmidt in Schlegelberger, § 105, Rn. 161; ders., GesR, § 20 IV 1.

676 Hopt/Hehl, Rn. 375.

677 Hüffer, GesR, § 10, 3; ders., FS Steindorff, 59, 66: "Weil sie (die Gesellschafter Anm. des Verf.) die Gesellschaft wollen, erstreckt sich ihr Konsens notwendig auch auf die Begründung von Mitgliedschaften und damit auf Treubindungen gegenüber der Gesellschaft".

678 Hüffer, FS Steindorff, 59, 73ff.

679 Hüffer, GesR, § 10, 3.

bestimmter Maßnahmen auf die Gesellschaft und ihr Unternehmen treuwidrig eingewirkt werden kann".[680] Selbst wenn man annimmt, daß es eine Gesellschaft ohne Vertrauensverhältnis gibt,[681] sind Geschäftsführungsmaßnahmen und die Zustimmung zur Vertragsänderung nicht vergleichbar. Denn zur Ausübung von Geschäftsführungsmaßnahmen sind die Gesellschafter bereits aufgrund der Mitgliedschaft verpflichtet,[682] und die Treuepflicht beschränkt diese lediglich. Eine andere Situation ist bei der Vertragsänderung gegeben, zu welcher eigentlich keine Pflicht besteht. Die Treuepflicht begründet diese Pflicht erst, um die weitere Verfolgung des Gesellschaftszwecks zu ermöglichen. Die Treuepflicht als Verhaltensschranke kann die Ausübung bestehender Rechte und Pflichten beschränken, nicht aber - in ihrer Funktion als Verhaltensschranke - neue Pflichten begründen. Eine Vertragsänderung aufgrund der Treuepflicht kommt damit nur in Betracht, falls dies sich aus dem Vertrauensverhältnis ergibt.

bbb) Die Unzumutbarkeit als Voraussetzung der Vertragsänderung

Die Lehre von der Geschäftsgrundlage führt nur zu einer Abänderung des Vertrages, wenn das weitere Festhalten an der unveränderten vertraglichen Regelung unzumutbar ist.[683] Insoweit ist Haarmann zuzustimmen, der meint, daß die Lehre von der Geschäftsgrundlage auf dem Prinzip der Unzumutbarkeit am Festhalten an der bisherigen vertraglichen Lösung basiert. Bei der inhaltlichen Bestimmung, wann die bisherige vertragliche Gestaltung unzumutbar ist, gibt es noch große Meinungsverschiedenheiten. So ließ die ältere Rechtsprechung jede Unzumutbarkeit genügen.[684] Später wurden die Anforderungen an die Unzumutbarkeit verschärft, so verlangte der BGH dann „derart einschneidende Veränderungen, daß ein Festhalten an der ursprünglichen vertraglichen Regelung zu einem untragbaren, mit Recht und Gerechtigkeit schlechthin nicht mehr zu vereinbaren-

680 Hüffer, FS Steindorff, 59, 77.
681 Vgl. dazu bereits § 5 III 1 b, aaa.
682 Karsten Schmidt, GesR, § 47 V 1 a; Baumbach/Hopt, § 114, Rn. 9.
683 Heinrichs in Palandt, § 242, Rn. 129; Köhler, Geschäftsgrundlage, S. 155, welcher aber das Prinzip der Unzumutbarkeit durch die Prinzipien des venire contra factum proprium und der Risikozurechung konkretisieren und nur, falls diese Prinzipien nicht eingreifen, auf die Lehre von der Geschäftsgrundlage zurückgreifen möchte.
684 RGZ 102, 272, 274: "Das, was nach ihnen einem Erfüllungspflichtigen noch zugemutet werden kann, läßt sich aber nicht nach einer gleichmäßigen Schablone, sondern nur nach der Lage des Einzelfalls unter Berücksichtigung der Einwirkung der Erfüllung oder Nichterfüllung auf die subjektiven Verhältnisse beider Teile bestimmen"; so auch RGZ 141, 212, 217; BGHZ 2, 176, 188.

dem Ergebnis führen würde".[685] Auch in der Literatur werden unterschiedliche Voraussetzungen verlangt. Nach Fikentscher ist das Vertragsrisiko der äußerste Unzumutbarkeitsrahmen. Jedem Vertragsrisiko sei eine gewisse Zumutbarkeitsspanne hinzuzurechnen und was innerhalb dieses Risikos liegt, gehört nach ihm noch zum Vertrag.[686] Damit räumt auch Fikentscher ein, daß nicht jede Änderung, welche außerhalb des Vertragsrisikos fällt, automatisch eine Anpassung des Vertrages zur Folge hat, sondern daß es zusätzlich noch der Unzumutbarkeit des Festhaltens am unveränderten Vertrag bedarf. Roth spricht dagegen bei der Bestimmung der Unzumutbarkeit von einem erheblichen („unerträglichen") Interessenungleichgewicht.[687]

Die Unzumutbarkeit des Festhaltens am unveränderten Vertrag liegt vor, wenn die (untechnisch verstandene) Leistung nicht möglich,[688] ihr also so große Schwierigkeiten entgegenstehen, daß es gegen Treu und Glauben verstoßen würde, wenn die Vertragspartei sie erbringen müßte. Dies ist durch eine Abwägung der widerstreitenden Interessen der Beteiligten zu bestimmen.[689] Eine Abwägung beinhaltet die Gewichtung mehrerer Interessen, auf der einen Seite derjenigen, welche zugunsten einer unveränderten Fortführung des Vertrages sprechen, auf der anderen Seite diejenigen, welche die Vertragsänderung „untermauern". Wann aber eine Anpassung des Vertrages vorgenommen werden muß, und wann die Veränderung der dem Vertrag zugrunde liegenden Umstände ohne Vertragsänderung noch zumutbar ist, läßt sich nur an Hand des konkreten Vertrages, nicht aber abstrakt bestimmen.

Bei der Anpassung an veränderte Umstände bzw. bei der Auflösung der Gesellschaftsverträge handelt es sich um Vertragsänderungen. Diesen stehen aber

---

685 BGHZ 40, 334, 337; 84, 1, 9; 115, 132, 136; 121, 378, 393; 128, 230, 238; BGH NJW 1958, 1772f.; 1962, 29, 30; 1985, 313, 314; BGH WM 1967, 561; 1969, 496, 499; wobei der BGH in BGH NJW 1985, 313, 314 explizit ausspricht, daß auf einen Wegfall der Geschäftsgrundlage sich nur "derjenige berufen kann, in dessen Person eine gewisse Zumutbarkeitsschwelle überschritten ist, an deren Vorliegen ein strenger Maßstab anzulegen ist." So auch RGZ 168, 121, 126; BGH WM 1969, 335, 337; 1973, 752, 753; diesen Maßstab der Unzumutbarkeit wendet die Rechtsprechung nicht nur bei Äquivalenzstörungen, sondern generell an, vgl. nur den Hinweis auf diesen Maßstab bei der Erörterung der Anwendung der Lehre von der Geschäftsgrundlage beim Zugewinnausgleich nach Eheschließung; BGZ 115, 132, 136ff. (insb. 138f.).

686 Fikentscher, Geschäftsgrundlage, S. 43.

687 Roth in MünchKomm, § 242, Rn. 540.

688 Sollte dies nicht sein, greifen die Regeln über die Unmöglichkeit ein; zur Abgrenzung vgl. Heinrichs in Palandt, § 242, Rn. 119.

689 Haarmann, S. 36; Werner in Erman, § 242, Rn. 177.

die Prinzipien der Vertragstreue[690] und der Privatautonomie[691] entgegen, wobei ersteres sich auf das Prinzip der Rechtssicherheit zurückführen läßt.[692] Privatautonomie kann dabei nicht nur als die Freiheit verstanden werden, Rechtsgeschäfte abzuschließen, sondern ist auch die Ermächtigung, Versprechen entgegenzunehmen und sie dadurch bindend zu machen.[693] Diese Prinzipien verlangen, daß der Vertrag so, wie er geschlossen wurde, auch durchzuführen ist.[694] Beachtet man nun den hohen Stellenwert dieser Prinzipien im deutschen Recht, so reicht eine Erschwerung der vertraglichen Durchführung nicht aus, um eine Vertragsänderung zu begründen, sondern man muß - mit der Rechtsprechung - verlangen, daß eine unveränderte Durchführung des Vertrages zu untragbaren, mit Recht und Gerechtigkeit nicht zu vereinbarenden Ergebnissen führt.

Auch bei der Zustimmung zur Änderung des Gesellschaftsvertrages aufgrund der Treuepflicht ist Voraussetzung, daß diese Veränderung dem einzelnen Gesellschafter zumutbar ist.[695] Auch hier bedarf es zur Bestimmung der Unzumutbarkeit einer Abwägung der gegenseitigen Interessen.[696] Da es sich auch hierbei um eine Änderung des Gesellschaftsvertrages handelt, müssen die Prinzipien der Vertragstreue und der Privatautonomie berücksichtigt werden, so daß bei der Zustimmungspflicht zur Vertragsänderung aufgrund der Treuepflicht eine unverän-

690 BGHZ 84, 1, 9 spricht von "der überragenden Bedeutung, die im Vertragsrecht dem Grundsatz der Vertragstreue zukommt."

691 Vgl. dazu § 4 II 1 b.

692 Köhler, Geschäftsgrundlage, S. 143; Bydlinski, Rechtsgrundsätze, S. 223.

693 Röhl, § 28 II.

694 Nach Larenz, Geschäftsgrundlage, S. 165 und Schmidt-Rimpler, FS Nipperdey, 1, 3, steht der Grundsatz der Vertragstreue nicht im Gegensatz zur Anpassung der Verträge an veränderte Umstände, sondern ist Ausdruck der Grenzen dieses Prinzips. Der Vertrag hat die Funktion, einen sinnvollen Ausgleich zwischen Leistung und Gegenleistung zu gewährleisten. Hat der Vertrag in Folge der Veränderung der zugrundeliegenden Umstände seinen Sinn und damit auch seine "Rechtfertigung" aus dem Parteiwillen verloren, kann er seine Funktion nicht mehr erfüllen und erfährt demzufolge seine Sinngrenze und die Parteien dürfen nicht mehr daran festgehalten werden. Diese Argumentation ist nicht bedenkenlos. So läßt sich bei dem berühmten Krönungszugfall nicht erklären, warum die Lehre von der Geschäftsgrundlage eingreifen soll, falls der Umzug ausfällt, andererseits die Krankheit des Mieters und die dadurch bedingte Nichtbenutzung einen innerhalb des Vertrages zu regelnden Interessenkonflikt darstellt. Hier handelt es sich vielmehr um eine Frage der Risikozuweisung; so auch Köhler, Geschäftsgrundlage, S. 129f.; Teichmann in Soergel, § 242, Rn. 201.

695 BGH JuS 1970, 357, 358 m. Anm. Emmerich; JuS 1985, 544, 555 m. Anm. Karsten Schmidt.

696 Robert Fischer in Staub, § 105, Rn. 31c; ders., NJW 1954, 777, 780; Alfred Hueck, ZGR 1972, 237, 245.

derte Fortführung des Vertrages zu untragbaren, mit Recht und Gerechtigkeit nicht zu vereinbarenden Ergebnissen führen muß.

Diese Interessenabwägung im Rahmen der Vertragsanpassung aufgrund der Treuepflicht ist zu unterscheiden von der ersten Voraussetzung, daß eine Vertragsanpassung aufgrund der Treuepflicht nur in Betracht kommt, falls dies zur Verfolgung des Gesellschaftszwecks notwendig ist. Natürlich ist es den Gesellschaftern nicht zumutbar, die Gesellschaft auf einer vertraglichen Grundlage fortzuführen, obwohl mit dieser vertraglichen Grundlage der Gesellschaftszweck nicht erreicht werden kann. Aber es gibt auch Fälle, in denen zwar das Ziel, der Gesellschaftszweck, eine Änderung der vertraglichen Grundlage gebietet, diese Änderung aber einem der Gesellschafter nicht zumutbar ist, weil die Änderungen z.B. zu tief in seine persönliche Sphäre eingreifen.

Bei der Vertragsänderung aufgrund beider Rechtsinstitute ist somit Voraussetzung, daß das Festhalten an dem Gesellschaftsvertrag, so wie er vorliegt, unzumutbar ist. Die Bestimmung der Unzumutbarkeit ergibt sich bei beiden Rechtsinstituten durch eine Interessenabwägung. Dabei ist auf den konkreten Vertrag abzustellen, wobei aber bei beiden Rechtsinstituten die unveränderte Durchführung des Vertrags zu untragbaren, mit Recht und Gerechtigkeit nicht zu vereinbarenden Ergebnissen führen muß. Fraglich ist nur, ob bei dieser Interessenabwägung die gleichen Gesichtspunkte in die Abwägung einzustellen sind und ob deren Gewichtung identisch ist.

ccc) Voraussetzungen der Unzumutbarkeit

Nach Kollhosser[697] hat die Unzumutbarkeit bei der Vertragsänderung aufgrund der Treuepflicht strengere Voraussetzungen als bei der Lehre von der Geschäftsgrundlage. Da die Treuepflicht nur "bei ganz besonderen Ausnahmefällen" die Abänderung von Verträgen rechtfertigt, sei sie insoweit strenger bei der Abwägung als die Lehre von der Geschäftsgrundlage. Dieser Argumentation kann nur zugestimmt werden, wenn entweder bei der Abwägung unterschiedliche Gesichtspunkte einfließen, oder aber eine unterschiedliche Gewichtung der Gesichtspunkte vorgenommen wird. Bei der Lehre von der Geschäftsgrundlage wird eine umfassende Interessenabwägung[698] vorgenommen, d.h. es wird nicht nur der Vertragsinhalt berücksichtigt, sondern auch alle außerhalb des Vertrages liegenden Umstände.[699] Die Interessenabwägung „findet ihre Kriterien im Vertrag, in

697 Kollhosser, FS Harry Westermann, 275, 280.
698 Roth in MünchKomm, § 242, Rn. 545; Werner in Erman, § 242, Rn. 177; Teubner in AK, § 242, Rn. 95; Teichmann in Soergel, § 242, Rn. 247.
699 Haarmann, S. 59; Werner in Erman, § 242, Rn. 178.

den Parteierwartungen, im Vertragszweck, in Äquivalenzvorstellungen, aber auch in Begleitumständen, in der allgemeinen wirtschaftlichen Lage, in wirtschaftsverfassungsrechtlichen Prinzipien und in sozialstaatlichen Erwägungen".[700] Auch bei der Zumutbarkeit im Zusammenhang mit der Treuepflicht bedarf es einer umfassenden Abwägung. So ist Fischer[701] der Auffassung, daß „der Eigenwert des Unternehmens, die Dauer der vertraglichen Beziehungen, die Auswirkung einer unterbleibenden Änderung auf das Unternehmen und die persönlichen Belange der übrigen Gesellschafter, der Anlaß für die eingetretene Notwendigkeit einer Änderung des Gesellschaftsvertrages sowie die sorgsame Berücksichtigung der Sonderinteressen des widerstrebenden Gesellschafters" gegeneinander abgewogen werden müssen. Bei der Abwägung im Rahmen der Geschäftsgrundlage wie der Treuepflicht fließen Kriterien ein, welche aus dem Bereich der Gesellschaft, aber auch aus dem persönlichen Bereich der Gesellschafter kommen. Damit ist die Abwägung bei der Lehre von der Geschäftsgrundlage wie auch bei der Treuepflicht umfassend, d.h. es fließen alle für die Abwägung relevanten Gesichtspunkte ein.

Da alle relevanten Gesichtspunkte in die Abwägung einfließen, muß bei einer eventuellen Abwägung im Zusammenhang mit der Zumutbarkeit bei der Geschäftsgrundlage demzufolge auch berücksichtigt werden, daß eine gesellschaftliche Treuepflicht besteht. Andererseits ist bei der Abwägung als Folge der Treuepflicht zu beachten, daß dem Vertrag Umstände zugrunde liegen, welche für die Bereitschaft der Partei, den Gesellschaftsvertrag abzuschließen, von entscheidender Bedeutung waren.[702] Berücksichtigt wird nicht das jeweils andere Rechtsinstitut, sondern nur die tatsächlichen Umstände, welche tatbestandliche Voraussetzungen des jeweils anderen Rechtsinstituts erfüllen können. Daraus kann aber nicht auf eine Vermischung der tatbestandlichen Voraussetzungen der Lehre von der Geschäftsgrundlage und der Zustimmungspflicht zur Vertragsänderung aufgrund der Treuepflicht geschlossen werden. Denn die Berücksichtigung der tatsächlichen Umstände, welche auch tatbestandliche Voraussetzungen des jeweils anderen Rechtsinstituts erfüllen können, beruht lediglich auf der allumfassenden Abwägung im Rahmen der Zumutbarkeit. Liegen bei einer Abwägung im Rahmen eines der beiden Rechtsinstitute die Voraussetzungen des anderen Rechtsinstituts nicht vor, bedeutet dies lediglich, daß dieser Umstand nicht in die Abwägung einbezogen wird, nicht aber, daß eine Vertragsänderung aufgrund des angewandten Rechtsinstituts ausgeschlossen ist.

700 Teubner in AK, § 242, Rn. 95.
701 Robert Fischer, NJW 1954, 777, 780; ders. in Staub, § 105, Rn. 31c; zustimmend Lindacher, FS Paulick, 73, 77.
702 Karsten Schmidt, GesR, § 5 IV 2 d.

Für eine unterschiedliche Gewichtung der relevanten Gesichtspunkte läßt sich keine Begründung finden. Die Gewichtung ist abstrakt nur schwer zu bestimmen, da es bei der Abwägung auf den Einzelfall ankommt, und dieser auch die Gewichtung der einzelnen Gesichtspunkte bestimmt. Trotzdem gibt es einige abstrakte Gesichtspunkte, welche das Für und Wider beeinflussen. So sprechen gegen eine Anpassung des Vertrages die Prinzipien der Vertragstreue und der Privatautonomie. Diese sind aber bei beiden Rechtsinstituten anzuwenden, da es ja beide Male um eine Änderung des Vertrages geht.

Eine Unterscheidung ergibt sich auch nicht daraus, daß bei der Bestimmung der Unzumutbarkeit auf unterschiedliche Zeitpunkte abzustellen ist. Bei der Abwägung zur Bestimmung der Unzumutbarkeit des Festhaltens am unveränderten Vertrag ist bei beiden Rechtsinstituten auf den Zeitpunkt abzustellen, in welchem der Vertrag geändert werden soll.

ddd) Die Unvorhersehbarkeit

Bei der Treuepflicht sind nach Fischer[703] aber nur solche Gesichtspunkte zugunsten einer Vertragsänderung zu berücksichtigen, „die sich erst nachträglich ergeben oder jedenfalls nachträglich herausgestellt haben". Der BGH[704] hat die Zustimmungspflicht aufgrund der Treuepflicht abgelehnt, falls diejenigen Umstände vorhersehbar waren, welche die Anpassung des Vertrages geboten. Während Fischer verlangt, daß sich die für die Vertragsänderung sprechenden Gesichtspunkte tatsächlich erst nachträglich herausgestellt haben, ist es für den BGH zur Ablehnung der Vertragsänderung aufgrund der Treuepflicht bereits ausreichend, daß die Vertragsparteien den für die Vertragsänderung sprechenden Umstand hätten voraussehen können. Dabei ist aber schon die Frage, was vorhersehbar ist, schwer zu beantworten.[705]

Die Treuepflicht basiert auf dem gegenseitigem Vertrauens- und Loyalitätsverhältnis, welches sich die Gesellschafter entgegenbringen und der sich daraus

703 Robert Fischer, NJW 1954, 777, 780.

704 BGH WM 1973, 990, 992: "Es müssen vielmehr Umstände hinzutreten, die eine solche Änderung mit Rücksicht auf das bestehende Gesellschaftsverhältnis oder die bestehenden Rechtsbeziehungen der Gesellschafter untereinander als dringend erforderlich erscheinen lassen. Aus diesem Grunde muß eine Zustimmungspflicht grundsätzlich verneint werden, wenn die Umstände, die nach Auffassung der Mehrheit die Änderung geboten erscheinen lassen, bei Abschluß des Gesellschaftsvertrages vorhersehbar waren.....".

705 Vgl. Zöllner, Anpassung, S. 55.

ergebenden Pflicht zur Rücksichtnahme.[706] Zöllner[707] schließt als notwendige Folge aus der Treuepflicht und dem damit eingeräumten Vertrauen, „daß auch dann angepaßt werden muß, wenn etwas eintritt, womit man an sich hätte rechnen müssen“. Auf die Vorhersehbarkeit kommt es seiner Ansicht nach im Zusammenhang mit der Zustimmungspflicht zur Vertragsänderung aufgrund der Treuepflicht nicht an.[708] Das Vertrauens- und Loyalitätsverhältnis beinhaltet - so ist Zöllner wohl zu verstehen - die Verpflichtung, soweit auf die Belange des anderen Rücksicht zu nehmen, daß Umstände, welcher dieser nicht vorhergesehen hat, obwohl sie vorhersehbar waren, eine Zustimmungspflicht zur Vertragsänderung nicht beeinflussen. Genauso könnte man allerdings argumentieren, daß der Gesellschafter, welcher den Umstand hätte vorhersehen können, aufgrund der Treuepflicht auf die Belange der anderen Gesellschafter Rücksicht zu nehmen hat, und demzufolge eine Zustimmungspflicht unter geringeren Voraussetzungen bejahen. Aber auch der Auffassung des BGH ist nicht zu folgen. Warum sollte die Vorhersehbarkeit die Notwendigkeit einer Zustimmung zur Vertragsanpassung entfallen lassen? Die Vertragsanpassung ist in der aktuellen Situation, in welcher sich die Gesellschaft befindet, notwendig, um den Gesellschaftszweck zu erreichen. Daß bei Abschluß des Gesellschaftsvertrages diese Situation vorhersehbar gewesen sein mag, vermag an der Notwendigkeit der Vertragsanpassung nichts zu ändern. Die Vorhersehbarkeit ist aber bei der Interessenabwägung im Rahmen der Zumutbarkeit zu berücksichtigen. Je eher der Umstand voraussehbar war, um so mehr wirkt sich dies zuungunsten des durch die eingetretene Situation Benachteiligten aus. Die Berücksichtigung im Rahmen der Zumutbarkeit ermöglicht auch eine flexible Handhabung der Vorhersehbarkeit, denn innerhalb der Abwägung kann diese mehr oder weniger berücksichtigt werden, je nachdem, inwieweit der Umstand vorhersehbar war.

Bei der Lehre von der Geschäftsgrundlage ist nicht unstrittig, ob die Vorhersehbarkeit die Möglichkeit der Vertragsänderung ausschließt. Während eine Auffassung dies bejaht,[709] korrespondiert nach anderer Meinung die Unvorhersehbarkeit mit der Unzumutbarkeit. Je leichter vorhersehbar ein Ereignis ist, um so höher ist die Grenze des Zumutbaren anzusetzen.[710]

---

706 Zöllner, Schranken, S. 339ff., steht dem Begriff des Vertrauens kritisch gegenüber, soweit es um die Bestimmung des Maßes der Rücksichtnahme geht, da auch das Vertrauen einen unbestimmten Begriff darstellt.

707 Zöllner, Anpassung, S. 55.

708 Zöllner, a.a.O., S. 55.

709 BGHZ 2, 176, 188; BGH WM 1969, 64, 65; 1972, 656, 657; Ulmer, AcP 174 (1974), 167, 185; Heinrichs in Palandt, § 242, Rn. 128.

710 Teichmann in Soergel, § 242, Rn. 246.

Entscheidend für die Frage, ob ein unvorhersehbarer Umstand die Lehre von der Geschäftsgrundlage ausschließt, ist zunächst einmal, ob dieser Umstand Berücksichtigung bei der vertraglichen Risikoverteilung gefunden hat.[711] Hat der Umstand Berücksichtigung gefunden, ist die Lehre von der Geschäftsgrundlage nicht anwendbar. Ist andererseits das Risiko nicht im Vertrag verankert worden, schließt die Vorhersehbarkeit nicht automatisch die Lehre von der Geschäftsgrundlage aus. Denn entscheidender Gesichtspunkt für die Anwendung der Lehre von der Geschäftsgrundlage ist, ob durch das Fehlen bzw. den Wegfall des dem Vertrag zugrundeliegenden Umstandes das eingetretene Risiko Bestandteil der vertraglichen Risikoverteilung ist oder nicht. Ist der Umstand vorhersehbar gewesen, hat dies lediglich Einfluß auf die Bestimmung der Unzumutbarkeit. In diesem Fall verschiebt sich „die Opfergrenze sehr weit zuungunsten des Betroffenen".[712] Dieser hat zwar nicht mit dem Eintreten des Umstandes gerechnet, hätte damit aber rechnen können, und dieses „Verschulden" wirkt sich zu seinen Ungunsten aus.

Somit ist bei der Anwendung der Lehre von der Geschäftsgrundlage und auch bei der Zustimmungspflicht zur Vertragsänderung aufgrund der Treuepflicht die Vorhersehbarkeit bei der Interessenabwägung im Rahmen der Zumutbarkeit zu berücksichtigen. Da bei dieser Interessenabwägung auf den Einzelfall abzustellen ist und damit die konkrete Situation entscheidend ist, ergibt sich auch keine unterschiedliche Gewichtung des Umstandes Vorhersehbarkeit bei der Interessenabwägung. Eine unterschiedliche Gewichtung ergibt sich insbesondere nicht aufgrund des Treue- und Loyalitätsverhältnisses, auf welchem die Treuepflicht beruht. Denn da der Einzelfall entscheidend ist, müßte bei einer eventuellen Abwägung im Rahmen der Anwendung der Lehre von der Geschäftsgrundlage auch dieses Loyalitätsverhältnis berücksichtigt werden.

---

711 So auch Ulmer, AcP 174 (1974), 167, 185, welcher aber davon ausgeht, daß bei objektiver Vorhersehbarkeit des Umstandes dieser "regelmäßig in den vertraglichen Risikobereich fällt". Zur Begründung verweist er auf seine Ausführungen zur Unmöglichkeit bei Gattungsschulden nach § 279 BGB (Ulmer, AcP (1974) 174, 167, 177f.), bei welchen die Haftung nur bei außergewöhnlichen, unvorhersehbaren, von außen kommenden und mit zumutbaren Mitteln nicht zu verhindernden Ereignissen - Definition für die höhere Gewalt - ausgeschlossen ist. Dagegen spricht aber schon, daß für die vertragliche Risikoverteilung die vertragliche Abrede entscheidend ist. In dieser haben die Vertragsparteien aber nur solche Umstände berücksichtigt, welche sie bei Abschluß des Vertrages vorausgesehen haben, nicht aber solche, welche lediglich voraussehbar waren, jedoch nicht von den Parteien erkannt wurden.

712 Haarmann, S. 62.

eee) Ergebnis

Als Ergebnis ist somit festzuhalten: Treuepflicht und Lehre von der Geschäftsgrundlage sind nicht zwei Ausprägungen des gleichen Rechtsinstituts. Allein die Ableitung des Rechtsinstituts der Lehre von der Geschäftsgrundlage und teilweise auch der Treuepflicht aus § 242 BGB reichen dafür nicht aus. Entscheidend gegen die Annahme, daß die Lehre von der Geschäftsgrundlage und die Treuepflicht zwei Ausprägungen des gleichen Rechtsinstituts sind, sprechen deren Grundlagen. Während die Lehre von der Geschäftsgrundlage Fälle regeln soll, bei welchen eine vertragliche Risikozuweisung fehlt, beruht die Treuepflicht auf dem das Gesellschaftsverhältnis beherrschenden Vertrauens- und Loyalitätsverhältnis. Auch die tatbestandlichen Voraussetzungen sind unterschiedlich, so verlangt eine Zustimmungspflicht zur Vertragsänderung aufgrund der Treuepflicht - nicht aber die Anwendung der Lehre von der Geschäftsgrundlage -, daß diese Vertragsänderung zur Erreichung des Gesellschaftszwecks erforderlich ist. Identisch ist dagegen die Unzumutbarkeitsprüfung. Dabei handelt es sich um eine Abwägung aller Interessen, wobei auf den konkreten Einzelfall abzustellen ist, so daß bei einer Abwägung im Rahmen der beiden Rechtsinstitute die gleichen Abwägungskriterien einzustellen wären.

bb) Identität der Anwendungsbereiche?

Einer Abgrenzung wäre, wie Westermann[713] zuzugeben ist, jede praktische Relevanz entzogen, wenn die Anwendungsbereiche der Lehre von der Geschäftsgrundlage und der Zustimmungspflicht aufgrund der Treuepflicht identisch wären. Voraussetzung der Treuepflicht ist, daß die Vertragsänderung zur Verfolgung des Gesellschaftszwecks erforderlich und den betroffenen Gesellschaftern zumutbar ist.[714] Es ist also unerheblich, aus welchem Grund die Erforderlichkeit der Vertragsänderung besteht, entscheidend ist nur das Ziel der Vertragsänderung, die weiterhin mögliche Verfolgung des Gesellschaftszwecks, welche ohne eine Vertragsänderung ausgeschlossen wäre. Bei der Lehre von der Geschäftsgrundlage ist dagegen entscheidend, aus welchem Grund die Änderung erfolgt, denn es bedarf eines Umstandes, dessen Fehlen bei der vertraglichen Risikoverteilung nicht berücksichtigt wurde.

Auch bei einer Vertragsänderung aufgrund der Treuepflicht ist notwendig, daß ein Umstand sich ändern muß, welcher nicht in der vertraglichen Risikoverteilung geregelt ist. Ansonsten haben die Gesellschafter für diesen Fall ja gerade

---

713 Harm Peter Westermann, FS Hefermehl, 225, 239.
714 Vgl. § 5 III 1 b, bb.

eine vertragliche Regelung gefunden. Damit haben die Gesellschafter festgelegt, daß trotz der Unmöglichkeit des Erreichens des Gesellschaftszweckes mit den bestehenden vertraglichen Voraussetzungen eine Vertragsänderung nicht eintreten soll. Da diese Risikoverteilung ebenso wie die Treuepflicht aus dem Vertragsverhältnis stammt, kann sie mittels dieser nicht abgeändert werden. Dem durch eine Vertragsänderung belasteten Gesellschafter ist die Zustimmung zu einer Vertragsänderung aufgrund der Treuepflicht nicht zumutbar.

Denkbar ist, daß der Gesellschaftszweck nicht mehr erreicht werden kann, da ein Umstand fortgefallen ist, dessen Fehlen nicht in der vertraglichen Risikoverteilung berücksichtigt wurde. Dann kommt - da das Merkmal Unzumutbarkeit bei beiden Rechtsinstituten dasselbe ist - eine Vertragsänderung aufgrund der Treuepflicht oder der Lehre von der Geschäftsgrundlage in Betracht.

Möglich ist auch, daß der Zweck nicht mehr ohne Vertragsänderung erreicht werden kann, und der Grund dafür im Verhalten eines der Gesellschafter liegt. Eine Änderung im Bestand der Gesellschafter einer Gesellschaft ist eine Änderung des Gesellschaftsvertrages. Um diesen Gesellschafter aus der Gesellschaft auszuschließen, bedarf es bei der oHG gem. § 140 HGB der Ausschlußklage, welche alle übrigen Gesellschafter beantragen müssen. Bei der Notwendigkeit des Ausschlusses zur Erreichung des Gesellschaftszwecks besteht eine Zustimmungspflicht aufgrund der Treuepflicht,[715] während die Lehre von der Geschäftsgrundlage mit der Rechtsfolge Vertragsauflösung neben den §§ 723, 737 BGB, 133, 140 HGB nicht anwendbar ist.[716] Vertritt man eine andere Auffassung und will in diesem Fall auf die Lehre von der Geschäftsgrundlage zurückgreifen, hätte man große Schwierigkeiten, in der Weigerung eines der Gesellschafter, dem Ausschluß zuzustimmen, einen Umstand zu sehen, welcher dem Gesellschaftsvertrag zugrundeliegt und bei der vertraglichen Risikoverteilung nicht berücksichtigt wurde. Es kann auch nicht damit argumentiert werden, daß das Verhältnis zwischen den Gesellschaftern zerrüttet ist, und das Bestehen eines vertrauensvollen Verhältnisses zwischen den Gesellschaftern dem Gesellschaftsvertrag zugrunde gelegen hat. Denn nicht der sich weigernde Gesellschafter hat einen Grund zum Ausschluß aus der Gesellschaft gegeben, sondern es geht um den Ausschluß eines Dritten. Und nur zwischen diesem Dritten und den anderen Gesellschaftern ist das Verhältnis zerrüttet, nicht aber zwischen dem die Zustimmung verweigernden Gesellschafter und den anderen Gesellschaftern. In einer

715 BGHZ 64, 253, 257; 68, 81, 82; Karsten Schmidt, GesR, § 50 III 1 c aa; ders., in Schlegelberger, § 140, Rn. 43; Baumbach/Hopt, § 140, Rn. 20, Robert Fischer, NJW 1954, 780; ders., NJW 1959, 1060; Grunewald, S. 102f.; a. A. Alfred Hueck, ZGR 1972, 237, 247.

716 Vgl. § 3 II 2 b.

anderen Fallkonstellation wies der BGH[717] eine Klage auf Feststellung der Auflösung zurück, weil der klagende Gesellschafter eventuell verpflichtet sei, einen Beschluß der übrigen Gesellschafter über die Fortsetzung der Gesellschaft hinzunehmen und gegen eine Abfindung selbst auszuscheiden. Dabei gestand der BGH den Gesellschaftern zwar ein Recht auf Liquidation zu, die Rechtslage ist nach seiner Auffassung eine andere, „wenn die Fortsetzung kein anerkennenswertes Interesse des Gesellschafters berührt, gegen eine Abwicklung aber beachtliche Gründe sprechen; in einem solchen Fall gebiete die gesellschaftliche Treuepflicht, daß der an der Fortsetzung nicht interessierte Gesellschafter ausscheidet".[718] Auch in diesem Fall ist ein dem Vertrag zugrundeliegender Umstand, welcher die Anwendung der Lehre von der Geschäftsgrundlage voraussetzt, nicht ersichtlich.

Aber es gibt auch Umstände, deren Fehlen sich nicht auf die Zweckverfolgung auswirkt, die aber trotzdem nicht in der vertraglichen Risikoverteilung berücksichtigt wurden. So etwa der Fall BGHZ 44, 40 ff., in welchem ein fixes Gehalt für den Gesellschaftergeschäftsführer vereinbart wurde. Im Lauf der Zeit wurde nach Auffassung dieses Gesellschafters seine Vergütung unangemessen niedrig. Diese niedrige Vergütung verhindert aber nicht die Zweckverfolgung. Eine Anpassung aufgrund der Treuepflicht kommt also nach den oben genannten Voraussetzungen nicht in Betracht. Möglich ist dagegen eine Anpassung durch die Lehre von der Geschäftsgrundlage, falls der Umstand der Inflation nicht in der vertraglichen Risikoverteilung im Rahmen der Festlegung des Gehaltes berücksichtigt wurde. Dasselbe gilt bei der Anpassung von Buchwertklauseln, auch hier verhindert ein Auseinanderfallen zwischen Buchwert und tatsächlichem Wert nicht die Zweckverfolgung, so daß die Anpassung mittels der Treuepflicht nicht möglich ist.

Festzuhalten ist also, daß unter Beachtung der hier zugrundegelegten Definitionen der Lehre von der Geschäftsgrundlage und der Treuepflicht beide Rechtsinstitute einen unterschiedlichen Anwendungsbereich haben, demzufolge eine Abgrenzung beider Rechtsinstitute nicht nur akademischen Wert hat.

717 BGH WM 1986, 68ff.
718 BGH WM 1986, 68, 69.

cc) Die Lehre von der Geschäftsgrundlage als Grund für die Zustimmungspflicht nach der Treuepflicht

Nach der Konstruktion, die wohl das OLG Bremen[719] gewählt hat, ist der Grund der Vertragsänderung, welche nach der dort vertretenen Auffassung nicht ipso iure erfolgt, in dem Wegfall der Geschäftsgrundlage zu sehen, die Verpflichtung, dieser Vertragsänderung zuzustimmen, ergibt sich aber aus der Treuepflicht.[720] Diese Konstruktion ist überflüssig. Sieht man die Lehre von der Geschäftsgrundlage als einheitliches Rechtsinstitut an, ist eine solche begriffliche Trennung zwischen dem Grund der Anpassung und der daraus folgenden Verpflichtung nicht notwendig, denn die vorgenommene Unterscheidung ist lediglich die zwischen dem Tatbestand, dem Grund der Vertragsänderung und der Rechtsfolge, nämlich der Verpflichtung zur Vertragsänderung. Aber auch wenn man von zwei unterschiedlichen Rechtsinstituten ausgeht, ist die vom OLG Bremen gewählte Konstruktion abzulehnen. Bei Vorliegen der Voraussetzungen der Lehre von der Geschäftsgrundlage besteht ein Anspruch auf Vertragsänderung, falls man der Auffassung folgt, nach welcher die Vertragsänderung nicht ipso iure erfolgt. Dieser Anspruch auf Vertragsänderung der von dieser begünstigten Vertragspartei korrespondiert bei der mit der Vertragsänderung belasteten Partei mit der Verpflichtung, dieser Änderung zuzustimmen. Ein Rückgriff auf die Zustimmungspflicht zur Vertragsänderung aufgrund der Treuepflicht ist nicht notwendig.

Überdenkt man die Lösung des OLG Bremen weiter, ist zu fragen, welche Lösung sich außerhalb des Bereichs des Gesellschaftsrechts ergibt, da ja dort die Treuepflicht nicht herangezogen werden kann. Besteht dann bei Vorliegen der Voraussetzungen der Lehre von der Geschäftsgrundlage keine Zustimmungspflicht zur Vertragsänderung? Läßt das Fehlen der Treuepflicht und der sich daraus ergebenden Zustimmungspflicht zur Vertragsänderung also letztendlich den Anspruch auf Vertragsanpassung aufgrund der Lehre von der Geschäftsgrundlage außerhalb des Gesellschaftsrechts entfallen? Dies hätte zur Folge, daß das Rechtsinstitut der Lehre von der Geschäftsgrundlage zu einem „stumpfen Schwert" würde, denn es wären zwar die Tatbestandsvoraussetzungen gegeben, der sich weigernde Vertragspartner könnte aber nicht zur Zustimmung gezwungen werden. Etwas anderes würde sich nur dann ergeben, wenn man entgegen der vom OLG Bremen gewählten Regelung im Gesellschaftsrecht außerhalb desselben als Rechtsfolge der Lehre von der Geschäftsgrundlage eine Anpassung ipso iure an-

---

719 OLG Bremen, NJW 1972, 1952; vgl. auch die Darstellung von dem Sachverhalt in § 2 II 1 und den Entscheidungsgründen in § 2 II 3.

720 Ähnlich auch Weipert, ZGR 1990, 142, 150f.

nehmen würde. Oder es besteht auch außerhalb des Gesellschaftsrechts eine Art Treuepflicht, welche eine Zustimmung zur Anpassung gebietet.

Haarmann[721] befürwortet solch eine Treuepflicht nicht nur in Gesellschaftsverträgen, sondern auch in allen anderen Verträgen, welche ihren Rechtsgrund in Treu und Glauben haben. Nur diese „Treuepflicht vermag eine Änderung oder Aufhebung eines Vertrages zu gebieten, wenn der Vertragsinhalt sie nicht zuläßt".[722] Es ist zwar richtig, daß in allen Verträgen der Grundsatz von Treu und Glauben gilt. Die Treuepflicht, so wie sie im Gesellschaftsrecht gilt, beruht aber nicht auf der allgemeinen Rücksichtnahme, welche man jedem Vertragspartner entgegenbringt, sondern ist in dem Zusammenschluß der Gesellschafter zu einer Arbeits- und Haftungsgemeinschaft begründet,[723] aus welcher sich ein Vertrauens- und Loyalitätsverhältnis ergibt. Aus dieser engen Beziehung der Gesellschafter ergibt sich die Verpflichtung, in einem hohen Maß Rücksicht auf die Belange der Gesellschaft und der anderen Gesellschafter zu nehmen, welche bis zur Zustimmungspflicht zur Vertragsänderung führen kann. Bei den anderen Verträgen, insbesondere dann, wenn nur ein einmaliger Leistungsaustausch stattfindet, besteht keine derart enge Beziehung zwischen den Vertragsparteien, welche ein solch hohes Maß an Rücksichtnahme rechtfertigen würde. Denn die Vertragsparteien haben sich - im Gegensatz zu den Gesellschaftsverträgen - nicht dazu verpflichtet, ein einheitliches Ziel zu verfolgen, sondern nur vereinbart, bestimmte Leistungen auszutauschen. Sie haben sich also nicht zu einer Gemeinschaft verbunden. Damit bleibt die Treuepflicht auf das Gesellschaftsrecht beschränkt und kann außerhalb desselben nicht herangezogen werden, um die Zustimmungspflicht zu einer Vertragsänderung zu begründen. Die Auffassung des OLG Bremen ist somit schon aus diesem Grund abzulehnen.

b) Die Abgrenzung nach Fallgruppen

K. Schmidt[724] nimmt eine Unterteilung nach Fallgruppen vor. In der ersten Fallgruppe ist die Treuepflicht dann als Rechtsgrundlage für die Vertragsänderung heranzuziehen, wenn es sich um Vorgänge handelt, welche den Vertragszweck berühren. Insoweit ist K. Schmidt zuzustimmen, denn nach den oben genannten Voraussetzungen[725] der Zustimmungspflicht zur Vertragsänderung aufgrund der Treuepflicht kommt eine Zustimmungspflicht zur Vertragsänderung nur in Betracht, falls dies zum Erreichen des Gesellschaftszwecks erforderlich ist.

721 Haarmann, S. 51.
722 Haarmann, S. 54.
723 Alfred Hueck, ZGR 1972, 237, 245.
724 Karsten Schmidt, GesR, § 5 IV 2 d.
725 Vgl. § 5 III 1b, bb, eee.

Die Lehre von der Geschäftsgrundlage dagegen ist dann heranzuziehen, wenn Äquivalenzstörungen in den Leistungsbeziehungen eintreten. Hierbei spezifiziert K. Schmidt nicht, in welchen Leistungsbeziehungen Äquivalenzstörungen eintreten können und was er unter dem Begriff Äquivalenzstörungen versteht. Bei einer Gesellschaft bestehen Leistungsbeziehungen des Gesellschafters zur Gesellschaft oder in den Beziehungen der Gesellschafter untereinander. Versteht man den Begriff der Äquivalenzstörung, wie er bei gegenseitigen Verträgen verwandt wird, setzt eine Störung des Äquivalenzverhältnisses voraus, „daß jede Partei eine Gegenleistung, ein Äquivalent zu empfangen und ihrerseits zu geben gewillt ist, und daß demgemäß der übereinstimmende Vertragswille beider Teile auf „Leistung um einer Gegenleistung" willen oder auf den Austausch von Leistungen gerichtet ist, deren jede in den Augen der Parteien als Äquivalent der anderen erscheint".[726] Voraussetzung der Störung des Äquivalenzverhältnisses ist demnach, daß es sich um einen gegenseitigen Vertrag handelt.[727] Wie oben festgestellt,[728] handelt es sich bei dem Gesellschaftsvertrag nicht um einen gegenseitigen Vertrag,[729] so daß es im Gesellschaftsvertrag auch keine Äquivalenzstörung geben kann.

Ein Äquivalenzverhältnis besteht allerdings nach Zöllner[730] in dem Fall BGHZ 44, 40 ff., in welchem dem einzigen geschäftsführenden Gesellschafter einer oHG, neben der allen zustehenden Gewinn- und Verlustbeteiligung, eine monatliche Vergütung von DM 400,- zustand. Die von dem Gesellschaftergeschäftsführer beantragte Erhöhung wurde von den anderen Gesellschaftern abgelehnt. Hier liegt nach Zöllner ein Äquivalenzverhältnis zwischen der Tätigkeit des Gesellschaftergeschäftsführers und der Vergütung vor, welche durch die Inflation erheblich gestört wurde. Geschäftsführung ist jede Tätigkeit, die für die Gesamthand wahrgenommen wird, der Förderung des Gesellschaftszwecks dient und nicht die Grundlage der Gesellschaft betrifft.[731] Nach dem gesetzlichen Leitbild sind alle Gesellschafter zur Geschäftsführung berechtigt und verpflichtet, §§ 709 BGB, 114 HGB.[732] Dabei ist die Geschäftsführung Ausfluß der Mitglied-

726 Larenz, Geschäftsgrundlage, S. 79.

727 Larenz, a.a.O., S. 79; Werner in Erman, § 242, Rn. 176; Roth in MünchKomm, § 242, Rn. 465.

728 Vgl. § 3 I 1.

729 So auch Karsten Schmidt, GesR, § 20 III 2 a, welcher aber dennoch bei Gesellschaften ohne Organisation die Anwendbarkeit des § 320 BGB bejaht.

730 Zöllner, Anpassung, S. 59.

731 v. Dietfurth in MünchHdb.GesR I, § 7, Rn. 2; Martens in Schlegelberger, § 114, Rn. 4; Hadding in Soergel, § 709, Rn. 9; Ulmer in MünchKomm, § 709, Rn. 7; Robert Fischer in Staub, § 114, Anm. 2a; Alfred Hueck, oHG, § 10 I 1 (S. 115).

732 Während bei der GbR eine gemeinschaftliche Geschäftsführung besteht, ist bei der oHG vom Grundsatz der Einzelgeschäftsführung auszugehen.

schaft und beruht unmittelbar auf dem Gesellschaftsvertrag.[733] An der organschaftlichen Stellung der Geschäftsführung ändert sich auch nichts, wenn einzelne Gesellschafter von der Geschäftsführung ausgeschlossen sind. Da die Geschäftsführung Ausfluß der Gesellschafterstellung ist und keine entgeltliche Dienstleistung, besteht kein Anspruch auf Vergütung.[734] Die Geschäftsführung ist nämlich Teil des Beitrags des Gesellschafters zur Gesellschaft und im Rahmen der Gewinnbeteiligung zu berücksichtigen.[735] Eine Vergütung kommt nur in Betracht, wenn sie im Gesellschaftsvertrag vereinbart wurde. Diese kann in der Erhöhung des prozentualen Gewinnanteils oder in einem zu zahlenden Geldbetrag bestehen. Dabei handelt es sich aber um eine Abrede der Gewinnverteilung, denn ebenso wie die Geschäftsführung aus dem Gesellschaftsverhältnis fließt, kann die für die Geschäftsführung vereinbarte Vergütung auch nur aus dem Gesellschaftsverhältnis stammen und somit nur eine Abrede der Gewinnverteilung sein.[736] Ist also die Geschäftsführung Bestandteil der Beitragspflicht des Gesellschafters und die Tätigkeitsvergütung Teil der Gewinnabrede, liegt kein Austauschverhältnis vor, da Sinn der Beitragspflicht die Zweckverfolgung ist und nur sekundär der zu erzielende Gewinn.[737]

Als dritte Fallgruppe bezeichnet K. Schmidt solche Vorgänge, welche den Sinn und Zweck einzelner Klauseln berühren. In diesem Fall möchte er „meist" die Lehre von der Geschäftsgrundlage anwenden. Innerhalb dieser Fallgruppe kommen demnach beide Rechtsinstitute zur Anwendung. Eine klare Trennung der Lehre von der Geschäftsgrundlage und der Treuepflicht ist damit durch die Einteilung in Fallgruppen nicht erfolgt. Diese ist nach K. Schmidt auch nicht möglich, denn seiner Auffassung nach ist die Konkretisierung von Treupflichten nur im Lichte der verbandsrechtlichen Geschäftsgrundlage möglich, und auf Störungen der Geschäftsgrundlage kann nur im Lichte der Treupflichten angemessen reagiert werden.[738] Nach den oben genannten Voraussetzungen der Zustim-

733 Karsten Schmidt, GesR, § 47 V 1 a; v. Dietfurth in MünchHdb.GesR I, § 7, Rn. 11; Baumbach/Hopt, § 114, Rn. 9; Ulmer in MünchKomm, § 709, Rn. 26; Martens in Schlegelberger, § 114, Rn. 1.

734 BGHZ 17, 299, 301; Baumbach/Hopt, § 110, Rn. 19; Ulmer in MünchKomm, § 709, Rn. 32; v. Dietfurth in MünchHdb.GesR I, § 7, Rn. 20.

735 v. Dietfurth in MünchHdb.GesR I, § 7, Rn. 20; Ulmer in MünchKomm, § 713, Rn. 16; Hadding in Soergel, § 713, Rn. 12; Robert Fischer in Staub, § 114, Anm. 13.

736 Baumbach/Hopt, § 110, Rn. 19; v. Dietfurth in MünchHdb.GesR I, § 7 Rn. 22; Ulmer in MünchKomm, § 709, Rn. 32; Riegger, DB 1983, 1909f.; OLG Hamm DB 1977, 717; OLG Celle OLGZ 1973, 343, 344f.; a. A. entsprechende Anwendung von Dienstvertragsrecht BGH NJW 1963, 1051, 1052; nicht eindeutig BGHZ 44, 40, 41.

737 Vgl. dazu § 3 I 1 c, bb.

738 Karsten Schmidt, GesR, § 5 IV 2 d.

mungspflicht zur Vertragsänderung aufgrund der Treuepflicht[739] ist diese nur Rechtsgrundlage für die Vertragsänderung, falls der Gesellschaftszweck im Sinn des § 705 BGB betroffen ist und nicht die einzelnen weiteren Zwecke der Vertragsklauseln. Auch nach K. Schmidt ist der Gesellschaftszweck in dieser Fallgruppe nicht gemeint, denn dies ist in der ersten Fallgruppe geregelt, bei welcher die Treuepflicht eingreift. Da in diese Fallgruppe nur die weiteren Zwecke fallen, kommt eine Zustimmungspflicht zur Vertragsänderung aufgrund der Treuepflicht entgegen der Auffassung von K. Schmidt nicht in Betracht.

Hinsichtlich der vom Gesellschaftszweck zu unterscheidenden weiteren Zwecke, welche die Parteien mit den einzelnen Klauseln verfolgen, besteht eine ähnliche Problematik wie bei den gegenseitigen Verträgen.[740] Vertragsbestandteil ist nur die Klausel selbst, und nur daraus kann auch der ihr innewohnende Sinn gezogen werden, bei der Buchwertklausel z. B. die Regelung der Abfindung des ausscheidenden Gesellschafters, bei den Klauseln bzgl. der Nachfolge betrifft es die Regelung über die Fortführung der Gesellschaft bei dem Tod eines der Gesellschafter. Andere Zwecke sind nur dann Vertragsinhalt, wenn sie ausdrücklich vertraglich festgehalten wurden. Gebieten nun die Umstände eine Abänderung einer Klausel, kommen nur die Regeln der Lehre von der Geschäftsgrundlage in Betracht. Die Zustimmungspflicht zur Vertragsänderung aufgrund der Treuepflicht greift nicht ein, denn im Gegensatz zum Gesellschaftszweck haben sich die Gesellschafter bei Abschluß des Gesellschaftsvertrages nicht verpflichtet, diese Zwecke zu fördern. Für die Anpassung aufgrund der Lehre von der Geschäftsgrundlage ist entscheidend, daß ein Umstand weggefallen ist, der nicht in die vertragliche Risikoabwägung einbezogen wurde, nicht aber, ob dieser Vorgang den Sinn und Zweck der Klausel berührte. Dies kann erst im Rahmen der Bestimmung der konkreten Rechtsfolge berücksichtigt werden. Dies gilt auch für die außerhalb des Vertrages liegenden individuellen Zwecke der Gesellschafter, wobei diese aber nur bei der Bestimmung der Rechtsfolge innerhalb der Interessenabwägung Berücksichtigung finden, da sie nicht Bestandteil des Gesellschaftsvertrages sind.

c) Unterscheidung nach tatbestandlichen Voraussetzungen

aa) Die Auffassung von Zöllner

Zöllner zeigt die Unterschiede der beiden Rechtsinstitute auf, ohne allerdings exakt die Rangfolge der beiden Rechtsinstitute darzulegen. Er spricht lediglich da-

739 Vgl. § 5 III 1b, bb, eee.
740 Vgl. dazu § 4 II 3 a.

von, daß es sich um zwei Rechtsinstitute handelt, welche „wie zwei sich stark überschneidende Kreise anzusehen" sind.[741] Bei der Untersuchung weist Zöllner auf drei Kriterien hin. Bei der Lehre von der Geschäftsgrundlage seien nur solche Umstände relevant, die nicht vorhersehbar waren, während dies bei der Treuepflicht unerheblich sei.[742] Außerdem erfolge die Anpassung bei der Lehre von der Geschäftsgrundlage im Gegensatz zur Treuepflicht automatisch.[743] Dagegen setze nur die Zustimmungspflicht zur Vertragsänderung aufgrund der Treuepflicht voraus, daß es zu einer Störung des gegenseitig eingeräumten Vertrauens kommt, falls eine Anpassung des Vertrages nicht erfolgt.[744] Zu einer Störung des gegenseitig eingeräumten Vertrauens kann es aber auch dann kommen, falls sich ein Gesellschafter weigert, der Vertragsänderung zuzustimmen und die anderen Gesellschafter den sich Weigernden deshalb auf Zustimmung verklagen. Entscheidend für die Anpassung aufgrund der Treuepflicht ist aber nicht, daß bei der Nichtänderung des Vertrages eine Störung des gegenseitigen Vertrauens eintritt, sondern daß gerade die aus dem Vertrauens- und Loyalitätsverhältnis fließende Treuepflicht und die daraus ergebende Rücksichtnahme auf die Belange der Gesellschaft sich nicht nur innerhalb der vertraglichen Regelung auswirkt, sondern eine Änderung des Gesellschaftsvertrages gebieten kann, um die Verfolgung des Gesellschaftszwecks weiterhin zu ermöglichen.[745]

bb) Die Auffassung von Pabst

Pabst dagegen sieht für die „Basis des Geschäftswillens" einen Vorrang der Lehre von der Geschäftsgrundlage, da für diesen Bereich die Lehre von der Geschäftsgrundlage spezieller sei.[746] Da im Interesse des Rechtsverkehrs und der Vertragspartner für den Schutz der „Basis des Geschäftswillens" nur „ein eng begrenzter Raum" zur Verfügung stehen soll, soll außerhalb dieser räumlichen Begrenzung „jedenfalls unter Berufung auf Treu und Glauben eine Anpassung des Vertragsverhältnisses nicht stattfinden können".[747]

Der Grundsatz der Spezialität greift aber nur ein, „wenn der Anwendungsbereich der spezielleren Norm völlig in dem der allgemeineren Norm aufgeht, wenn also alle Fälle der spezielleren Norm auch solche der allgemeineren Norm sind. Das ist der Fall, wenn der Tatbestand der spezielleren Norm alle Merkmale der

741 Zöllner, Anpassung, S. 53.
742 Siehe § 5 III 2 a, aa, ddd.
743 Vgl. dazu ausführlich § 5 III 3.
744 Zöllner, Anpassung, S. 53f.
745 Vgl. § 5 III 1 b.
746 Pabst, Mitwirkungspflicht, S. 178.
747 Pabst, a.a.O., S. 177.

allgemeineren Norm und darüber hinaus noch mindestens ein zusätzliches Merkmal enthält".[748] Davon zu unterscheiden sind diejenigen Fälle, „bei denen sich die Tatbestände zweier Normen nur teilweise decken, einige Fälle also nur dem einen, einige dem anderen, einige beiden Tatbeständen unterfallen".[749] Bei der Vertragsänderung aufgrund der Treuepflicht und der Lehre von der Geschäftsgrundlage ist genau dies aber der Fall,[750] so daß beide Rechtsinstitute entgegen der Auffassung von Papst nicht im Verhältnis der Spezialität stehen.

Der Argumentation von Pabst könnte man auch entgegensetzen, daß die Vertragsänderung aufgrund der Treuepflicht für das Gesellschaftsrecht die speziellere Regelung sei und daher die Lehre von der Geschäftsgrundlage für das gesamte Gesellschaftsrecht ausschließe. Denn die Treuepflicht und die daraus resultierenden Pflichten sind eine Besonderheit des Gesellschaftsrechts. Jedoch ist bei dieser Argumentation zu berücksichtigen, daß die Lehre von der Geschäftsgrundlage und die Vertragsänderung aufgrund der Treuepflicht unterschiedliche Anwendungsbereiche haben.[751] Würde also die Treuepflicht die Lehre von der Geschäftsgrundlage ausschließen, käme eine Vertragsänderung im Gesellschaftsrecht nur in Betracht, falls die Treuepflicht eingreift, nicht aber in den Fällen, in welchen zwar die Lehre von der Geschäftsgrundlage, nicht aber die Treuepflicht anwendbar ist. Dies wäre nur gerechtfertigt, wenn aufgrund der Besonderheiten des Gesellschaftsrechts kein hohes Bedürfnis für eine Vertragsänderung in diesen, von der Treuepflicht nicht erfaßten Fällen vorliegen würde. Dies ist aber nicht ersichtlich, denn die Möglichkeit, daß ein Umstand weggefallen ist, welcher bei der vertraglichen Risikoverteilung nicht berücksichtigt wurde, kann im Gesellschaftsrecht genauso vorliegen wie im Recht der sonstigen Verträge.

Im Recht der Personengesellschaften sind also die Vertragsänderung aufgrund der Lehre von der Geschäftsgrundlage und die Zustimmungspflicht zur Vertragsänderung aufgrund der Treuepflicht nebeneinander anwendbar. Fraglich ist nur das Verhältnis der beiden Rechtsinstitute zueinander, soweit es um die Vertragsanpassung geht.

cc) Eigene Meinung

Erfüllt ein Lebensvorgang die Voraussetzung verschiedener Normen, ist durch Auslegung zu ermitteln, ob die Normen kumulativ, alternativ oder ausschließlich zur Anwendung kommen.[752] Eine kumulative Anwendung kommt insbesondere

---

748 Larenz, Methodenlehre, S. 267; so auch Bydlinski, Methodenlehre, S. 465.
749 Larenz, Methodenlehre, S. 268.
750 Vgl. § 5 III 2 a, bb.
751 Vgl. § 5 III 2 a, bb.
752 Hübner, AT, Rn. 430; Larenz, AT, § 14 IV 3 (S. 264).

in Betracht, wenn die Normen unterschiedliche Rechtsfolgen haben, aber auch dann, wenn sie auf die gleiche Rechtsfolge gerichtet sind.[753] Alternativ sind mehrere Anspruchsmöglichkeiten, wenn der Berechtigte nur die eine oder die andere wählen kann.[754] Bei der ausschließlichen Anwendung verdrängt eine Norm die anderen Normen. Dies erfolgt im Fall der lex specialis, aber auch falls keine Spezialität vorliegt, kann sich eine Verdrängung aus "dem Zweck der verdrängenden Norm ergeben".[755] Es ist auf die Wertungen abzustellen, auf welchen die Regelungen beruhen. Sollen aus besonderen Gründen bestimmte Lebenssachverhalte einer einheitlichen abschließenden Regelung unterfallen, so kann der Zweck dieser Regelung unterlaufen werden, falls eine andere Norm daneben angewandt wird.[756] Ergibt sich dagegen aus den Wertungen einer der beiden Regelungen, daß diese ihren Anwendungsbereich nicht erschöpfend ausfüllt, sind beide Regelungen nebeneinander anwendbar.[757]

Die Lehre von der Geschäftsgrundlage erfährt ihre Berechtigung daraus, daß ein im Vertrag nicht berücksichtigtes Risiko eintritt und zwar aufgrund der Veränderung eines dem Vertrage zugrunde liegenden Umstandes. Bei der vertraglichen Risikoverteilung ist selbstverständlich auch diejenige Risikoverteilung zu berücksichtigen, welche sich aus dem dispositiven Gesetzesrecht ergibt.[758] Grundlage der Zustimmungspflicht aufgrund der Treuepflicht ist das entgegengebrachte Vertrauen der Gesellschafter untereinander und die damit gebotene Rücksichtnahme auf die vertraglich vereinbarte Zweckverfolgung.

Fraglich ist also, ob in dem sich überschneidenden Anwendungsbereich eines der beiden Rechtsinstitute durch das andere verdrängt wird, ein Rechtsinstitut demzufolge insoweit abschließend ist. Der übereinstimmende Anwendungsbereich der Lehre von der Geschäftsgrundlage und der Treuepflicht ist gegeben, wenn ein dem Vertrag zugrundeliegender Umstand wegfällt, welcher bei der ver-

---

753 Hübner, AT, Rn. 432; wobei insofern die Problematik besteht, ob diese Ansprüche materiellrechtlich nebeneinander bestehen, oder ob es sich um einen Anspruch mit mehrfacher Begründung handelt.

754 Larenz, AT, § 14 IV 2 (S. 264); Hübner, AT, Rn. 436; als Beispiel werden die Fälle der §§ 325, 326 BGB angegeben, in welchen sich der Berechtigte zwischen den unterschiedlichen Rechtsfolgen entscheiden muß.

755 Larenz, AT, § 14 IV 1 (S. 263); wobei dieser als Beispiel für die Verdrängung einer Norm, falls kein Spezialitätsverhältnis vorliegt, das Verhältnis von § 839 BGB zu den anderen Normen des Deliktsrechts, insb. § 823 BGB, anbringt; die Verdrängung von § 823 BGB durch § 839 BGB entspricht der ganz h.M., vgl. dazu nur BGHZ 34, 99, 104; Maurer, VwR, § 25 Rn. 45; Deutsch, Rn. 74.

756 Larenz/Canaris, Methodenlehre, S. 89.

757 Larenz/Canaris, a.a.O., S. 89f.; als Beispiel wird die Anwendbarkeit von § 1004 BGB und § 823 BGB bei Vorliegen einer Eigentumsstörung angeführt.

758 Teichmann in Soergel, § 242, Rn. 229.

traglichen Risikoverteilung nicht berücksichtigt wurde und dadurch das Erreichen des Gesellschaftszwecks ohne Änderung des Gesellschaftsvertrages ausgeschlossen ist. Ist der Wegfall des Umstandes nicht in der vertraglichen Risikoverteilung berücksichtigt, ist - wie auch bei der Anwendung der Treuepflicht - die Möglichkeit zur Vertragsanpassung eröffnet, falls diese zumutbar sein sollte.

Eine Regelung ist nur abschließend, wenn dafür besondere Gründe vorliegen. Kommen zwei Regelungen für den Anwendungsbereich, in welchem sie sich überschneiden, immer zu gleichen Ergebnissen, ist nicht ersichtlich, warum eine Regelung die andere ausschließen sollte. Als Beispiel kann das Verhältnis von § 839 BGB und § 823 BGB dienen: Auch § 839 BGB verdrängt § 823 BGB im gemeinsamen Anwendungsbereich nicht ohne Grund. Wenn Rechtsgüter betroffen sind, welche auch durch § 823 BGB geschützt werden, reicht § 839 BGB weniger weit, da er verschiedene Haftungsbeschränkungen enthält und nur auf Geldersatz geht.[759] Die Begründung für die Ausschließlichkeit einer Norm muß sich also aus den Unterschieden ergeben, welche sich bei der Anwendung der Regelungen im identischen Regelungsbereich ergeben.

Das gesamte Gesellschaftsverhältnis wird von dem Grundsatz der Treuepflicht beherrscht, welche sich aus dem Vertrauens- und Loyalitätsverhältnis der Gesellschafter ergibt. Eine Zustimmungspflicht zur Vertragsänderung aufgrund der Treuepflicht setzt voraus, daß diese zur Erreichung des Gesellschaftszwecks erforderlich ist. Außerdem bedarf es einer umfassenden Interessenabwägung, um die Zumutbarkeit der Vertragsänderung darzulegen. In dieser Interessenabwägung sind alle Umstände des Einzelfalles zu berücksichtigen.

Kommt nun neben der Anwendung der Treuepflicht auch eine Vertragsanpassung aufgrund der Lehre von der Geschäftsgrundlage in Betracht, setzt dies voraus, daß ein dem Vertrag zugrundeliegender Umstand fehlt bzw. weggefallen ist, und dieses Risiko des Fehlens bzw. Wegfalls innerhalb der vertraglichen Risikoverteilung nicht einer der beiden Vertragsparteien zugewiesen wurde. Dieser fehlende bzw. weggefallene Umstand kann gleichzeitig bewirken, daß mit den bestehenden Abreden im Gesellschaftsvertrag der Gesellschaftszweck nicht mehr zu erreichen ist. Aber auch dies reicht nicht, um eine Vertragsänderung zu begründen. Es bedarf noch einer umfassenden Interessenabwägung, um die Zumutbarkeit der Vertragsänderung für die beschwerten Vertragspartner festzustellen. Auch hierbei sind alle Umstände des Einzelfalles zu berücksichtigen.

In dem sich überschneidenden Anwendungsbereich bei der Vertragsanpassung von Lehre von der Geschäftsgrundlage und der Treuepflicht sind bei Anwendung der beiden Rechtsinstitute die Ergebnisse identisch. Denn bei beiden Rechtsinstituten bedarf es zur Feststellung der Zumutbarkeit der Vertragsände-

---

759 Maurer, VwR, § 25, Rn. 45.

rung einer Abwägung des Einzelfalls, wobei alle relevanten Umstände zu berücksichtigen sind. Auch ist das der Treuepflicht zugrundeliegende Vertrauens- und Loyalitätsverhältnis bei Anwendung des Rechtsinstituts der Treuepflicht nicht stärker zu berücksichtigen, denn da es sich um eine Abwägung des Einzelfalls handelt, ist auch bei Anwendung der Lehre von der Geschäftsgrundlage das dem Gesellschaftsverhältnis innewohnende Vertrauens- und Loyalitätsverhältnis zu berücksichtigen. Auch die Berücksichtigung der vertraglichen Risikoverteilung im Rahmen der Zustimmungspflicht zur Vertragsänderung aufgrund der Treuepflicht führt zu keinem anderen Ergebnis. Denn ist bei Anwendung der Treuepflicht eine vertragliche Risikoverteilung in dem ursprünglichen Vertrag vorgesehen, welche die eingetretenen Umstände dem Risikobereich einer Partei zuweist, ist den anderen Gesellschaftern eine Vertragsanpassung aufgrund der Treuepflicht nicht zumutbar. Sonst könnte die durch den eingetretenen Umstand mit dem Risiko belastete Partei sich von diesem Risiko befreien, obwohl die Gesellschafter bei Abschluß des Gesellschaftsvertrages dieses Risiko der belasteten Partei aufgebürdet haben.

Da in dem Bereich, in welchem sich die Lehre von der Geschäftsgrundlage und die Treuepflicht überschneiden, die Anwendung der Rechtsinstitute zu identischen Ergebnissen führt, wird keines der beiden Rechtsinstitute verdrängt, sondern es sind beide Rechtsinstitute anwendbar. Die Gerichte können in solch einem Fall bei der Notwendigkeit der Vertragsanpassung wählen, ob sie für die Vertragsanpassung auf die Lehre von der Geschäftsgrundlage abstellen oder aber auf die Zustimmungspflicht zur Vertragsänderung aufgrund der Treuepflicht zurückgreifen.

3) Das Verfahren der Vertragsanpassung

Bei dem Verfahren zur Änderung des Gesellschaftsvertrages könnten Unterschiede zwischen der Zustimmungspflicht zur Vertragsänderung aufgrund der Treuepflicht und der Anwendung der Lehre von der Geschäftsgrundlage vorliegen. Bei der Treuepflicht erfolgt die Vertragsänderung durch Angebot und Annahme, wobei der annehmende Gesellschafter aber bei der Annahme des Angebots nicht frei in seiner Entscheidung ist, sondern aufgrund der Treuepflicht verpflichtet ist, das Angebot anzunehmen. Zur gerichtlichen Durchsetzung bedarf es einer Klage auf Abgabe einer Willenserklärung, welche aber erst nach der

Rechtskraft des Urteils durch die Fiktion des § 894 ZPO ersetzt wird.[760] Damit wird also die Vertragsänderung im Zusammenhang mit der Treuepflicht nicht schon bei Erforderlichkeit derselben bzw. Antragstellung wirksam, sondern erst, wenn der Gesellschafter einwilligt bzw. rechtskräftig dazu verurteilt wird.[761] Auf diesen Zeitpunkt ist abzustellen, obwohl das Urteil für vorläufig vollstreckbar zu erklären ist, denn die Willenserklärung gilt dadurch nicht als „vorläufig abgegeben".[762]

Bei der Lehre von der Geschäftsgrundlage ist es dagegen umstritten, ob die Rechtsfolge ipso iure eintritt oder ob es einer Erklärung bedarf. Für die erste Auffassung[763] wird angebracht, „daß die Parteien ihre Vertragspflichten nach Treu und Glauben zu erbringen haben und damit vom Partner auch nur verlangen können, was nach Treu und Glauben geboten ist". Die Norm (§ 242 BGB) begrenze bzw. erweitere die Rechte und Pflichten. Daher treten die Rechtsveränderungen kraft Gesetzes ein. Nach anderer Auffassung[764] ist eine Erklärung notwendig, da „der Grundsatz pacta sunt servanda grundsätzlich zur Rechtsklarheit eine Erklärung dessen erforderlich macht, der sich vom Vertrag in der bestehenden Form lösen will".[765] Dies gelte auch grundsätzlich bei der Lehre von der Geschäftsgrundlage. Daneben wird noch angeführt, daß es der benachteiligten Partei überlassen sein müsse, darüber zu entscheiden, ob sie leisten möchte oder nicht.[766]

Diese Streitfrage betrifft das Problem, wie eine Änderung des Gesellschaftsvertrages eintritt. Zu unterscheiden ist davon die Frage, in welchem Ausmaß eine Änderung in Betracht kommt. Das Ausmaß der Änderung ist durch die Interessenabwägung im Rahmen der Zumutbarkeitsprüfung festzulegen. Dennoch ist

---

760 Allgemein zu § 894 ZPO: Hartmann in Baumbach/Lauterbach, § 894, Rn. 7; Stöber in Zöller, § 894, Rn. 5; Thomas/Putzo, § 894, Rn. 7; Rosenberg, § 72 (S. 978ff.), spricht von einer Art "Ersatzvornahme".

761 Karsten Schmidt in Schlegelberger, § 105, Rn. 144.

762 Rosenberg, § 72 I 3 (S. 982).

763 Teichmann in Soergel, § 242, Rn. 262; Roth in MünchKomm, § 242, Rn. 551; Heinrichs in Palandt, § 242, Rn. 130; Esser, JZ 1958, 113, 114; Rothe, AcP 151 (1951), 33, 39f.; Zöllner, Anpassung, S. 56; BGH WM 1969, 65, 66; BGH NJW 1972, 152, 153; 1997, 320, 324.

764 Lehmann, JZ 1952, 10, 12; Schlechtriem, Rn. 100; Kegel, JZ 1952, 147, 148; Stötter, NJW 1972, 1191, 1192; Vollkommer in Jauernig, § 242, Anm. V 4a, Rn. 91; Köhler, FS Steindorff, 611, 615f.; BGHZ 91, 32, 35; BGH NJW 1952, 137, 138; 1963, 2076, 2079; für die Rechtsfolge der Kündigung auch BGHZ 133, 316, 328; Larenz, Geschäftsgrundlage, S. 175, welcher aber eine Erklärung für entbehrlich hält, wenn "an dem Fortfall der Geschäftsgrundlage für beide Teile kein Zweifel sein kann, und eine Erklärung den Umständen nach nicht erwartet werden kann".

765 Haarmann, S. 105.

766 Medicus, BR, § 7 III a, Rn. 168.

auch das Ausmaß der Änderung bei der Diskussion, wie die Änderung des Gesellschaftsvertrages bei Anwendung der Lehre von der Geschäftsgrundlage eintritt, zu berücksichtigen. Verlangt man nämlich zur Vertragsänderung eine Erklärung desjenigen, welcher sich aufgrund der Lehre von der Geschäftsgrundlage vom Vertrag in der bestehenden Form lösen will, so erhält der Vertragspartner kein hohes Maß an Rechtssicherheit.[767] Da der die Vertragsänderung anstrebende Vertragspartner in der Regel einen konkreten Vorschlag macht, weiß der Vertragspartner dann zwar, daß und in welchem Ausmaß der oder die anderen Vertragspartner die Vertragsänderung anstreben, ob diese Vorstellung bezüglich des Ausmaßes der Vertragsänderung aber durch die Grundsätze der Lehre von der Geschäftsgrundlage gedeckt ist, und der Vertragspartner damit verpflichtet ist, der Vertragsänderung zuzustimmen, ergibt erst eine Überprüfung durch die Gerichte. Völlig außer Acht lassen kann man das Gebot der Rechtssicherheit aber nicht. Denn durch die Anpassung mittels Erklärung weiß der Vertragspartner zumindest, daß eine Vertragsänderung angestrebt wird.

Betrachtet man die gesetzlichen Regelungen im allgemeinen Zivilrecht, wird dort unterschieden. Eine Nichtigkeit ipso iure wird immer dann angenommen, wenn die Privatautonomie, also die Befugnis, seine Lebensverhältnisse eigenverantwortlich zu gestalten, durch Mißbrauch gefährdet ist. Dann wird gem. §§ 134, 138 BGB und bei Vorliegen von allgemeinen Geschäftsbedingungen gem. §§ 9-11 AGBG eine Inhaltskontrolle des geschlossenen Vertrages zum Schutz des benachteiligten Vertragspartners durchgeführt.[768] So sind nach den §§ 134, 138, 9-11 AGBG ein Vertrag bzw. einzelne seiner Klauseln ipso iure nichtig, ohne daß es einer Erklärung des benachteiligten Vertragspartners bedarf. Die Nichtigkeit ipso iure tritt also ein, wenn der Inhalt des Vertrages gegen eine der Normen verstößt, die Art und Weise des Zustandekommens ist dagegen nicht nach §§ 134, 138 BGB 9-11 AGBG zu beurteilen.[769] Ist dagegen die Art und Weise des Zustandekommens des Vertrages fehlerhaft, bedarf es zur Nichtigkeit des Vertrages einer Erklärung der benachteiligten Vertragspartei, d.h. der Vertrag ist nicht ipso iure nichtig, sondern lediglich anfechtbar.[770] Das Gesetz unterscheidet demzufol-

767 Darauf stellt aber insbesondere ab BGHZ 133, 316, 328.

768 Fastrich, S. 17ff. unterscheidet mit der h. L. zwischen der Inhaltskontrolle und der Sittenwidrigkeitskontrolle, wobei der offenkundigste Unterschied im Maßstab liegt. Während die Inhaltskontrolle auf die Unangemessenheit abstellt, stellt die Sittenwidrigkeit einen Evidenzmaßstab dar. Trotz dieser Unterscheidung ist die Prüfung bei der Inhalts- und der Sittenwidrigkeitskontrolle identisch, da es sich um eine Kontrolle des Vertragsinhalts handelt.

769 BGHZ 110, 156, 174f.; Lehmann, NJW 1981, 1232, 1237; Sack in Staudinger, § 138, Rn. 6.

770 Heinrichs in Palandt, § 123, Rn. 1; Hart in AK, § 123, Rn. 1, welcher zwischen dem Schutz der "inneren Willensfreiheit" mit den Anfechtungsmöglichkeiten nach

ge: geht es um den Inhalt des Vertrages, tritt die Nichtigkeit ipso iure ein; kommt es dagegen auf die Art und Weise des Zustandekommens an, bedarf es zur Nichtigkeit einer Erklärung.

Bei der Lehre von der Geschäftsgrundlage ist ein Risiko nicht Vertragsbestandteil geworden, wobei es unerheblich ist, warum dieses nicht in den Vertrag aufgenommen wurde. Damit geht es auch bei der Lehre von der Geschäftsgrundlage um den Inhalt des Vertrages bzw. um die fehlende inhaltliche Regelung des eingetretenen Risikos im Vertrag und nicht um die Art und Weise des Zustandekommens,[771] was für eine Vertragsänderung ipso iure sprechen würde.

Gegen die Anpassung ipso iure bei Anwendung der Lehre von der Geschäftsgrundlage spricht die Regelung des § 593 BGB. Danach kann bei wesentlicher Änderung der Verhältnisse die Anpassung des Vertrages verlangt werden. § 593 BGB ist eine gesetzliche Normierung der sich bei der Lehre von der Geschäftsgrundlage ergebenden Rechtsfolgen.[772] Die Anpassung erfolgt nicht ipso iure, sondern derjenige, der die Änderung des Vertrages wünscht, hat lediglich einen Anspruch auf Vertragsänderung,[773] in welche der andere nach § 593 Abs. 4 BGB einwilligen muß. Auch nach § 4 Abs. 2 S. 1 MHG ist bei einer Erhöhung der Betriebskosten nicht eine Änderung ipso iure des Mietvertrages gegeben, sondern das Gesetz räumt dem Vermieter lediglich ein einseitiges Gestaltungsrecht ein.[774] Nach dem Gesetz ist bei einer Änderung der dem Vertrag zugrundeliegenden tatsächlichen Verhältnisse lediglich ein Anpassungsbegehren gegeben - entweder als einseitiges Gestaltungsrecht oder in Form eines Anspruchs auf Vertragsanpassung -, die Veränderung tritt also nicht ipso iure ein. Da die Lehre von der Geschäftsgrundlage voraussetzt, daß ein dem Vertrag zugrundeliegender Umstand fehlt bzw. weggefallen ist und damit auch bei einer nach Vertragsschluß eintretenden Veränderung der Verhältnisse (entweder tatsächlich oder aber aufgrund eines gemeinsamen Irrtums der Vertragspartner hinsichtlich der bei Vertragsabschluß vorliegenden Umstände in deren Vorstellung) eingreift, spricht ein Vergleich mit den gesetzlichen Regelungen für ein Anpassungsbegehren und gegen eine Anpassung ipso iure.

---

§§ 119, 120 BGB und dem der "äußeren Willensfreiheit", welche durch § 123 BGB geschützt ist, unterscheidet.

771 So auch allgemein BAGE 16, 21, 25; Sack in Staudinger, § 138, Rn. 154, wobei die Streitfrage, ob ein Verstoß gegen Treu und Glauben iSv § 242 BGB einen geringeren Verstoß als ein Sittenverstoß gegen § 138 BGB darstellt, hier unerheblich ist, da beide Verstöße sich auf den Inhalt des Geschäfts beziehen.

772 Jendrek in Erman, § 593, Rn. 1; Voelskow in MünchKomm, § 593, Rn. 2; Pikalo/v. Jerisen in Staudinger, § 593, Rn. 1; Putzo in Palandt, § 593, Rn. 2.

773 Jendrek in Erman, § 593, Rn. 5.

774 Voelskow in MünchKomm, § 4 MHG, Rn. 16; Putzo in Palandt, § 4 MHG, Rn. 12; Jendrek in Erman, Anh § 580a, (§ 4 MHG Rn. 3f.).

Gesetzlicher Anknüpfungspunkt der Lehre von der Geschäftsgrundlage ist § 242 BGB. Nach dem Wortlaut des § 242 BGB[775] muß die Leistung im Einklang mit Treu und Glauben unter Berücksichtigung der Verkehrssitte erbracht werden. § 242 BGB betrifft die Art und Weise der Leistungserbringung,[776] d.h. nur wie § 242 BGB gebietet, ist die Leistung zu erbringen. Gebietet nun der Grundsatz von Treu und Glauben, daß die vertraglichen Leistungen in einer anderen als der im Vertrag vorgesehenen Art und Weise zu erbringen sind, bedeutet dies eine Anpassung des Vertrages. Dies heißt aber auch umgekehrt, daß der Grundsatz der Leistungserbringung unter Berücksichtigung von Treu und Glauben der Leistungserbringung in der ursprünglichen Form entgegensteht. Nach § 242 BGB ist der Vertrag demzufolge in der veränderten, nicht in der ursprünglich ausgehandelten Form zu erfüllen. Die gesetzliche Anknüpfung der Lehre von der Geschäftsgrundlage an § 242 BGB ist damit auf den ersten Blick ein Argument für eine Vertragsänderung ipso iure.

Gegen eine Vertragsanpassung ipso iure könnte man aber weiterhin ins Feld führen, daß bei Entfallen des eingetretenen Risikos der Vertrag in seiner ursprünglichen Form durchzuführen ist. Insoweit wird bei Abänderung des Vertrages ipso iure die Berufung auf die Unwirksamkeit der ursprünglichen Regelung als rechtsmißbräuchlich angesehen.[777] Was passiert aber in solch einem Fall mit dem angepaßten Vertrag, denn die Änderung ist ja tatsächlich eingetreten. Ist es rechtsmißbräuchlich, wenn die von der Änderung begünstigte Partei sich auf den angepaßten Vertrag beruft und somit - nach der Anpassung ipso iure - auf die tatsächlich bestehende vertragliche Regelung. Man könnte jedoch argumentieren, daß die Vertragsänderung unter der auflösenden Bedingung steht, daß das eingetretene Risiko nicht wieder entfällt. Dagegen spricht aber wiederum, daß aus § 242 BGB eine bedingte Vertragsanpassung wohl nur schwerlich hergeleitet werden kann. Außerdem spricht gegen diese komplizierte Konstruktion einer bedingten Vertragsanpassung ipso iure, daß das Bedürfnis für solch eine Konstruk-

775 Der Anwendungsbereich des § 242 BGB ist aufgrund seiner systematischen Stellung auf rechtliche Sonderverbindungen beschränkt, wobei dieser Begriff aber im weitesten Sinne zu verstehen ist. Daher ist jeder qualifizierte soziale Kontakt ausreichend; vgl. Heinrichs in Palandt, § 242, Rn. 6; Roth in MünchKomm, § 242, Rn. 55. Dabei ist die Geltung des Grundsatzes von Treu und Glauben nicht auf das Schuldrecht beschränkt, sondern gilt im gesamten Privatrecht, sowie auch im öffentlichen Recht; vgl. Vollkommer in Jauernig, § 242, Anm. I 3b, Rn. 11; Roth in MünchKomm, § 242, Rn. 57ff.; Heinrichs in Palandt, § 242, Rn. 16f.; BVerfGE 59, 128, 167; BGHZ 30, 232, 236; 94, 344, 349; 95, 109, 113f.; BVerwGE 9, 155, 160; 25, 299, 303.

776 Roth in MünchKomm, § 242, Rn. 3; Vollkommer in Jauernig, § 242, Anm 1b, Rn. 3; Weber, JuS 1992, 631, 634.

777 Fastrich, S. 360.

tion nicht gegeben ist, denn man vermeidet diese Schwierigkeiten, wenn man davon ausgeht, daß zur Vertragsänderung eine Erklärung notwendig ist.

Der Grundsatz von Treu und Glauben nach § 242 BGB beherrscht jedes Schuldverhältnis, so daß die Leistungen unter Berücksichtigung dieses Grundsatzes zu erbringen sind, da eine Leistung nur dann eine vertragsgemäße Leistung ist. Andererseits setzt § 242 BGB ein Schuldverhältnis voraus und bestimmt nur innerhalb dieses Schuldverhältnisses die Art und Weise der Leistungserbringung. Daneben wurden, obwohl § 242 BGB keine Billigkeitsnorm ist,[778] aus § 242 BGB viele Rechtsgrundsätze und -begriffe entwickelt, so daß nicht mehr nur die Art und Weise der Leistung bestimmt wird, sondern auch „Ob" und „Was" geleistet werden muß. Während das „Ob" und „Was" den Bestand und Inhalt der Leistung betreffen, betrifft die Art und Weise das "Wie" der Leistung.[779] Die Art und Weise der Leistung steht nach § 242 BGB automatisch fest, dies gilt aber aufgrund der unterschiedlichen Rechtsgrundsätze nicht für das „Ob" und „Was".[780] Bei Anwendung der Lehre von der Geschäftsgrundlage können alle drei Bereiche betroffen sein: es kann fraglich sein, ob überhaupt noch zu leisten oder ob der Vertrag aufzuheben ist;[781] auch das „Was" der Leistung kann betroffen sein, denn möglich ist, daß eine der Vertragsparteien bei Anpassung des Vertrages an veränderte Umstände zusätzlich eine weitere Leistung erbringen muß;[782] schließlich kann auch die Art und Weise, das „Wie" der Leistung durch eine Änderung der dem Vertrag zugrundeliegenden Umstände betroffen sein.[783] Die Anwendung der Lehre von der Geschäftsgrundlage betrifft somit nicht nur das „Wie", sondern auch das „Ob" und „Was" der Leistung, so daß die Berufung auf § 242 BGB als Argument für die Vertragsanpassung ipso iure nicht ausreicht.

Eine Anpassungspflicht entspricht auch eher dem Grundsatz der Privatautonomie, denn es bleibt dem durch die Änderung der Umstände Betroffenen überlassen, ob er den Vertrag in seiner ursprünglichen Form erfüllen oder eine Anpassung des Vertrages verlangen will.[784] Auch ist die Vertragsänderung eine Ausnahme vom Grundsatz der Vertragstreue, so daß der Berechtigte die anderen

778 Ganz h.M., vgl. nur Werner in Erman, § 242, Rn. 6; Heinrichs in Palandt, § 242, Rn. 2; Gernhuber, JuS 1983, 764, 767; RGZ 131, 158, 177; BGH NJW 1985, 2579, 2580.

779 Heinrichs in Palandt, § 242, Rn. 1.

780 Haarmann, S. 104.

781 RGZ 165, 193, 199f.; 168, 65, 73; BGHZ 101, 143, 149ff.; BGHZ 133, 316, 328f.

782 RGZ 141, 212, 217f.; 163, 324, 333f.

783 Teichmann in Soergel, § 242, Rn. 267 schlägt als Anpassungsmöglichkeit u.a. die Stundung der geschuldeten Leistung vor.

784 Haarmann, S. 106.

Vertragspartner aus dem Gebot der Rücksichtnahme heraus über sein beabsichtigtes Vorgehen unterrichten muß.[785]

Berücksichtigt man dieses Argument und auch die gesetzlichen Regelungen der §§ 593 BGB, 4 MHG, welche bei einer Vertragsanpassung wegen veränderter Umstände eine Erklärung verlangen, ist auch bei der Lehre von der Geschäftsgrundlage von einer Anpassung mittels übereinstimmender Willenserklärungen auszugehen und nicht von einer Anpassung ipso iure.

Auch ein einseitiges Gestaltungsrecht[786] entspricht nicht der Interessenlage. Gestaltungsrechte sind nach dem Gesetz nur vorgesehen, falls lediglich eine mögliche Rechtsfolge in Betracht kommt. Bei der Lehre von der Geschäftsgrundlage, insbesondere bei komplexeren Verträgen, kommt aber in der Regel nicht nur eine Rechtsfolge in Betracht, sondern es gibt mehrere Anpassungsmöglichkeiten.[787]

Rechtsfolge der Anwendung der Lehre von der Geschäftsgrundlage ist damit wie bei der Zustimmungspflicht zur Vertragsänderung aufgrund der Treuepflicht nicht eine Anpassung ipso iure, sondern ein Vertragspartner kann lediglich von den anderen Vertragspartnern die Zustimmung verlangen.

IV) Ergebnis

Mit Abschluß des Gesellschaftsvertrages haben sich die Gesellschafter zu einer Zweckgemeinschaft zusammengeschlossen und sich verpflichtet, den Gesellschaftszweck zu verfolgen. Dadurch entsteht zwischen den Gesellschaftern ein Vertrauens- und Loyalitätsverhältnis, auf welchem die gesellschaftliche Treuepflicht beruht. Die Treuepflicht besagt, daß die Gesellschafter positiv die Pflicht haben, „in Ausübung ihrer im Gesellschaftsinteresse begründeten mitgliedschaftlichen Befugnisse diejenigen Handlungen vorzunehmen, die der Förderung des Gesellschaftszwecks dienen" und negativ die Pflicht, "alles zu unterlassen, was die Interessen der Gesellschaft schädigt".[788]

Die Verpflichtung, den Gesellschaftszweck zu fördern, ist das Ziel des gemeinsamen Zusammenwirkens der Gesellschafter. Allerdings besteht diese Ver-

785 Haarmann, S. 105f.; Fecht, S. 37.

786 Ein Gestaltungsrecht ist das einer bestimmten Person zustehende Recht durch einseitigen Gestaltungsakt, meist eine empfangsbedürftige Willenserklärung, ein Rechtsverhältnis zwischen ihr und einer anderen Person entweder zustandezubringen oder inhaltlich näher zu bestimmen, es zu ändern oder aufzuheben.

787 Fecht, S. 38; Haarmann, S. 109f.

788 Hüffer, FS Steindorff, 59, 69; ähnlich Götz Hueck, § 7 I 1d (S. 52); Alfred Hueck, ZGR 1972, 237, 240.

pflichtung nur insoweit, wie sich die Gesellschafter dazu im Gesellschaftsvertrag verpflichtet haben. Auch aus der Treuepflicht kann sich nichts anderes ergeben, da diese auf dem Gesellschaftsverhältnis beruht. Das Gesellschaftsverhältnis ist allerdings ein Dauerschuldverhältnis, während der Gesellschaftsvertrag statisch ist; einmal abgeschlossen, bleibt er so bestehen und paßt sich nicht automatisch unterschiedlichen Gegebenheiten an.

Da jedoch Ziel des Zusammenschlusses der Gesellschafter zur Gesellschaft das Erreichen des Gesellschaftszwecks ist, besteht dann eine Zustimmungspflicht zur Vertragsänderung aufgrund der Treuepflicht, falls mit der ursprünglichen vertraglichen Regelung der Gesellschaftszweck nicht (mehr) zu erreichen ist, keine milderen Mittel zur Verfügung stehen, und diese Vertragsänderung den belasteten Gesellschaftern zumutbar ist. Denn mit Abschluß des Gesellschaftsvertrages haben die Gesellschafter ein Vertrauens- und Loyalitätsverhältnis begründet, aufgrund dessen sie verpflichtet sind, auf die Belange der Gesellschaft Rücksicht zu nehmen und die Handlungen vorzunehmen, die der Förderung des Gesellschaftszwecks dienen. Dies kann dann aber auch die Zustimmung zur Vertragsänderung sein, falls dies den Gesellschaftern zumutbar ist. Die Zumutbarkeit ist durch eine Einzelfallabwägung zu bestimmen. Zur Verfolgung anderer Ziele als dem des Gesellschaftszwecks besteht keine Verpflichtung, einer Vertragsänderung zuzustimmen, denn zur Verfolgung dieser anderen Ziele haben sich die Gesellschafter nicht verpflichtet, so daß sich demzufolge eine Zustimmungspflicht auch nicht aus dem Vertragsverhältnis ergeben kann.

Die Treuepflicht und die Lehre von der Geschäftsgrundlage sind nicht zwei Ausprägungen des gleichen Rechtsinstituts, denn während die Treuepflicht auf dem Vertrauens- und Loyalitätsverhältnis beruht, ist für die Lehre von der Geschäftsgrundlage entscheidend, daß eine vertragliche Risikoverteilung fehlt. Auch kommt eine Vertragsanpassung aufgrund der Treuepflicht nur in Betracht, falls dies zur Erreichung des Gesellschaftszwecks notwendig ist. Die bei beiden Rechtsinstituten vorzunehmende Zumutbarkeitsprüfung ist dagegen identisch. Beide Male muß eine Einzelfallabwägung vorgenommen werden, wobei alle Umstände des Einzelfalles zu berücksichtigen sind.

Die Zustimmungspflicht zur Vertragsänderung aufgrund der Treuepflicht und die Anwendung der Lehre von der Geschäftsgrundlage haben unterschiedliche Anwendungsbereiche. Beide setzen eine fehlende vertragliche Regelung voraus. Der Anwendungsbereich der Zustimmungspflicht zur Vertragsänderung aufgrund der Treuepflicht ist aber enger, da dort eine Vertragsanpassung nur in Betracht kommt, falls diese zur Verfolgung des Gesellschaftszwecks erforderlich ist. Dies wird bei der Anwendung der Lehre von der Geschäftsgrundlage nicht vorausgesetzt. Bei Anpassung von Buchwertklauseln und Vergütungen von Gesellschaftergeschäftsführern kommt damit eine Anpassung nach den Regelungen der

Treuepflicht nicht in Betracht, da beide Vertragsanpassungen nicht zur Erreichung des Gesellschaftszwecks erforderlich sind, sondern dieser auch mit den ursprünglichen vertraglichen Regeln erreicht werden kann. Eine Anpassung des Gesellschaftsvertrages an veränderte Umstände kann in diesen beiden Fällen nur mittels der Lehre von der Geschäftsgrundlage vorgenommen werden.

In dem sich überschneidenden Anwendungsbereich sind die Zustimmungspflicht zur Vertragsänderung aufgrund der Treuepflicht und die Lehre von der Geschäftsgrundlage nebeneinander anwendbar. Beide verlangen eine umfassende Interessenabwägung im Rahmen der Zumutbarkeitsprüfung, wobei bei dieser alle Umstände des Einzelfalles eingestellt werden. Dabei ist, wie Karsten Schmidt zu Recht betont, die Konkretisierung von Treupflichten nur im Lichte der verbandsrechtlichen Geschäftsgrundlage möglich, und auf Störungen der Geschäftsgrundlage kann nur im Lichte der Treupflichten angemessen reagiert werden.[789] Es werden bei dieser Einzelfallprüfung auch die tatsächlichen Umstände berücksichtigt, die die tatbestandlichen Voraussetzungen des jeweils anderen Rechtsinstituts erfüllen. Da somit im Rahmen der Zumutbarkeitsprüfung bei beiden Rechtsinstituten im Einzelfall die gleichen Umstände berücksichtigt werden müssen, führt die Abwägung zum gleichen Ergebnis. Kommen aber beide Rechtsinstitute zum gleichen Ergebnis, kann keines der beiden den Vorrang vor dem anderen Rechtsinstitut beanspruchen.

Bei beiden Rechtsinstituten erfolgt die Änderung des Gesellschaftsvertrages mittels Angebot und Annahme. Auch bei Anwendung der Lehre von der Geschäftsgrundlage geschieht dies nicht ipso iure. Dies ergibt sich aus dem Gebot der Rücksichtnahme, da die Änderung des Gesellschaftsvertrages eine Ausnahme vom Gebot der Vertragstreue darstellt. Außerdem soll dem von der Veränderung Belasteten die Entscheidung überlassen werden, wie er den Vertrag erfüllen möchte. Ferner sieht auch das Gesetz bei Anpassung von Verträgen an veränderte Verhältnisse keine Anpassung ipso iure vor, sondern verlangt bei § 593 BGB Angebot und Annahme, bei § 4 MHG immerhin noch ein einseitiges Gestaltungsrecht.

789 Karsten Schmidt, GesR, § 5 IV 2 d.

§ 6 Neuverhandlungspflichten

Seit Anfang der achtziger Jahre wird diskutiert,[790] ob und wie Neuverhandlungspflichten als Anpassungsmechanismus in Betracht kommen, insbesondere ob im Rahmen der Rechtsfolge bei Anwendung der Lehre von der Geschäftsgrundlage auch eine Pflicht zur Neuverhandlung vorliegt. Vereinzelt haben auch die Gerichte dazu schon Stellung genommen.[791]

Die Neuverhandlungspflicht ist im Zusammenhang mit der Lehre von der Geschäftsgrundlage keine Problematik, welche spezifisch im Recht der Personengesellschaften auftritt. Gesellschaftsverträge sind jedoch oftmals langfristige Verträge, bei welchen ein längerer Zeitraum zwischen Vertragsschluß und Vertragsdurchführung liegt, so daß diese Verträge aufgrund der Änderung der äußeren Umstände einer Anpassung bedürfen. Aufgrund der oftmals komplexen Strukturen von Gesellschaftsverträgen und der Beziehungen der Gesellschafter untereinander ist es insbesondere bei Gesellschaftsverträgen für die Gerichte schwierig, angemessene Lösungen für den Einzelfall zu finden. Neuverhandlungen ermöglichen außergerichtliche Lösungen, welche den Wünschen der Beteiligten oftmals mehr entgegenkommen als eine gerichtliche Entscheidung. Im Hinblick auf eine zukünftige einvernehmliche Zusammenarbeit in der Gesellschaft ist auch der psychologische Aspekt nicht zu vernachlässigen, daß eine einvernehmliche Regelung mit größerer Bereitwilligkeit umgesetzt wird als eine aufgezwungene.

Während die Rechtsprechung im Schuldrecht bei Anwendung der Lehre von der Geschäftsgrundlage der Auffassung ist, daß die Rechtsfolge der Anpassung ipso iure eintritt,[792] bevorzugt die Rechtsprechung im Recht der Personengesellschaften ein Anpassung mittels Zustimmung des Anpassungsgegners zur Vertragsänderung.[793] Auch bei der Vertragsanpassung aufgrund der Treuepflicht tritt

790 So insb. Horn, AcP 181 (1981), 255ff.; Fecht und Nelle in ihren Dissertationen; Eidenmüller, ZIP 1995, 1063ff.; Martinek, AcP 198 (1998), 329ff.

791 Vgl. dazu die Rechtsprechungsübersicht bei Nelle, S. 23ff., auch LG Berlin, ZIP 1992, 1660, 1662: "...hat sie (die Klägerin, Anm. d. Verf.) die gebotene Mitwirkung an der Anpassung des Vertrages an die veränderten Verhältnisse eindeutig verweigert, so daß der Beklagte ein Recht hatte, den Vertrag zu kündigen."

792 BGH NJW 1972, 152, 153; 1997, 320, 324; BGH WM 1969, 65, 66.

793 BGH WM 1974, 831, 833: "In der erneuten Verhandlung wird es zunächst Sache des Klägers sein, seinem grundsätzlich als berechtigt anzuerkennenden Verlangen auf Änderung des Gesellschaftsvertrages eine Form zu geben, die die dargelegten Bedenken ausräumt und die berechtigten Interessen der Beklagten berücksichtigt".

diese nicht ipso iure ein, sondern es bedarf einer Zustimmung der anderen Gesellschafter zur Vertragsänderung. In dieser Anpassung mittels Einigung der Gesellschafter sieht Horn[794] die Grundlage für Neuverhandlungspflichten im Recht der Personengesellschaften, wobei er diese sowohl im Fall der Gesellschafterausschließung als auch bei der sonstigen Anpassung des Gesellschaftsvertrages annimmt.

I) Der Begriff der Neuverhandlungspflicht

Der Begriff der Neuverhandlungspflicht ist umstritten. Nach Horn[795] ist die Neuverhandlungspflicht „die Pflicht der Parteien eines bestehenden Vertrages, den Vertrag durch Vereinbarung an veränderte Umstände anzupassen und zu diesem Zweck miteinander Verhandlungen zu führen". Insoweit besteht ein Anspruch der Vertragspartei gegen die anderen „auf einvernehmliche Abänderung des Vertrages im Wege der Verhandlung". Die Neuverhandlungspflicht besteht demnach aus zwei Teilen: einmal der Pflicht, in Verhandlungen einzutreten und dann auch der Pflicht, eine Willenserklärung bezüglich der Vertragsanpassung abzugeben.[796] Eine andere Auffassung sieht in der Neuverhandlungspflicht zwar eine Pflicht, mit dem Ziel der Vertragsänderung in Verhandlungen einzutreten, verneint aber die Pflicht, einem bestimmten Ergebnis zuzustimmen.[797]

Verhandlungen sind das Zusammentreffen von mehreren Parteien mit dem Ziel, über einen bestimmten Punkt eine einvernehmliche Lösung herbeizuführen. Die Verhandlungen haben also ein Ergebnis zu erzielen, welches auf der freiwilligen Zustimmung aller Beteiligten beruht. Die Pflicht zur Zustimmung zu einer bestimmten Lösung beinhaltet dagegen einen Zwang, was im Widerspruch zur Freiwilligkeit steht.[798] Damit ist die Zustimmungspflicht zur Vertragsänderung nicht Bestandteil der Neuverhandlungspflicht.

---

794 Horn, AcP 181 (1981), 255, 275.

795 Horn, AcP 181 (1981), 255, 256.

796 Horn, ZHR 158 (1994), 425, 426.

797 Eidenmüller, ZIP 1995, 1063, 1064; Nelle, S. 12, 15ff. insb. 17; Fecht, S. 7f., wobei Fecht (S. 9) den Begriff der Neuverhandlungspflicht von Neuverhandlungsobliegenheiten abgrenzt, bei welchen der andere Vertragspartner "ein entsprechendes Verhalten nicht fordern kann", die aber Rechtsnachteile zur Folge haben, falls der Obliegenheit nicht nachgekommen wird; gegen diese Abgrenzung Nelle, S. 16.

798 So auch Nelle, S. 17; Eidenmüller, ZIP 1995, 1063, 1064.

II) Rechtsgrundlage der Neuverhandlungspflicht

1) Ablehnung von Neuverhandlungspflichten

Umstritten ist auch, ob die Neuverhandlungspflicht im Zusammenhang mit der Lehre von der Geschäftsgrundlage überhaupt existiert. Insbesondere Martinek[799] hat sich dagegen gewandt. Sein Hauptargument ist, daß Neuverhandlungspflichten tendenziell der stärkeren Partei nutzen, „die von der Änderung des Äquivalenzgefüges begünstigt wurde und nunmehr, wenn schon kein unveränderter Fortbestand des Vertrages durchzusetzen ist, an einem Anpassungsminimum interessiert ist".[800] Dabei geht Martinek davon aus, daß die Position der an den Neuverhandlungen interessierten Partei durch die nachteilige Veränderung des Äquivalenzverhältnisses schwächer ist als ihre frühere Verhandlungsposition, so daß die Zeichen ungünstig stehen, daß sie für sich auf dem Verhandlungswege ein gegenüber einer richterlichen Vertragsanpassung günstigeres Verhandlungsergebnis erzielen kann. Dagegen ist die andere Partei aufgrund des zu ihren Gunsten verschobenen Äquivalenzverhältnisses in einer günstigeren Verhandlungsposition und kann demzufolge im Verhandlungswege ein Minimum an Vertragsanpassung durchsetzen, so daß gute Chancen bestehen auf ein Verhandlungsergebnis, welches günstiger ist als ein Urteil.[801] Nach Martinek wird bei Neuverhandlungspflichten „das Recht zur Last und die Pflicht zur Gunst: Der schwächeren und anpassungswilligen Partei wird ein Rechtsanspruch gegen die stärkere auf „vorgeschaltete" Neuverhandlungen über eine Vertragsanpassung eingeräumt, der weniger wert ist als es eine unmittelbare richterliche Vertragsanpassung wäre und als eine Last empfunden werden muß".[802] Diese bei Neuverhandlungen gegenüber der richterlichen Vertragsanpassung seiner Auffassung nach schwächeren Position der anpassungswilligen Partei läßt nach Martinek auch das Argument der Verhältnismäßigkeit in sich zusammenbrechen, denn die richterliche Vertragsanpassung ist gerade im Vergleich zu den Neuverhandlungen das mildere Mittel.[803] Auch das Argument, daß die Parteien „selbst am besten über ihre eigenen Interessen Bescheid wissen"[804] und somit am ehesten noch eine interessengerechte Lösung finden, läßt Martinek nicht gelten. Er ist der Auffassung, daß man alles in allem darauf vertrauen darf, „daß der Richter mit den Mitteln

799 Martinek, AcP 198 (1998), 329ff., insb. 363ff.
800 Martinek, AcP 198 (1998), 329, 376.
801 Martinek, AcP 198 (1998), 329, 375.
802 Martinek, AcP 198 (1998), 329, 376.
803 Martinek, AcP 198 (1998), 329, 379.
804 Eidenmüller, ZIP 1995, 1063, 1066.

des Zivilprozeßrechts (wie §§ 139, 287 ZPO oder Sachverständigengutachten) die Herausforderung meistern kann".[805]

Teilweise werden auch Neuverhandlungspflichten bei Anwendung der Lehre von der Geschäftsgrundlage abgelehnt, da „bei der Neuverhandlungspflicht nur die Änderungsbedürftigkeit festgestellt wird, nicht aber die Änderung selbst".[806] Nelle versteht die zuletzt genannte Kritik so, daß bei dieser die Neuverhandlungspflicht als alleinige Rechtsfolge der Lehre von der Geschäftsgrundlage gesehen wird. Da jedoch bei einem Scheitern der Neuverhandlungen die anderen Rechtsfolgen Anwendung finden, geht die Kritik „insofern an der Sache vorbei".[807]

2) Neuverhandlungspflichten und der Grundsatz der Verhältnismäßigkeit

Nach einer anderen Auffassung ist eine Neuverhandlungspflicht immer dort zu finden, wo die Lehre von der Geschäftsgrundlage eingreift.[808] Entscheidend für die Frage, ob der Anpassung bzw. Auflösung des Vertrages als Rechtsfolge der Lehre von der Geschäftsgrundlage eine Neuverhandlungspflicht vorgeht, dürfte folgendes sein. Die Rechtsfolge der Lehre von der Geschäftsgrundlage bestimmt sich nach dem Grundsatz der Verhältnismäßigkeit, welcher gebietet, das am wenigsten einschneidende Mittel anzuwenden. Weniger einschneidend als eine Anpassung vor Gericht, welche den Parteien aufgezwungen wird, ist die Pflicht, mit dem Ziel der Einigung über eine Vertragsänderung Verhandlungen aufzunehmen, da dies dem Grundsatz der Privatautonomie näher kommt als eine gerichtliche Anpassung.[809] Denn der Richter denkt bei seiner Entscheidung ja nicht die im Vertrag vorliegenden Wertungen zu Ende,[810] - sonst wäre man im Bereich der ergänzenden Vertragsauslegung - sondern trifft eine Billigkeitsentscheidung, um das verwirklichte Risiko zwischen den Vertragsparteien zu verteilen. Das Argu-

---

805 Martinek, AcP 198 (1998), 329, 380.

806 Teichmann in Soergel, § 242, Rn. 262; Roth in MünchKomm, § 242, Rn. 552.

807 Nelle, S. 204; so auch Horn, ZHR 158 (1994), 425, 428.

808 Horn, AcP 181 (1981), 255, 276; ders. NJW 1985, 1118, 1123; ders. ZHR 158 (1994) 425, 427f.; Fecht, S. 39; Karsten Schmidt in Staudinger, v. § 244, Rn. D 181; Heinrichs in Palandt, § 242, Rn. 130.

809 Ähnlich auch Larenz/Wolf, AT, § 38 V 2, Rn. 48; Eidenmüller, ZIP 1995, 1063, 1066, welcher aber auch die Gefahr sieht, daß Neuverhandlungen zu Vertragsbrüchen benutzt werden können.

810 Mißverständlich insoweit Martinek, AcP 198 (1998), 329, 375: ".....das sich für sie gegenüber einer richterlichen Vertragsanpassung vorteilhafter gestaltet, denn letztere knüpft an das alte Äquivalenzverhältnis an und schreibt es für die veränderten Umstände fort".

ment, daß die richterliche Vertragsanpassung das mildere Mittel ist, als die aufgrund von Neuverhandlungen ausgehandelte Vertragsanpassung, läßt sich nicht halten. Die Rechtsfolge der Anwendung der Lehre von der Geschäftsgrundlage ist die Anpassung des Vertrages, welche einmal freiwillig durch Neuverhandlungen vorgenommen, d.h. ohne richterliche Hilfe und dann aber auch mittels der Gerichte erzwungen werden kann. Die Neuverhandlungspflicht setzt das Bestehen eines Anpassungsanspruchs voraus. Martinek betont, daß die durch das eingetretene Risiko begünstigte Partei in einer vorteilhaften Verhandlungsposition sei.[811] Die vorteilhafte Verhandlungsposition sieht Martinek darin, daß die begünstigte Partei bei Verhandlungen ein Anpassungsminimum durchsetzen kann, da sie sich aufgrund des verwirklichten Risikos in einer im Vergleich zum ursprünglichen Vertrag stärkeren Verhandlungsposition befindet.[812] Fraglich ist schon, warum eine Partei durch das eingetretene Risiko begünstigt sein soll, denn es besteht ja aufgrund der Lehre von der Geschäftsgrundlage ein Anspruch der belasteten Partei auf Anpassung des Vertrages an die veränderten Umstände. Noch weit weniger kann man von einer Begünstigung ausgehen, wenn man bei Anwendung der Lehre von der Geschäftsgrundlage eine Anpassung ipso iure annimmt, da ja dann die durch die geänderten Umstände eingetretene Benachteiligung durch den angepaßten Vertrag ausgeglichen wird. Führen also die Neuverhandlungen nicht zu einem einvernehmlichen Ergebnis, wird die Vertragsanpassung vom Richter vorgenommen. Die „belastete" Partei ist nicht verpflichtet, die von der anderen Partei vorgeschlagenen Vertragsanpassungen anzunehmen, sondern kann diese ablehnen und sich der richterlichen Billigkeitsentscheidung unterwerfen. Die „begünstigte" Partei kann auch kein Anpassungsminimum durchsetzen, denn die Neuverhandlungspflichten verlangen ja gerade nicht ein bestimmtes Ergebnis, so daß bei den Neuverhandlungen keine der Parteien ein ihr genehmes Ergebnis gegen den Willen der anderen Parteien durchsetzen kann.

Neuverhandlungspflichten sind sinnvoll, denn auch bei einer richterlichen Entscheidung gibt es als Rechtsfolge der Lehre nicht nur eine richtige Entscheidung, sondern der Richter genießt bei Anwendung der Lehre von der Geschäftsgrundlage einen materiell-inhaltlichen Gestaltungsspielraum, innerhalb dessen er eine Entscheidung treffen kann.[813] Ob er innerhalb dieses Gestaltungsspielraumes eher zu der einen oder eher zu der anderen Seite tendiert, bleibt ihm überlassen, so daß keine der Parteien weiß, ob die richterliche Entscheidung eher zu ihrem Anpassungsminimum tendiert oder zu dem der anderen Partei. Diese Unsicherheit hinsichtlich der richterlichen Entscheidung verhindert, daß eine der Parteien

811 Martinek, AcP 198 (1998), 329, 375.
812 Martinek, AcP 198 (1998), 329, 376.
813 Roth in MünchKomm, § 242, Rn. 551.

übermäßigen Druck auf die andere im Hinblick auf ein bestimmtes Ergebnis bei Neuverhandlungen ausüben kann, denn sie muß damit rechnen, daß die richterliche Billigkeitsentscheidung zu ihren Ungunsten ausfällt, falls die Neuverhandlungen ergebnislos bleiben. Auch dieser Gestaltungsspielraum spricht für die Neuverhandlungspflichten als weniger einschneidendes Mittel. Da der Richter einen materiell-inhaltlichen Gestaltungsspielraum hat,[814] gibt es auch bei der richterlichen Vertragsanpassung nicht nur eine richtige Entscheidung. Sind aber mehrere Entscheidungsalternativen denkbar, ist es weniger belastend für die Parteien, daß sie selbst in Verhandlungen ein Ergebnis finden, als daß der Richter ihnen eines auferlegt.

Teilweise wird auch behauptet, daß Neuverhandlungspflichten vorteilhafter seien, da sie billiger als ein Gerichtsverfahren sind. Dies stimmt nur begrenzt. Denn nicht nur die Neuverhandlungen selbst führen zu Kosten (direkte Kosten der Neuverhandlung), sondern das Wissen um Neuverhandlungen kann auch dazu führen, daß aus Furcht vor Vertragsbrüchen wohlstandssteigernde Investitionen unterlassen, bzw. unproduktive Investitionen mit dem Ziel der Verbesserung der Verhandlungsposition getätigt werden.[815]

III) Voraussetzungen

Die Neuverhandlungspflichten ergeben sich als Rechtsfolge der Lehre von der Geschäftsgrundlage.[816] Fraglich ist jedoch, wann im Einzelfall vor einer Anpassung bzw. Auflösung des Vertrages Neuverhandlungen durchzuführen sind. Kommt insbesondere nur eine Möglichkeit der Vertragsänderung in Betracht, könnte man der Auffassung sein, daß Neuverhandlungen entbehrlich sind, da sie nur zu diesem einen Ziel führen können.[817] Teilweise wird daher bei Neuverhandlungspflichten das Vorliegen eines Verhandlungsspielraums vorausgesetzt. Neben diesem Verhandlungsspielraum verlangt Horn auch das Vorliegen eines Vertrages. Fecht ist dagegen der Auffassung, daß nach dem Wortlaut vorausgesetzt wird, daß die Parteien bereits verhandelt haben.[818] Nelle setzt dagegen vor-

814 Roth in MünchKomm, § 242, Rn. 551.

815 Eidenmüller, ZIP 1995, 1063, 1065.

816 Darauf wurde auch schon in der Rechtsprechung hingewiesen. Vgl. dazu § 2 II 4 und die ausführliche Rechtsprechungsübersicht bei Nelle, S. 23ff. und speziell für das Gesellschaftsrecht im Zusammenhang mit der Lehre von der Geschäftsgrundlage Nelle, S. 27, sowie im Zusammenhang mit der Treuepflicht Nelle, S. 61ff.

817 Fecht, S. 8; Horn, AcP 181 (1981), 257, 266.

818 Fecht, S. 7, welche allerdings einschränkt, daß allein aus der Tatsache, daß bereits Verhandlungen stattgefunden haben, sich keine Pflicht zur Neuverhandlung ergibt.

aus, daß ein Anpassungsanspruch (i.w.S.)[819] vorliegt und der Gegenstand der Anpassung „vergleichsfähig“[820] ist.[821]

All diesen Meinungen ist gemeinsam, daß sie bei der Betrachtung nicht nur von der Lehre von der Geschäftsgrundlage ausgegangen sind, sondern daß versucht wurde, gleiche Voraussetzungen für Neuverhandlungspflichten zu entwickeln, unabhängig von dem zugrundeliegenden konkreten Rechtsinstitut, aus welchem sie sich ergeben. Ist aber die Neuverhandlungspflicht Teil der Rechtsfolge der Lehre von der Geschäftsgrundlage, sind die tatbestandlichen Voraussetzungen der Lehre von der Geschäftsgrundlage immer auch die Voraussetzungen der Neuverhandlungspflicht. Dies muß aber nicht ein Widerspruch zu den oben genannten Voraussetzungen sein, denn das Vorliegen eines Vertrages setzt auch die Lehre von der Geschäftsgrundlage voraus. Keine Voraussetzung ist, daß bereits verhandelt wurde, obwohl dies in der Praxis einem Vertragsschluß regelmäßig vorgehen dürfte. Dies gebietet auch nicht der Wortlaut. Denn der Begriff der Neuverhandlungspflicht besagt, daß eine bestehende Regelung neu verhandelt werden muß, unabhängig davon, wie sie zustande kam, nicht aber, daß sie nochmals verhandelt werden muß. Ist als Rechtsfolge einer Anpassung mittels der Lehre von der Geschäftsgrundlage lediglich eine Anpassungsmöglichkeit des konkreten Vertrages ersichtlich, besteht trotzdem eine Neuverhandlungspflicht. Zwar werden bei der gerichtlichen Anpassung alle Umstände berücksichtigt,[822] dennoch muß die Neuverhandlung nicht nur zu diesem Ergebnis führen, da in die Verhandlungen nicht nur die bei der Anpassung relevanten Umstände einfließen, sondern auch die subjektive Betrachtungsweise der Situation der Parteien. So kann sich ein Vertragspartner z. B. entschließen, den Vertrag trotz der entgegenstehenden Schwierigkeiten zu erfüllen, falls ihm die anderen Vertragsparteien in den Verhandlungen Hoffnung auf den Abschluß weiterer Verträge gemacht haben. Gleiches gilt auch, falls als Rechtsfolge der Lehre von der Geschäftsgrundlage nicht die Anpassung, sondern lediglich die Auflösung des Vertrags in Betracht kommt. Auch hier können die Neuverhandlungen der Parteien zu einem anderen Ergebnis als der Auflösung führen. Eine andere Frage ist, ob Neuverhandlungspflichten vorliegen, wenn kein Anspruch auf Anpassung oder Auflö-

---

819 Darunter versteht Nelle, daß “das Recht dem Anpassungsinteressierten die Herbeiführung bzw. Feststellung einer Vertragsanpassung bzw. -auflösung erlaubt”, wobei “dieser Anspruch nicht nur dogmatisch verschieden ausgestaltet, sondern auch inhaltlich unterschiedlich bestimmt sein kann”; vgl. Nelle, S. 83f.

820 Nelle verweist auf Pecher in MünchKomm, § 779, Rn. 3 und bezeichnet die Vergleichsfähigkeit als die Verfügungsbefugnis der Parteien über den Gegenstand der begehrten Anpassung.

821 Nelle, S. 206.

822 Ganz h.M., vgl. nur Heinrichs in Palandt, § 242, Rn. 131.

sung des Vertrages besteht. Diese Situation könnte bei der Lehre von der Geschäftsgrundlage dann eintreten, falls zwar deren Voraussetzungen vorliegen, die Unzumutbarkeitsschwelle für eine Vertragsänderung jedoch noch nicht groß genug wäre, aber groß genug für Neuverhandlungspflichten, welche einen weniger einschneidenden Eingriff als eine aufgezwungene Vertragsänderung darstellen, da dann die Vertragsänderung auf freiwilliger Basis beruht. Damit hängt auch die Frage zusammen, ob die Neuverhandlungspflicht eine eigenständige Rechtsfolge der Lehre von der Geschäftsgrundlage ist, oder ob sie lediglich der Rechtsfolge gerichtliche Vertragsanpassung vorgeschaltet ist.[823] Davon scheinen alle Autoren auszugehen, welche sich mit der Neuverhandlungspflicht beschäftigt haben.[824] Ziel der Lehre von der Geschäftsgrundlage und auch der Neuverhandlungspflicht ist eine Anpassung des Vertrages, um Härten von einer Vertragspartei zu nehmen, wobei aber bei der Neuverhandlungspflicht kein Zwang zur Anpassung besteht. Ist bei der Lehre von der Geschäftsgrundlage die Unzumutbarkeitsschwelle, welche zur Vertragsanpassung führt, nicht überschritten, greift auch die Neuverhandlungspflicht nicht ein. Denn die Rechtsfolge ist bei der Lehre von der Geschäftsgrundlage die Vertragsänderung, diese kann nur auf unterschiedlichem Wege erreicht werden; einmal freiwillig, welche auf Neuverhandlungen im Zusammenhang mit Neuverhandlungspflichten beruht und dann mittels Zwang auf dem Klagewege. Bei der Neuverhandlungspflicht handelt es sich also um eine Art der Anpassung - nämlich die auf freiwilliger Basis -, was voraussetzt, daß überhaupt eine Verpflichtung zur Anpassung besteht.

IV) Inhalt der Neuverhandlungspflicht

Der Begriff der Neuverhandlungspflicht bedarf der Ausfüllung. Nelle[825] unterscheidet dabei zwischen der Art und der Intensität der Neuverhandlungspflichten. Hinsichtlich der Art bestehen drei unterschiedliche Pflichten; nämlich die Pflicht zur Gestaltung des Verhandlungsprozesses, bezüglich konkreter Anpassungsvor-

---

823 Neuverhandlungspflichten bestehen nicht nur bei der Vertragsänderung, sondern auch bei der Rechtsfolge der Vertragsauflösung. Da die Vertragsänderung im Vergleich zur Vertragsauflösung aber das mildere Mittel ist, dürfte die Problematik, ob Neuverhandlungspflichten vorliegen, falls die Unzumutbarkeitsschwelle für eine Änderung bzw. Auflösung des Vertrages nicht erreicht ist, meist nur auftreten, falls eine Vertragsänderung angestrebt wird.

824 Explizit Nelle, S. 206; wohl auch Fecht, S. 33; Horn, AcP 181 (1981), 255, 276, bei welchem die Anpassung sogar Bestandteil der Neuverhandlungspflicht ist.

825 Nelle, S. 262f.

schläge[826] und die Pflicht zur fairen Verhandlungsführung. Bei der Intensität unterscheidet Nelle fünf Abstufungen. Die mit der geringsten Intensität ist auf einen Vorschlag irgendwie zu antworten, während die höchste Pflichtintensität verlangt, daß eine bereits feststehende Regelung befolgt wird. Dabei betont Nelle[827] aber, daß es sich dabei nicht um einen einheitlichen Inhalt handelt, sondern mit der konkreten Funktion der Neuverhandlungspflichten variiert, es sich demzufolge um ein bewegliches System handelt.

Bei der Bestimmung des Inhalts der Neuverhandlungspflicht im Zusammenhang mit der Lehre von der Geschäftsgrundlage ist zu beachten, daß die Neuverhandlungspflicht einerseits der Privatautonomie zur Geltung verhelfen soll, andererseits aber soll das Ergebnis der Neuverhandlungen eine gerichtliche Anpassung des Gesellschaftsvertrages bzw. dessen Auflösung überflüssig machen. Letzteres setzt voraus, daß die Parteien zuerst einmal erkennen, daß die tatbestandlichen Voraussetzungen der Lehre von der Geschäftsgrundlage vorliegen und somit ein Bedürfnis für Neuverhandlungen besteht.[828] Die Neuverhandlungen müssen aber auch zu einem Ergebnis geführt haben. Dabei ist es unerheblich, ob sich die Parteien auf eine Vertragsänderung geeinigt oder beschlossen haben, den Vertrag unverändert durchzuführen. Sollten die Parteien sich entschlossen haben, den Vertrag nicht zu ändern, kommt eine zwangsweise Vertragsänderung nach den Regeln der Lehre von der Geschäftsgrundlage nicht in Betracht, da dann eine ausdrückliche vertragliche Vereinbarung getroffen wurde, wer das eingetretene Risiko zu tragen hat.[829] Haben die Neuverhandlungen dagegen nicht zu einem Ergebnis geführt, sondern wurden ergebnislos abgebrochen, bedarf es einer gerichtlichen Anpassung.[830] Die Neuverhandlungspflicht soll der Privatautonomie zur Geltung verhelfen. Dies ist auch bei der Art und Intensität der Neuverhandlungspflicht zu berücksichtigen. Aus der Neuverhandlungspflicht können sich zwar konkrete Pflichten ergeben, diese dürfen aber nicht so weitgehend sein, daß die Neuverhandlungspflicht auf ein bestimmtes Ergebnis bei der Vertragsanpassung hinausläuft. Denn dann kommt die Privatautonomie nicht zur Geltung, da die Parteien in diesem Fall ihre Rechtsverhältnisse nicht nach ihrem Willen

---

826 Kritisch dazu Zöllner, Anpassung, S. 19, Fn 14a.

827 Nelle, S. 262.

828 In der Praxis wird man davon ausgehen können, daß die Parteien die Notwendigkeit einer Vertragsänderung erkannt haben, falls sie in Verhandlungen eingetreten sind, da nicht davon auszugehen ist, daß die Parteien dies grundlos machen.

829 Vgl. allgemein zur vertraglichen Risikoübernahme bei der Lehre von der Geschäftsgrundlage RGZ 163, 91, 95f.; 166, 40, 49; BGHZ 81, 135, 143; 90, 69, 74; BGH BB 1968, 354; BGH WM 1969, 527, 529; 1962, 150, 151f.; 1963, 288, 290; 1973, 869, 870; BGH NJW 1978, 695, 696; Köhler, Geschäftsgrundlage, S. 162f.; Teichmann in Soergel, § 242, Rn. 223; Heinrichs in Palandt, § 242, Rn. 127.

830 Heinrichs in Palandt, § 242, Rn. 130.

gestalten.[831] Dies gilt auch für die Intensität der Neuverhandlungspflicht. Dieser Auffassung ist auch Nelle,[832] wenn er schreibt, daß sich bei der Gestaltung des Neuverhandlungsprozesses Pflichten aller Intensitätsstufen finden. „Anders ist es hinsichtlich konkreter Anpassungsvorschläge. Hier würden sehr intensive Regelungen (Stufen 4 und 5) bereits außerhalb des Bereichs der Neuverhandlungspflicht liegen".

Andererseits sind die Parteien aber auch in der Gestaltung der Neuverhandlungen nicht völlig frei, sondern, wie auch Nelle[833] bereits herausgearbeitet hat, ist die Neuverhandlungspflicht hinsichtlich der Art und Intensität zu konkretisieren. Dies ergibt sich aus der Tatsache, daß die Vertragsparteien ja bereits vertraglich gebunden sind und sich aus dieser vertraglichen Bindung gem. § 242 BGB Einschränkungen der Handlungsfreiheit ergeben, die Vertragspartner zur gegenseitigen Rücksichtnahme verpflichtet sind.

V) Sanktion

Eine Pflicht zur Neuverhandlung ist nur dann sinnvoll, wenn sie auch durchgesetzt werden kann, d. h. das Nichtbefolgen der Neuverhandlungspflicht muß Sanktionen nach sich ziehen. Dabei soll die Trennung zwischen Neuverhandlungs- und Zustimmungspflicht zur Vertragsänderung beibehalten werden.[834]

1) Dogmatische Begründung der Sanktionen

Neuverhandlungspflichten beruhen als Rechtsfolge der Lehre von der Geschäftsgrundlage auf § 242 BGB, so daß es sich um Vertragspflichten handelt.[835] Werden Pflichten aus einem Vertrag nicht freiwillig erfüllt, hat der Vertragspartner die Möglichkeit, diese zwangsweise durchzusetzen und die Nachteile ersetzt zu verlangen. Der eigentliche Sinn der Neuverhandlungspflichten, innerhalb der Rechtsfolge der Lehre von der Geschäftsgrundlage dem Grundsatz der Privatau-

831 Vgl. zur Privatautonomie auch § 4 II 1 b. Im Ergebnis so auch Nelle, S. 281: "Teil der Neuverhandlungspflicht kann höchstens sein, ernsthafte und nicht evident unzureichende Vorschläge zu machen".

832 Nelle, S. 263.

833 Nelle, S. 262f.

834 Eine Sanktionierung der Neuverhandlungspflicht durch die Zustimmungspflicht befürworten Horn, AcP 181 (1981), 255, 285f. und wohl auch Fecht, S. 142ff.

835 Eidenmüller, ZIP 1995, 1063, 1070; Horn, AcP 181 (1981), 255, 286, spricht von einer "vertraglichen Rahmenpflicht".

tonomie zur Geltung zu verhelfen,[836] steht der Annahme von Sanktionen bei Vorliegen einer Verletzung der Neuverhandlungspflicht nicht entgegen. Dafür spricht schon, daß die Verletzung der Pflichten aus einem Rechtsgeschäft Sanktionen nach sich zieht, wobei das Rechtsgeschäft „das Mittel zur Verwirklichung der vom BGB grundsätzlich vorausgesetzten Privatautonomie"[837] ist, so daß das Begriffspaar Privatautonomie - Sanktion keinen unvereinbaren Gegensatz darstellt. Andererseits ist zu beachten, daß die Vertragsparteien durch das Rechtsgeschäft eine Bindung eingehen und damit ihre Handlungsfreiheit einschränken, während die Neuverhandlungen innerhalb der Rechtsfolge der Lehre von der Geschäftsgrundlage zwar voraussetzen, daß ein Rechtsgeschäft und damit die vertragliche Einschränkung besteht, gleichzeitig aber den Parteien die Möglichkeit geben, ihre vertraglichen Beziehungen neu zu gestalten und damit den durch die vertragliche Regelung eingeschränkten Handlungsspielraum erweitern. Jedoch sind die Parteien in der Gestaltung der Neuverhandlungen nicht völlig frei, sondern sind in ein bewegliches System eingebunden,[838] so daß ein Verstoß dagegen sanktioniert werden muß.

2) Art der Sanktionen

Bei den Sanktionen kann man vier unterschiedliche Arten[839] unterscheiden: ein Erfüllungsanspruch, ein Anspruch auf Schadensersatz, ein Zurückbehaltungsrecht im Zusammenhang mit anderen Leistungen sowie eine Änderung der weiteren Anpassungskompetenz. Dabei bleiben die erst- und letztgenannte Sanktion innerhalb der Rechtsfolge der Lehre von der Geschäftsgrundlage, modifizieren diese lediglich, während die anderen Sanktionen auf andere Rechtsinstitute zurückgreifen.

---

836 Davon geht wohl auch Nelle, S. 304 aus, da er darauf hinweist, daß stets zu berücksichtigen ist, "daß sich das Endziel der Neuverhandlungspflicht, eine möglichst effiziente, freiwillige Anpassung des Vertrages, nicht erzwingen läßt".

837 Larenz, AT, § 18 I (S. 314).

838 Vgl. § 6 IV.

839 Die Unterscheidung folgt der von Nelle, S. 305, gewählten Unterscheidung, während Horn, AcP 181 (1981), 255, 285f. und Eidenmüller, ZIP 1995, 1063, 1070, lediglich eine Dreiteilung in Erfüllungsanspruch, Anspruch auf Schadensersatz und "anderer Rechtsnachteile" bejahen.

Wie gesehen, kommen zwei Arten von Sanktionen innerhalb der Lehre von der Geschäftsgrundlage in Betracht, einmal die zwangsweise Durchsetzung der Pflicht zur Neuverhandlung und dann auch eine Veränderung der sekundären Anpassungsmöglichkeit.

Sinn der Neuverhandlungspflicht ist es, eine freiwillige Anpassung zu ermöglichen.[840] Dieser Freiwilligkeit würde es widersprechen, wenn zwangsweise durchgesetzt werden könnte, daß die Parteien inhaltlich konkrete Angebote machen, bzw. auf diese antworten müßten.[841] Bei den anderen Pflichten, wie zum Beispiel der Festlegung eines Zeitplans für die Verhandlungen, ist allerdings eine zwangsweise Durchsetzung durchaus denkbar.

Bei der Modifikation der Anpassung ist zu unterscheiden. Verstößt derjenige, welcher durch die bestehende vertragliche Regelung belastet ist und damit an der Anpassung interessiert ist, gegen die Pflicht zur Neuverhandlung, so könnte als Sanktion ein Verlust des Rechts zur Anpassung in Betracht kommen.[842] Die Neuverhandlungspflicht ist neben der zwangsweisen Vertragsänderung mittels gerichtlichen Urteils Rechtsfolge der Lehre von der Geschäftsgrundlage. Beruft sich nun der Anpassungsinteressierte auf die Lehre von der Geschäftsgrundlage, verletzt aber gleichzeitig seine Pflicht zur Neuverhandlung, liegt ein venire contra factum proprium vor, welches der Anpassungsgegner dem Anpassungsinteressierten entgegenhalten kann, sollte dieser auf der Änderung des Vertrages bestehen.[843]

Liegt dagegen ein Verstoß des Anpassungsgegners vor, könnte man entweder an eine sofortige Anpassung denken, oder sogar daran, daß es dem Vertragspartner statt der Anpassung zusteht, den Vertrag aufzulösen. Besteht der Anpassungsinteressierte weiter auf der Anpassung des Vertrages, kann er diese sofort mittels gerichtlicher Durchsetzung verlangen, ohne vorher in Neuverhandlungen

---

840 Nelle, S. 304.

841 So auch Nelle, S. 309, welcher in diesem Zusammenhang von der Verhandlungspflicht im engeren Sinn spricht und darunter die "Pflicht zur Abgabe von Anpassungsangeboten, die Pflicht, auf solche Angebote zu antworten und die Pflicht, Gegenangebote zu machen" versteht.

842 Daneben kommen aber auch noch weniger schwere Sanktionen in Betracht. Nelle, S. 312, nennt als Beispiele unter anderem noch, daß sich die Begrenzung der Anpassungskompetenz lockern bzw. der Wirkungszeitpunkt der Anpassungskompetenz verändern kann.

843 Im Ergebnis so auch Nelle, S. 319, welcher einen Anpassungsanspruch aber mit der Begründung verneint, daß sich "der Anpassungsinteressierte mit seiner Pflichtverletzung selbst treuwidrig verhält".

eingetreten sein zu müssen.[844] Denn die Neuverhandlungen als freiwillige Methode der Anpassung haben nur deshalb Vorrang vor der zwangsweisen Anpassung, da sie weniger weit in die Rechte des Anpassungsgegners eingreifen, damit diesem eher zumutbar sind. Andererseits ist aber die Beibehaltung der ursprünglichen vertraglichen Regelung dem Anpassungsinteressierten nicht zumutbar. Verstößt der Anpassungsgegner gegen die Pflicht zur Neuverhandlung, verschiebt sich die Zumutbarkeitsschwelle zugunsten des Anpassungsinteressierten, so daß dieser die Abänderung des Vertrages einklagen kann.[845]

Fraglich ist, ob bei einer Pflichtverletzung des Anpassungsgegners der Anpassungsinteressierte die Möglichkeit hat, statt der ursprünglich vorgesehenen Anpassung eine Vertragsauflösung zu verlangen.[846] Dabei ist zu unterscheiden, ob sich die Vertragsauflösung als Rechtsfolge der Lehre von der Geschäftsgrundlage ergibt oder weil der Anpassungsgegner mit der Weigerung eine positive Vertragsverletzung begangen hat.

Im ersten Fall soll eine Auflösung nur in Betracht kommen, falls eine Anpassung aus Zumutbarkeitsgesichtspunkten nicht möglich ist. Entscheidend für die Frage, ob statt der ursprünglich vorgesehenen Anpassung nun eine Vertragsauflösung gefordert werden kann, ist also, ob durch die Pflichtverletzung im Zusammenhang mit den Neuverhandlungspflichten sich die Zumutbarkeitsschwelle soweit zugunsten des Anpassungsinteressierten verschoben hat.[847] Dies ist aber abzulehnen, da der Anpassungsinteressierte die Möglichkeit hat, sein ursprünglich vorgesehenes Ziel, also die Anpassung, nicht die Auflösung des Vertrages, mittels Klage zu erreichen. Außerdem soll die Neuverhandlungspflicht den Grundsatz der Privatautonomie bei der Vertragsänderung zur Geltung bringen. Verletzt der Anpassungsgegner seine Neuverhandlungspflicht, bringt er damit zum Ausdruck, daß er an einer selbstbestimmten Vertragsänderung kein Interesse hat, so daß die zwangsweise Anpassung angemessen ist.

Liegt aber in der Pflichtverletzung eine positve Vertragsverletzung, kann Schadensersatz nach den Grundsätzen der pVV gefordert werden.[848] Eine Ver-

---

844 Auch ein einseitiges Gestaltungsrecht der Parteien kommt nicht in Betracht, da dieses nicht als Rechtsfolge der Lehre von der Geschäftsgrundlage vorgesehen ist; vgl. § 5 III 3.

845 So im Ergebnis auch Nelle, S. 318, welcher noch zu Recht darauf hinweist, daß eine weitergehende Sanktion wie die Zuerkennung eines Bestimmungsrechts nach § 315 BGB nicht in Betracht kommt, da dies "eine zu scharfe Sanktion" wäre und auch dem Grundsatz der Zumutbarkeit nicht mehr entsprechen würde.

846 Im Gesellschaftsrecht kann eine Vertragsauflösung aufgrund der Lehre von der Geschäftsgrundlage nicht verlangt werden, da die §§ 723, 737 BGB, 133, 140 HGB vorgehen, vgl. § 3 II 2 b.

847 So Nelle, S. 316.

848 Horn, AcP 181 (1981), 255, 286.

tragsauflösung nach der pVV kommt analog §§ 325, 326 BGB nur in Betracht, falls die für die Vertragsdurchführung nötige Vertrauensgrundlage zerstört wurde.[849] Diese ist aber nur möglich, falls die Voraussetzungen der pVV vorliegen und damit als Rechtsfolge derselben. Aufgrund der Lehre von der Geschäftsgrundlage kann dagegen auch bei Zerstörung der Vertrauensgrundlage während der Neuverhandlungen statt der Anpassung keine Vertragsauflösung gefordert werden. Dies würde sonst im Vergleich zu vertraglichen Pflichtverletzungen, welche nicht in den Bereich der Neuverhandlungspflichten fallen, eine Verschärfung bedeuten. Denn während sonst ein Verschulden als Voraussetzung der pVV gegeben sein muß, um deren Rechtsfolgen herbei zuführen, wäre dies bei der Pflichtverletzung innerhalb der Neuverhandlungspflicht nicht notwendig, da die Lehre von der Geschäftsgrundlage verschuldensunabhängig ist.[850]

b) Anderweitige Sanktionen

Da die Neuverhandlungspflicht eine vertragliche Pflicht ist, kann bei Vorliegen der tatbestandlichen Voraussetzungen der pVV Schadensersatz verlangt werden.[851] Dieser Schadensersatz kann jedoch „nicht in der Abgabe der geforderten Zustimmungserklärung zur Vertragsänderung bestehen, sofern noch eine Anpassung möglich ist".[852] Denn dann greift ja die Lehre von der Geschäftsgrundlage ein. Es geht hier um zwei andere Fälle,[853] einmal kann durch die Pflichtverletzung eine Anpassung des Vertrages nicht mehr möglich sein. Dann ist der Schaden zu ersetzen, welcher sich aus der Vereitelung der Vertragsanpassung ergibt. Zum anderen kann sich aufgrund der Pflichtverletzung eine Verzögerung bei der Anpassung ergeben, so daß der Verzögerungsschaden zu ersetzen ist.

Als Sanktion könnte man auch an ein Zurückbehaltungsrecht hinsichtlich anderer Leistungen innerhalb des Vertrages denken. Dies kann sich nicht aus der Lehre von der Geschäftsgrundlage selbst ergeben, da diese ein Zurückbehaltungsrecht als Rechtsfolge nicht kennt, sondern nur die Anpassung bzw. Auflösung des Vertrages. In Betracht kommen die §§ 273, 320 BGB.

---

849 RGZ 54, 98, 99f.; 57, 105, 115; 93, 285, 287; 104, 15, 16; 106, 22, 25; 152, 119, 122; BGHZ 11, 80, 94; 23, 198, 202f.; 59, 104, 105f.; BGH NJW 1969, 975, 976; BGH WM 1982, 208, 209; OLG Koblenz, NJW-RR 1992, 467, 468; Heinrichs in Palandt, § 276, Rn. 124; Emmerich in MünchKomm, v. § 275, Rn. 315ff.; Medicus, SchAT, § 44 II (Rn. 520); Fikentscher, SchR, Rn. 402 (S. 274); Schlechtriem, Rn. 408f.

850 Hanau in MünchKomm, § 276, Rn. 5.

851 Vgl. dazu ausführlich Nelle, S. 322ff.

852 Horn, AcP 181 (1981), 255, 287.

853 Horn, a.a.O., 255, 287; Nelle, S. 322ff.

§ 273 BGB setzt voraus, daß es sich um zwei gegenseitige Ansprüche handelt, die aus demselben rechtlichen Verhältnis stammen. Dasselbe rechtliche Verhältnis liegt nach der Rechtsprechung[854] vor, "wenn ein innerlich zusammengehörendes einheitliches Lebensverhältnis besteht, das es als wider Treu und Glauben verstoßend erscheinen läßt, wenn der eine Anspruch ohne Rücksicht auf den anderen geltend gemacht und verwirklicht werden soll" (Konnexität). Die Konnexität kann auch zwischen Ansprüchen aus Schadensersatz und anderen vertraglichen Ansprüchen bestehen.[855] Da auch die Neuverhandlungspflicht eine vertragliche Pflicht ist, kann das Zurückbehaltungsrecht gem. § 273 BGB geltend gemacht werden, um Neuverhandlungen zu erzwingen. Fraglich ist jedoch, ob ein Zurückbehaltungsrecht geltend gemacht werden kann, wenn zwar die Neuverhandlungen bereits begonnen haben, aber noch nicht beendet wurden. Nelle[856] will dies nur zulassen, "wenn fortgesetzte Leistungen das Verzögerungs- oder Umverteilungsrisiko des Anpassungsinteressierten so stark erhöhen würden, daß ihm Neuverhandlungen überhaupt nicht mehr zuzumuten wären. Dann kann die Zulassung eines Zurückbehaltungsrechts die mildere Maßnahme gegenüber einem völligen Abbruch der Verhandlung wegen Unzumutbarkeit sein". Für das Vorliegen eines Zurückbehaltungsrechts kann es aber nicht auf die Zumutbarkeit ankommen, sondern, wie § 273 BGB voraussetzt, auf das Vorliegen zweier konnexer Forderungen. Rechtsfolge des § 273 BGB ist gem. § 274 Abs. 1 BGB die Verpflichtung zur Leistung Zug-um-Zug, d. h. der Schuldner muß seine Leistung Zug-um-Zug gegen Empfang der ihm gebührenden Leistung erbringen.[857] Das Zurückbehaltungsrecht kann also auch geltend gemacht werden, falls die Neuverhandlungen bereits begonnen haben, aber noch nicht beendet wurden. Etwas anderes kann sich nur dann ergeben, wenn die Zug-um-Zug Leistung dem Zweck der Neuverhandlungspflichten, die Vertragsanpassung, zuwiderlaufen würde. Daran könnte man z. B. denken, wenn die fortgesetzten Leistungen eine Vertragsanpassung erschweren bzw. unmöglich machen würden. Dann ist gem. § 242 BGB eine angemessene Lösung zu suchen.[858]

---

854 RGZ 57, 1, 6; 68, 32, 34; 158, 6, 14; BGHZ 47, 157, 167; 64, 122, 125; 92, 194, 196; BGH NJW 1991, 2645, 2646.

855 RGZ 66, 97, 102; Keller in MünchKomm, § 273, Rn. 24.

856 Nelle, S. 293; wobei nicht eindeutig ist, ob Nelle das Zurückbehaltungsrecht als Rechtsfolge der Lehre von der Geschäftsgrundlage sieht oder auch aus § 273 BGB herleitet.

857 Larenz, SchAT, § 16 (S. 211).

858 So allgemein für den Fall, daß die Leistungen sich nicht aus tatsächlichen Gründen bewirken lassen: Heinrichs in Palandt, § 274, Rn. 2; Keller in MünchKomm, § 274, Rn. 10.

Ein Zurückbehaltungsrecht aus § 320 BGB kann dagegen nicht geltend gemacht werden, denn § 320 BGB ist nur anwendbar, falls es sich um Forderungen handelt, welche im synallagmatischen Verhältnis zueinander stehen. Ein synallagmatisches Verhältnis liegt vor, wenn "eine Pflicht nur um der Gegenpflicht willen besteht".[859] Davon kann man aber nicht ausgehen, falls eine Forderung auf eine Leistung und die Forderung auf Neuverhandlungen vorliegt.[860]

VI) Ergebnis und Auswirkungen auf das Personengesellschaftsrecht

Neuverhandlungspflicht ist die Pflicht, mit dem Ziel der Vertragsänderung mit den anderen Vertragspartnern in Verhandlungen einzutreten. Es besteht aber keine Pflicht, eine bestimmte Lösung zu erreichen, da Ziel der Neuverhandlungspflichten eine Vertragsanpassung ist, die auf dem Konsens der Vertragspartner beruht. Die Neuverhandlungspflicht als Rechtsfolge der Anwendung der Lehre von der Geschäftsgrundlage ergibt sich aus dem Grundsatz der Verhältnismäßigkeit, da sie weniger einschneidend ist als die gerichtliche Anpassung. Durch die Änderung der dem Vertrag zugrundeliegenden Umstände wird keine der Vertragsparteien begünstigt, denn es besteht ja ein Anspruch auf gerichtliche Anpassung. Dieser birgt aber für beide Parteien einen gewissen Grad an Unsicherheit, da der Richter einen Ermessensspielraum hat. Außerdem ist eine Anpassung aufgrund von Neuverhandlungen Ausdruck des Konsenses der Vertragsparteien, was eher der Privatautonomie entspricht als die richterliche Anpassung. Voraussetzung der Neuverhandlungspflicht im Zusammenhang mit der Anwendung der Lehre von der Geschäftsgrundlage ist eine bereits bestehende vertragliche Regelung und das Vorliegen des Anspruchs auf Anpassung des Vertrages, denn die Rechtsfolge der Anwendung der Lehre von der Geschäftsgrundlage ist die Vertragsänderung, die Neuverhandlungspflicht ist lediglich eine im Vergleich zur richterlichen Anpassung weniger belastende Art und Weise derselben. Die Neuverhandlungspflicht beinhaltet die Pflicht zur Gestaltung des Verhandlungsprozesses, bezüglich konkreter Anpassungsvorschläge und die Pflicht zur fairen Verhandlungsführung. Diese Pflichten dürfen aber nicht soweit gehen, daß die Neuverhandlungen nur auf ein bestimmtes Ergebnis hinauslaufen können. Dies würde der Privatautonomie widersprechen, die durch die Neuverhandlungspflichten gerade zur Geltung gebracht werden soll.

---

859 Fikentscher, SchR, Rn. 41 (S. 43).

860 Horn, AcP 181 (1981), 255, 282, welcher explizit aussagt, daß es sich bei der Neuverhandlungspflicht nicht um eine Hauptleistungspflicht handelt.

Da die Neuverhandlungspflicht eine Vertragspflicht ist, sind bei Verstoß gegen diese auch Sanktionen möglich. Dabei ist zu unterscheiden zwischen solchen, die lediglich die Rechtsfolge der Anwendung der Lehre von der Geschäftsgrundlage modifizieren und anderweitigen Sanktionen. Allerdings ist eine zwangsweise Durchsetzung der Neuverhandlungspflicht nicht möglich, da dies ihrer Eigenart - der auf dem Konsens der Vertragsparteien beruhenden Anpassung - widersprechen würde.

Als Bestandteil der Rechtsfolge Anpassung der Anwendung der Lehre von der Geschäftsgrundlage bestehen Neuverhandlungspflichten auch im Recht der Personengesellschaften. Entscheidend ist dabei nicht, daß die Anpassung mittels Antrag und Zustimmung erfolgt, sondern ebenso wie im allgemeinen Schuldrecht spricht im Recht der Personengesellschaften für die Annahme von Neuverhandlungspflichten als Rechtsfolge der Lehre der Geschäftsgrundlage der Grundsatz der Verhältnismäßigkeit. Dabei kommt im Recht der Personengesellschaften noch hinzu, daß der Gesellschafter aufgrund der Treuepflicht Rücksicht auf die anderen Gesellschafter nehmen muß,[861] was auch bei der Anwendung der Lehre von der Geschäftsgrundlage zu beachten ist, da bei dieser alle Umstände des Einzelfalles zu berücksichtigen sind.[862] Neben dem Grundsatz der Verhältnismäßigkeit gebietet auch das Gebot der Rücksichtnahme, daß ein Gesellschafter sich mit Anpassungsvorschlägen an die Mitgesellschafter wendet, bevor er den Weg zu den Gerichten beschreitet. Denn eine Anpassung, welche auf dem Konsens der Gesellschafter beruht, nimmt mehr Rücksicht auf die Belange der Gesellschafter, als eine durch eine gerichtliche Entscheidung den Gesellschaftern aufgezwungene. Auch wenn ein Anspruch auf die Anpassung besteht, ist eine aus Verhandlungen hervorgegangen Vertragsanpassung im Vergleich zur gerichtlichen das schonendere Mittel. Vor jeder gerichtlichen Anpassung hat der Anpassungsinteressierte den anderen Gesellschaftern demzufolge einen angemessenen Vorschlag zu machen, wobei dieser in komplexeren Situationen oftmals in Verhandlungen zu erarbeiten ist. Erst nach Ablehnung dieses Vorschlages kann der anpassungsinteressierte Gesellschafter auf Zustimmung zur Anpassung klagen.[863]

---

861 Ulmer in MünchKomm, § 705, Rn. 188; Hadding in Soergel, § 705, Rn. 60; Harm Peter Westermann in Erman, § 705, Rn. 50; diese Ausprägung der Treuepflicht, welche innerhalb der Rechtsfolge der Lehre von der Geschäftsgrundlage aufgrund der Berücksichtigung der Umstände des Einzelfalls anzuwenden ist, ist zu unterscheiden von der Zustimmung zur Vertragsänderung aufgrund der Treuepflicht. Rechtsgrundlage für die Vertragsänderung hier ist nicht die Treuepflicht, sondern die Lehre von der Geschäftsgrundlage.

862 Vgl. § 1 II.

863 Nelle, S. 64.

§ 7 Ergebnis

Die Untersuchung des Anwendungsbereichs der Lehre von der Geschäftsgrundlage im Recht der Personengesellschaften hat zu folgenden Ergebnissen geführt:

I) Die Voraussetzungen der Anwendung der Lehre von der Geschäftsgrundlage

Die Lehre von der Geschäftsgrundlage ist ein eigenständiges Rechtsinstitut mit einem eigenständigen Anwendungsbereich. Nicht alle Fälle, in welchen die Anwendung der Lehre von der Geschäftsgrundlage in Betracht kommt, lassen sich mittels gesetzlicher Regelungen lösen. Der Gesetzgeber hat nicht für alle Vertragstypen lückenlose gesetzliche Regelungen geschaffen, so daß eine Lösung anhand gesetzlichen Regelungen dazu führen würde, daß man dem Gesetz Wertungen entnimmt, welche der Gesetzgeber nicht getroffen hat.

Die Anwendung der Lehre von der Geschäftsgrundlage setzt voraus, daß ein dem Vertrag zugrundeliegender Umstand fehlt, bzw. weggefallen ist. Dieser Umstand muß für zumindest einen der Vertragspartner grundlegende Bedeutung gehabt haben, was den anderen Vertragspartnern auch erkennbar gewesen sein muß. Nicht notwendig ist, daß die andere Partei diesen Umstand auch tatsächlich erkannt hat. Aufgrund der Schwierigkeiten der Abgrenzung zu den einseitig gebliebenen Motiven sind jedoch alle Umstände relevant, bei welchen ihre Unerheblichkeit für den Vertragsschluß nicht ohne nähere Prüfung ersichtlich ist.

Ferner muß eine vertragliche Risikoverteilung für den besagten Umstand fehlen. Jeder vertraglichen Abrede immanent ist eine Risikoverteilung zwischen den Vertragsparteien, welche regelt, bis zu welcher Belastungsgrenze die Parteien gehen wollen, um ihre Verpflichtungen aus dem Vertrag zu erfüllen. Damit die Lehre von der Geschäftsgrundlage anwendbar ist, darf das Risiko, daß ein Umstand fehlt bzw. wegfällt, der dem Vertrag zugrunde liegt, nicht in den Risikobereich einer Vertragspartei fallen, wobei sich der Risikobereich aus den gesetzlichen Regelungen, einer ausdrücklichen Vereinbarung oder dem Charakter des Geschäfts ergeben kann. Fällt das Fehlen bzw. Wegfallen des Umstandes in den Risikobereich einer der Vertragsparteien, ergibt sich die Lösung der Problematik aus der Anwendung des entsprechenden Gesetzes oder der vertraglichen Regelung.

II) Die Rechtsfolge der Anwendung der Lehre von der Geschäftsgrundlage

1) Die Unzumutbarkeit des Festhaltens am unveränderten Vertrag

Auch wenn der fehlende bzw. weggefallene Umstand nicht in den Risikobereich einer Vertragspartei fällt, reicht dies nicht, um eine Vertragsänderung aufgrund des Wegfalls der Geschäftsgrundlage zu begründen, sondern es bedarf noch der Unzumutbarkeit des Festhaltens am unveränderten Vertrag. Unzumutbarkeit liegt vor, wenn das Festhalten an der unveränderten vertraglichen Regelung „zu einem mit Recht und Gerechtigkeit schlechthin nicht mehr zu vereinbarenden Ergebnis führt".[864] Nur solch ein strenger Maßstab wird dem Grundsatz der Vertragstreue gerecht. Zur Bestimmung, ob das Festhalten am unveränderten Vertrag unzumutbar und damit eine Anpassung des Vertrages oder sogar dessen Auflösung gerechtfertigt ist, bedarf es einer umfassenden Interessenabwägung des Einzelfalls, wobei alle Umstände zu berücksichtigen sind.

2) Art und Weise der Vertragsanpassung

Rechtsfolge der Anwendung der Lehre von der Geschäftsgrundlage sind die Vertragsanpassung und die Auflösung des Vertrages. Da die Vertragsanpassung weniger in die Rechtsposition der Vertragsparteien eingreift, ist immer im Rahmen der Interessenabwägung bei der Unzumutbarkeit zu überlegen, ob eine Anpassung des Vertrages möglich ist. Die Auflösung des Vertrages ist ultima ratio.

Die Vertragsanpassung erfolgt bei Anwendung der Lehre von der Geschäftsgrundlage durch Angebot und Annahme, nicht ipso iure. Denn auch das Gesetz sieht bei Anpassung von Verträgen an veränderte Verhältnisse keine Anpassung ipso iure vor, sondern verlangt bei § 593 BGB Angebot und Annahme, bei § 4 MHG immerhin noch ein einseitiges Gestaltungsrecht. Außerdem verlangen die Gebote der Rücksichtnahme und der Rechtssicherheit, daß die Vertragsparteien sich eine Änderung des Vertrages mitteilen. Schließlich soll auch dem von der Veränderung Betroffenen die Entscheidung überlassen werden, wie er den Vertrag erfüllen möchte.

864 BGHZ 121, 378, 393; WM 1964, 1253, 1254; 1969, 1019, 1021.

3) *Neuverhandlungspflichten als Rechtsfolge der Anwendung der Lehre von der Geschäftsgrundlage*

a) *Begründung für das Vorliegen von Neuverhandlungspflichten*

Innerhalb der Rechtsfolge der Vertragsänderung – unabhängig davon, ob es die Anpassung oder die Auflösung des Vertrages ist – bestehen bei Anwendung der Lehre von der Geschäftsgrundlage Neuverhandlungspflichten. Eine Neuverhandlungspflicht bedeutet die Pflicht, mit dem Ziel der Vertragsänderung in Verhandlungen einzutreten. Bei den Neuverhandlungspflichten besteht aber keine Pflicht, einer Vertragsänderung zuzustimmen, da dies dem Sinn und Zweck der Neuverhandlungspflicht, eine freiwillige Vertragsänderung herbeizuführen, widersprechen würde.

Neuverhandlungspflichten gehen der Anpassung durch den Richter vor, da ein Verhandlungsergebnis aufgrund der Neuverhandlungen dem Grundsatz der Privatautonomie näher kommt und somit gemäß dem Grundsatz der Verhältnismäßigkeit ein weniger einschneidendes Mittel darstellt. Denn da ein Anspruch auf Vertragsanpassung besteht, ist keine der Vertragsparteien im Vergleich zur ursprünglichen Verhandlungsposition bei Vertragsschluß in einer nachteiligeren Position. Die Unsicherheit, welche genaue Anpassungsregelung eine gerichtliche Entscheidung bringen würde, trifft beide Parteien, so daß eine Entscheidung, welche den Vertragsparteien nicht aufgezwungen wird, sondern aus ihrem Kreis stammt, weniger in deren Privatautonomie eingreift. Im Recht der Personengesellschaften gebietet auch das aus der gesellschaftlichen Treuepflicht fließende Gebot der Rücksichtnahme, daß die Gesellschafter bei Anpassungsbedürftigkeit des Gesellschaftsvertrages zuerst mit den Mitgesellschaftern (neu-)verhandeln, bevor sie die Anpassung zwangsweise mit Hilfe der Gerichte durchsetzen.

Die Neuverhandlungspflicht stellt aber nicht eine eigene Rechtsfolge der Lehre von der Geschäftsgrundlage dar, sondern ist Teil der Rechtsfolge Anpassung, so daß eine Neuverhandlungspflicht nur in Betracht kommt, falls eine Unzumutbarkeit des Festhaltens am unveränderten Vertrag besteht.

b) *Sanktionen bei Verstoß gegen Neuverhandlungspflichten*

Ein Verstoß gegen die Neuverhandlungspflicht zieht Sanktionen nach sich. Dabei ist zwischen den Sanktionen, welche sich aus der Lehre von der Geschäftsgrundlage selbst ergeben und den anderweitigen, allgemeinen vertraglichen Sanktionen zu unterscheiden.

Innerhalb der Lehre von der Geschäftsgrundlage kann der Anpassungsinteressierte bei Verletzung der Neuverhandlungspflichten durch den Anpassungsgegner sofort die gerichtliche Anpassung verlangen. Eine Vertragsauflösung kann er – statt der ursprünglich angestrebten Anpassung – aber nicht begehren. Denn bei Verletzung der Neuverhandlungspflicht kann der Anpassungsinteressierte sein Ziel, die Anpassung, mit Hilfe der Gerichte erreichen. Ein Bedürfnis für die schärfere Sanktion der Vertragsauflösung besteht demzufolge nicht.

Auch andere vertragliche Sanktionen - insbesondere die pVV - kommen in Betracht, jedoch nur, falls deren Voraussetzungen vorliegen. Es kann auch ein Zurückbehaltungsrecht nach § 273 BGB geltend gemacht werden, denn die Neuverhandlungspflicht ist eine vertragliche Pflicht, welche mit anderen vertraglichen Pflichten konnex ist. Dabei kommt es bei der Geltendmachung des Zurückbehaltungsrechts aus § 273 BGB nicht auf die Zumutbarkeit an, denn diese ist nicht Voraussetzung des Zurückbehaltungsrecht.

III) Die Anwendbarkeit der Lehre von der Geschäftsgrundlage im Recht der Personengesellschaften

1) Anwendbarkeit

a) Anwendbarkeit trotz Unterschiede zwischen Gesellschafts- und Austauschverträgen

Die Lehre von der Geschäftsgrundlage ist im Recht der Personengesellschaften anwendbar. Die Unterschiede zwischen Austausch- und Gesellschaftsvertrag stehen dem nicht entgegen.

Der Gesellschaftsvertrag ist kein gegenseitiger Vertrag, da die jeweiligen Leistungen nicht erbracht werden, weil und damit auch die anderen Vertragspartner ihre Leistung erbringen, sondern im Interesse des vertraglich vereinbarten Gesellschaftszwecks. Auch ist die Gesellschaft nicht nur Rechtsgeschäft, sondern auch ein Verband, d.h. eine aus den Gesellschaftern bestehende, durch ihre Organe im Rechtsverkehr handlungsfähige Personengemeinschaft. Diese Verselbständigung wirkt sich auch auf den Gesellschaftszweck aus, denn dieser ist ein „überindividueller Verbandszweck", nicht nur der Zweck der Gesellschafter, sei dieser auch allen gemeinsam.

Der Verbandszweck ist zwar überindividuell, beruht aber auf dem durch die Gesellschafter geschlossenen Gesellschaftsvertrag. Die Geschäftsgrundlage dagegen ist gerade nicht Bestandteil des Gesellschaftsvertrages, sondern liegt dem Gesellschaftsvertrag zugrunde. Hier sind zwei unterschiedliche Bereiche betroffen, einmal der vertragliche und dann der Bereich, welcher dem Vertrag zugrunde liegt. Auf dieser, dem Gesellschaftsvertrag zugrunde liegenden Ebene, sind die Zwecke und Interessen der Gesellschafter zu berücksichtigen, so daß die Lehre von der Geschäftsgrundlage trotz der Anerkennung der Gesellschaft als Verband Anwendung findet.

Auch dass der Gesellschaftsvertrag kein gegenseitiger Vertrag ist, steht der Anwendung der Lehre von der Geschäftsgrundlage nicht entgegen. Denn dafür ist entscheidend, ob der fehlende Umstand in der vertraglichen Risikoverteilung berücksichtigt wurde oder nicht. Ein Ungleichgewicht im subjektiven Äquivalenzverhältnis der Vertragspartner untereinander aufgrund eines fehlenden Umstandes ist zwar ein wichtiger Anwendungsfall der Lehre von der Geschäftsgrundlage, nicht aber eine tatbestandliche Voraussetzung derselben. Eine fehlende vertragliche Risikoverteilung kommt somit nicht nur bei Austauschverträgen in Betracht, sondern auch in Gesellschaftsverträgen kann das Risiko, wer das Fehlen bzw. Wegfallen eines dem Vertrag zugrunde liegenden Umstandes trägt, nicht in der vertraglichen Risikoverteilung berücksichtigt worden sein.

b) Anwendbarkeit trotz der gesetzlichen Regelungen der §§ 723, 737 BGB, 133, 140 HGB

Die Lehre von der Geschäftsgrundlage ist im Recht der Personengesellschaften anwendbar, falls nicht eine Vertragsauflösung, sondern die Anpassung des Gesellschaftsvertrages an veränderte Umstände angestrebt wird.

Die §§ 723, 737 BGB, 133, 140 HGB schließen die Anwendbarkeit der Lehre von der Geschäftsgrundlage nicht aus. Denn diese Regelungen sind nach dem Prinzip der Verhältnismäßigkeit ultima ratio, verlangen demzufolge, daß eine mildere Regelung, durch welche sich die Auflösung der Gesellschaft bzw. die Ausschließung eines Gesellschafters vermeiden läßt, vorrangig Anwendung findet. Die Anwendung der Lehre von der Geschäftsgrundlage hat primär die Anpassung von Verträgen an veränderte Umstände und nicht deren Auflösung zum Ziel. Eine Anpassung des Gesellschaftsvertrages ist aber im Vergleich zur Auflösung der Gesellschaft bzw. der Ausschließung eines Gesellschafters das mildere Mittel. Da keine gesetzliche Regelung besteht, welche als Rechtsfolge die Anpassung des Vertrages vorsieht und die Vertragsanpassung als Rechtsfolge der Anwendung der Lehre von der Geschäftsgrundlage eine mildere Regelung ist, ist die Lehre von der Geschäftsgrundlage nicht durch die Vertragslösung aus wichtigem Grund gem. §§ 723, 737 BGB, 133, 140 HGB ausgeschlossen. Der diesen gesetzlichen Regelungen immanente Grundsatz der Verhältnismäßigkeit verlangt somit, – falls möglich – eine vorrangige Anwendung der Lehre von der Geschäftsgrundlage, um eine Vertragsanpassung zu ermöglichen.

2) *Vorrang der §§ 723, 737 BGB, 133, 140 HGB*

Die gesetzlichen Regelungen der §§ 723, 737 BGB, 133, 140 HGB schließen die Anwendung der Lehre von der Geschäftsgrundlage aber aus, soweit als Rechtsfolge die Auflösung des Vertrages angestrebt wird.

Die Bestimmung der Rechtsfolge der Lehre von der Geschäftsgrundlage erfolgt durch eine Interessenabwägung im Einzelfall. Auch bei der Feststellung, ob ein wichtiger Grund im Sinn der §§ 723, 737 BGB, 133, 140 HGB vorliegt, wird eine umfassende Interessenabwägung vorgenommen.

Trotz dieser Gemeinsamkeit sind die Lehre von der Geschäftsgrundlage und die Lösung vom Gesellschaftsvertrag aus wichtigem Grund zwei unterschiedliche Rechtsinstitute. Dies ergibt sich bereits aus den unterschiedlichen Rechtsfolgen; für die Lehre von der Geschäftsgrundlage kommt neben der Vertragsauflösung auch die Anpassung in Betracht, während bei den §§ 723, 737 BGB, 133, 140 HGB nur ein Vertragsausschluß bzw. die Auflösung des Vertrages vorgesehen ist. Auch auf der tatbestandlichen Seite gibt es Unterschiede, denn im Gegensatz zur Vertragsauflösung aus wichtigem Grund setzt die Anwendung der Lehre von der Geschäftsgrundlage voraus, daß ein dem Vertrag zugrundeliegender Umstand fehlt. Die §§ 723, 737 BGB, 133, 140 HGB sind auch nicht lediglich eine spezielle gesellschaftsrechtliche und kodifizierte Rechtsfolge der Lehre von der Geschäftsgrundlage, denn die §§ 723, 737 BGB, 133, 140 HGB setzen nicht nur die Rechtsfolge Vertragsauflösung fest, sondern bestimmen auch mit dem Erfordernis des wichtigen Grundes die tatbestandlichen Voraussetzungen der Vertragsauflösung.

Wird nur die Auflösung des Vertrages bzw. der Ausschluß eines Gesellschafters angestrebt, sind nur die §§ 723, 737 BGB, 133, 140 HGB anwendbar, da diese als gesetzliche Regelung der Lehre von der Geschäftsgrundlage vorgehen. Da die §§ 723, 737 BGB, 133, 140 HGB alle Fälle abdecken, welche im Recht der Personengesellschaften auch von der Lehre von der Geschäftsgrundlage erfaßt werden, besteht keine Regelungslücke im Gesetz, welche eine Anwendung der Lehre von der Geschäftsgrundlage mit der Rechtsfolge Vertragsauflösung rechtfertigen würde.

3) *Einschränkung der Rechtsfolge Anpassung der Lehre von der Geschäftsgrundlage im Recht der Personengesellschaften*

Eine rückwirkende Anpassung des Vertrages ist bei Anwendung der Lehre von der Geschäftsgrundlage möglich, soweit der Grundsatz der Verhältnismäßigkeit nicht entgegensteht. Etwas anderes gilt aber im Recht der Personengesellschaften. Die Gesellschaft ist Schuldverhältnis und Verband. Die Gesellschaft als Verband ist eine im Rechtsverkehr handlungsfähige Personengemeinschaft und den Gesellschaftern gegenüber organisatorisch verselbständigt. Die Einordnung der Gesellschaft als Verband steht einer rückwirkenden Anpassung des Gesellschaftsvertrages an veränderte Umstände entgegen, denn sonst würde man leugnen, daß ein Verband mit konkreten Rechten und Pflichten bestand. Etwas anderes gilt nur dann, falls zwischen den Gesellschaftern im fraglichen Bereich nur schuldrechtliche Beziehungen bestehen.

IV) Der Vorrang der ergänzenden Vertragsauslegung

Die Anwendung der Lehre von der Geschäftsgrundlage wird – weder im Personengesellschaftsrecht noch im allgemeinen Schuldrecht – nicht durch die ergänzende Vertragsauslegung ausgeschlossen. Dabei handelt es sich bei der Lehre von der Geschäftsgrundlage und der ergänzenden Vertragsauslegung um zwei unterschiedliche „Rechtsinstitute", nicht lediglich um unterschiedliche Bezeichnungen für ein einheitliches Rechtsinstitut.

1) Die ergänzende Vertragsauslegung

Vertragsauslegung ist Sinnermittlung des Vertrages, eine Korrektur desselben findet nicht statt. Auch die ergänzende Vertragsauslegung ist noch Auslegung des Vertrages, denn es wird nur der dem Vertrag immanente Sinn nach außen transparent gemacht. Mit Hilfe der ergänzenden Vertragsauslegung wird der hypothetische Parteiwille ermittelt, wobei es bei der ergänzenden Vertragsauslegung - neben dem Vorliegen einer Lücke - eines Anhaltspunktes im Vertrag bedarf. Dieser muß sich nicht aus dem ausdrücklichen Wortlaut ergeben, sondern es reicht aus, wenn die vorgegebenen vertraglichen Wertungen eine Lösung des Problems ermöglichen. Unerheblich ist dabei, wie diese Wertungen in den Vertrag eingefügt wurden. So können sich die Wertungen aus der Gesamtheit der vertraglichen Regelungen schlußfolgern lassen oder die Parteien haben in diesem Vertrag eine ähnliche Regelung niedergelegt, welche „analog" angewandt werden kann. Ausgehend von diesem Anhaltspunkt ist der Vertrag dann „zu Ende zu denken". Dieser Anhaltspunkt aus dem Vertragstext ist auch notwendig, da sonst der Richter seine eigenen Wertungen an die Stelle der Wertungen der Vertragsparteien stellen könnte. Damit wird bei der ergänzenden Vertragsauslegung zwar der Text des Vertrages ergänzt, nicht aber dessen Sinngehalt.

2) Vorrang der ergänzenden Vertragsauslegung vor der Anwendung der Lehre von der Geschäftsgrundlage

Ergänzende Vertragsauslegung und die Lehre von der Geschäftsgrundlage sind zwei unterschiedliche „Rechtsinstitute“, denn während die ergänzende Vertragsauslegung der Sinnermittlung dient, soll mittels der Anwendung der Lehre von der Geschäftsgrundlage der durch die Auslegung des Vertrages ermittelte Sinn abgeändert werden. Bei Anwendung der Lehre von der Geschäftsgrundlage erfolgt also eine Korrektur des Vertrages. Es erfolgt nicht lediglich eine Ergänzung des Vertragstextes, sondern es wird auch dessen Sinngehalt geändert, um den Vertrag an die veränderten Umstände anzupassen.

Die ergänzende Vertragsauslegung geht der Anwendung der Lehre von der Geschäftsgrundlage vor. Die ergänzende Vertragsauslegung ist noch Sinnermittlung und somit Auslegung des Vertrages. Fehlt oder fällt ein Umstand weg, der dem Vertrag zugrunde liegt, ist durch die Auslegung des Vertrages unter Einschluß der ergänzenden Vertragsauslegung zu ermitteln, ob in dem Vertrag für diesen Fall eine Lösung vorgesehen wurde. Ergibt sich aufgrund der ergänzenden Vertragsauslegung eine Lösung, bedeutet dies, daß dem Vertrag eine Risikoverteilung für diesen Fall immanent ist. Die Anwendung der Lehre von der Geschäftsgrundlage kommt aber nur dann in Betracht, wenn gerade solch eine vertragliche Risikoverteilung fehlt. Ob diese fehlt, ist somit durch Auslegung des Vertrages unter Einschluß der ergänzenden Vertragsauslegung zu bestimmen.

3) Abgrenzung von ergänzender Vertragsauslegung und Lehre von der Geschäftsgrundlage

Für die Lehre von der Geschäftsgrundlage besteht neben der ergänzenden Vertragsauslegung ein eigenständiger Anwendungsbereich.

Zur Abgrenzung der Anwendungsbereiche von ergänzender Vertragsauslegung und Lehre von der Geschäftsgrundlage kann aber entgegen einer verbreiteten Auffassung nicht das Bestehen einer “Lücke” herangezogen werden.

Voraussetzung der ergänzenden Vertragsauslegung ist das Bestehen einer „Lücke“ im Vertrag. Zur Ermittlung der „Lücke“ kann aber nicht auf den Vertragszweck zurückgegriffen werden. Die ergänzende Vertragsauslegung findet auch bei Austauschverträgen Anwendung. Bei diesen ist Vertragszweck aber nur die gegenseitige Erfüllung der Verträge. Die weitergehenden Zwecke wurden nicht Vertragsinhalt und können damit nicht zur Vertragsauslegung herangezogen werden. Aber selbst wenn man in allen Verträgen einen Vertragszweck anerkennt, so ist dieser nicht für alle Bestandteile des Vertrages aussagekräftig. Auch ein Vergleich mit dem Gesetzeszweck hilft nicht weiter, denn bei Verträgen besteht – im Gegensatz zu Gesetzen – keine durch teleologische Auslegung zu ermittelnde, von den Vertragsparteien unabhängige Ratio.

Das Vorliegen einer „Lücke" kann auch nicht durch einen Vergleich des tatsächlich von den Parteien geschlossenen Vertrages mit einer irgendwie gearteten vollständigen Regelung, mag man diese vollständige Regelung Regelungsplan, Funktionsschema oder auch Sinnzusammenhang nennen, bestimmt werden. Denn die Parteien haben außer der vertraglichen Abrede keine weitere Regelung vereinbart. Außerdem fallen bei Annahme solch einer vollständigen Regelung die Feststellung der Lücke und ihre Schließung zusammen. Solch eine Regelung kann nur vollständig sein, wenn sie für den Bereich, in welchem die vertragliche Abrede lückenhaft ist, eine Lösung bereithält. Ob dies der Fall ist, müßte schon bei der Entwicklung solch einer vollständigen Regelung aus dem Vertrag festgestellt werden. Es wäre also schon dabei zu prüfen, ob der Vertrag umfassend ist oder nicht.

Der Begriff der „Lücke" im Sinn einer Voraussetzung der ergänzenden Vertragsauslegung dient lediglich dazu, festzustellen, ob eine getroffene vertragliche Regelung nach dem Willen der Parteien abschließend sein soll. Eine Regelung ist abschließend, falls diese unabhängig von einer Änderung der tatsächlichen Lage bestehen bleiben soll. Zur Abgrenzung der ergänzenden Vertragsauslegung von der Lehre von der Geschäftsgrundlage ist die „Lücke" nicht geeignet. Dieser Begriff der „Lücke" darf auch nicht mit dem Fehlen einer vertraglichen Regelung, wie sie die Lehre von der Geschäftsgrundlage voraussetzt, gleichgesetzt werden. Denn die Lücke als Voraussetzung der ergänzenden Vertragsauslegung besteht lediglich im Wortlaut des Vertrages, kann aber - bei Vorliegen eines Anhaltspunktes - mittels ergänzender Vertragsauslegung geschlossen werden, während die Anwendung der Lehre von der Geschäftsgrundlage gerade voraussetzt, daß solch eine Auslegung nicht möglich ist.

Die ergänzende Vertragsauslegung bedarf aber neben dem Vorliegen einer „Lücke" noch eines Anhaltspunktes im Vertrag, so daß der Vertrag „zu Ende" gedacht werden kann. Fehlt solch ein Anhaltspunkt, kann die „Lücke" im Vertrag nicht mittels der ergänzenden Vertragsauslegung geschlossen werden. Dies bedeutet, daß für ein eingetretenes Risiko keine vertragliche Regelung getroffen wurde. Damit fehlt eine vertragliche Risikozuteilung. In diesen Fällen kann zwar die Lehre von der Geschäftsgrundlage, nicht aber die ergänzende Vertragsauslegung Anwendung finden. Entscheidend für die Abgrenzung zwischen ergänzender Vertragsauslegung und Anwendung der Lehre von der Geschäftsgrundlage ist also, ob Anhaltspunkte im Vertrag bestehen, an Hand derer der Vertrag zu Ende gedacht werden kann oder nicht.

V) Treuepflichten und die Lehre von der Geschäftsgrundlage

1) Voraussetzung der Zustimmungspflicht zur Vertragsänderung aufgrund der Treuepflicht

Wie mittels der Lehre von der Geschäftsgrundlage kann auch aufgrund der Treuepflicht eine Anpassung des Gesellschaftsvertrages an veränderte Umstände vorgenommen werden. Die Treuepflicht ergibt sich aus dem Loyalitäts- und Vertrauensverhältnis, welches mit Abschluß des Gesellschaftsvertrages entsteht. Im Gegensatz zu den Gesellschaftsverträgen, bei welchen eine Treuepflicht besteht, gibt es bei Austauschverträgen zwischen den Vertragsparteien keine Treuepflicht. Insoweit besteht zwar der Grundsatz von Treu und Glauben aus § 242 BGB, im Unterschied zu den Austauschverträgen haben sich die Parteien bei den Gesellschaftsverträgen aber zum Erreichen eines gemeinsamen Ziels zusammengeschlossen. Nur dies rechtfertigt ein über den allgemeinen Grundsatz von Treu und Glauben hinausgehendes Loyalitäts- und Vertrauensverhältnis. Treuepflichten und damit auch Zustimmungspflichten zu Vertragsänderungen aufgrund der Treuepflicht finden nur Anwendung im Rahmen von Gesellschaftsverträgen.

Eine Zustimmungspflicht zur Vertragsänderung aufgrund der Treuepflicht kommt aber nur in Betracht, falls die Vertragsänderung zur Verwirklichung des Gesellschaftszwecks erforderlich und die vorgesehene Veränderung dem einzelnen Gesellschafter zumutbar ist. Denn nach der Treuepflicht sind die Interessen der Gesellschaft, so wie sie im Gesellschaftsvertrag festgelegt wurden, zu wahren. Im Gesellschaftsvertrag sind die Gesellschafter die Verpflichtung eingegangen, den Gesellschaftszweck zu verfolgen. Zwar haben die Gesellschafter die Verfolgung des Gesellschaftszwecks nur unter der im Vertrag bestimmten Weise gelobt. Dabei handelt es sich aber um die „Modalitäten" der Zweckverfolgung, während der Gesellschaftszweck der Grund ist, aus welchem sich die Gesellschafter zu einer Gesellschaft zusammengeschlossen haben. Ist nun die Verfolgung des Gesellschaftszwecks mit der bestehenden vertraglichen Regelung nicht mehr möglich, kommt eine Vertragsanpassung aufgrund der Treuepflicht in Betracht. Die Gesellschafter, welche sich zur Verfolgung des Gesellschaftszwecks verpflichtet haben, können bei der Entscheidung, ob sie einer Vertragsänderung zustimmen, welche die Zweckverfolgung weiter ermöglicht, nicht außer Acht lassen, daß sie sich zur Treue der Gesellschaft und den anderen Gesellschaftern gegenüber verpflichtet haben. Dient die Vertragsänderung allerdings nicht der weiteren Verfolgung des Gesellschaftszwecks, sondern einem anderen Zweck, besteht keine Zustimmungspflicht der Gesellschafter aufgrund der Treuepflicht, denn insoweit haben sich die Gesellschafter nicht zur Verfolgung dieser anderen Zwecke verpflichtet.

2) Abgrenzung der Zustimmungspflicht zur Vertragsänderung aufgrund der Treuepflicht und der Lehre von der Geschäftsgrundlage

Bei der Vertragsänderung aufgrund der Treuepflicht und der Lehre von der Geschäftsgrundlage handelt es sich um zwei unterschiedliche Rechtsinstitute. Dies ergibt sich bereits aus den unterschiedlichen Grundlagen der beiden Rechtsinstitute, denn während die Lehre von der Geschäftsgrundlage eine fehlende vertragliche Risikoverteilung beseitigen möchte, beruht die Abänderung aufgrund der Treuepflicht auf dem gegenseitigen Vertrauen, welches sich die Gesellschafter entgegenbringen, da sie sich zur Erreichung eines gemeinsamen Ziels zusammengeschlossen haben.

Eine Abgrenzung beider Rechtsinstitute nach Fallgruppen, wie sie K. Schmidt vornimmt, ist abzulehnen. Seine Einteilung der Fallgruppen führt nicht zu einer Klärung des Verhältnisses der Zustimmungspflicht zur Änderung des Gesellschaftsvertrages aufgrund der Treuepflicht zur Anwendung der Lehre von der Geschäftsgrundlage. In der zweiten Fallgruppe will K. Schmidt die Lehre von der Geschäftsgrundlage bei Äquivalenzstörungen anwenden. Bei Gesellschaftsverträgen bestehen keine Äquivalenzverhältnisse, da Gesellschaftsverträge keine gegenseitigen Verträge sind. Auch in der dritten, von K. Schmidt vorgesehenen Fallgruppe, welche den Sinn und Zweck einzelner Klauseln berührt, hat er keine klare Darlegung des Verhältnisses der Lehre von der Geschäftsgrundlage und der Zustimmungspflicht zur Vertragsänderung aufgrund der Treuepflicht vorgenommen. Denn hier möchte K. Schmidt „meistens“ die Lehre von der Geschäftsgrundlage anwenden. Ob dies bedeutet, daß die Lehre von der Geschäftsgrundlage Vorrang hat oder ob beide Rechtsinstitute nebeneinander anwendbar sind, ist daraus nicht ersichtlich.

Die Vertragsänderung aufgrund der Treuepflicht und der Lehre von der Geschäftsgrundlage haben zwar sich überschneidende, aber unterschiedliche Anwendungsbereiche. Die Treuepflicht kommt nur bei der Zweckverfolgung in Betracht, die Lehre von der Geschäftsgrundlage verlangt dies gerade nicht. Der Anwendungsbereich der Lehre von der Geschäftsgrundlage ist insoweit weiter. Auch ist die Zustimmungspflicht zur Vertragsänderung aufgrund der Treuepflicht im Gegensatz zur Lehre von der Geschäftsgrundlage auf das Gesellschaftsrecht beschränkt, denn nur im Gesellschaftsrecht schließen sich die Vertragsparteien zusammen, um ein gemeinsames Ziel, den Gesellschaftszweck, zu erreichen.

3) *Alternative Anwendung beider Rechtsinstitute in dem sich überschneidenden Anwendungsbereich*

Überschneiden sich die Anwendungsbereiche, sind beide Rechtsinstitute, die Lehre von der Geschäftsgrundlage und die Zustimmungspflicht zur Vertragsänderung aufgrund der Treuepflicht, nebeneinander anwendbar. Beide Male wird bei der Prüfung der Zumutbarkeit der Anpassung des Vertrages eine umfassende Interessenabwägung vorgenommen, in welche alle Umstände des Einzelfalles einzustellen sind. Da bei beiden Rechtsinstituten eine allumfassende Interessenabwägung vorgenommen wird, bei welcher identische Gesichtspunkte eingestellt und auch gleich gewichtet werden, ist das Ergebnis dieser Interessenabwägung bei beiden Rechtsinstituten das Gleiche. Da beide Rechtsinstitute in dem sich überschneidenden Anwendungsbereich zu identischen Ergebnissen führen, sind keine Gründe ersichtlich, welche den Vorrang eines der beiden Rechtsinstitute verlangen. Damit sind beide Rechtsinstitute nebeneinander anwendbar.

Auch vorhersehbare Gesichtspunkte schließen eine Anpassung aufgrund einer der beiden Rechtsinstitute nicht aus. Denn die Vorhersehbarkeit ändert nichts an der Notwendigkeit der Vertragsanpassung, um eine weitere Verfolgung des Gesellschaftszwecks zu ermöglichen. Allerdings ist der Umstand der Vorhersehbarkeit bei der Interessenabwägung im Rahmen der Zumutbarkeit zu berücksichtigen. Je eher ein Umstand vorhersehbar war, um so weniger ist eine Anpassung des Vertrages zumutbar.

VI) Prüfungsschema

Aufgrund der Ergebnisse dieser Arbeit ist bei einer eventuellen Anwendung der Lehre von der Geschäftsgrundlage im Recht der Personengesellschaften nach folgendem Prüfungsschema vorzugehen:

1. Es ist zu prüfen, ob ein dem Vertrag zugrundeliegender Umstand fehlt bzw. weggefallen ist, der für zumindest eine der Vertragsparteien grundlegende Bedeutung gehabt hat, was der anderen auch erkennbar war.
2. Dann ist festzustellen, ob für das Fehlen bzw. Wegfallen des Umstandes eine vertragliche Risikoverteilung besteht. Diese Feststellung ist durch Auslegung des Vertrages inklusive der ergänzenden Vertragsauslegung zu gewinnen.
3. Bei Fehlen einer vertraglichen Risikoverteilung ist zu prüfen, welche Rechtsfolge in Betracht kommt. Ist nur die Auflösung des Vertrages möglich, nicht dessen Anpassung, kann die Lehre von der Geschäftsgrundlage nicht angewandt werden, sondern es kommen die vorrangigen gesetzlichen Regelungen der §§ 723, 737 BGB, 133, 140 HGB zur Anwendung.

4. Wird als Rechtsfolge die Anpassung des Vertrages angestrebt, kann die Lehre von der Geschäftsgrundlage - neben der Zustimmungspflicht zur Vertragsänderung aufgrund der Treuepflicht - angewandt werden. Bevor aber eine gerichtliche Anpassung angestrebt wird, sind zwischen den Gesellschaftern noch Neuverhandlungen durchzuführen.

Literaturverzeichnis

Alternativkommentar zum Bürgerlichen Gesetzbuch, Neuwied/Darmstadt,
Bd. 1: Allgemeiner Teil, §§ 1-240, 1987
Bd. 2: Allgemeines Schuldrecht, §§ 241-432, 1980
Bd. 3: Besonderes Schuldrecht, §§ 433-853, 1979
(zitiert: Bearbeiter in AK)

Bälz, Ulrich, Organisationsvertrag und Gesamthand - zur Abgrenzung von Aussen- und Innengesellschaften, Festschrift für Wolfgang Zöllner, Köln 1998, Band I, 35 (zitiert: FS Zöllner)

Baumbach, Adolf/Hopt, Klaus J., Kommentar zum HGB, 30. Aufl., München 2000

Baumbach, Adolf/Lauterbach, Wolfgang/Albers, Jan/Hartmann, Peter, Kommentar zur Zivilprozeßordnung, 57. Aufl., München 1999 (zitiert: Bearbeiter in Baumbach/Lauterbach)

Ballerstedt, Kurt, Der gemeinsame Zweck als Grundbegriff des Rechts der Personengesellschaften, JuS 1963, 253

Becher, Hans, Wettbewerbsverbot und gesellschaftsmäßige Treuepflicht, NJW 1961, 1998

Beuthien, Volker, Zweckerreichung und Zweckstörung im Schuldverhältnis, Tübingen 1969

Beuthien, Volker/Ernst, Astrid, Die Gesellschaft bürgerlichen Rechts als Mitglied einer eingetragenen Genossenschaft, ZHR 156 (1992), 227

Brox, Hans, Die Einschränkung der Irrtumsanfechtung, Karlsruhe 1960 (zitiert: Irrtumsanfechtung)

Brox, Hans, Fragen der rechtsgeschäftslichen Privatautonomie, JZ 1966, 761

Brox, Hans, Allgemeiner Teil der Bürgerlichen Gesetzbuchs, 23. Aufl., Köln (u.a.) 1999 (zitiert: AT)

Büttner, Herrman, Flexible Grenzen der Durchsetzbarkeit von Abfindungsbeschränkungen in Personengesellschaftsverträgen, Festschrift für Rudolf Nirk, München 1992, 119 (zitiert: FS Nirk)

Bunte, Hermann-Josef, Ausschließung und Abfindung von Gesellschaftern einer Personengesellschaft, ZIP 1983, 8

Bydlinski, Franz, Juristische Methodenlehre und Rechtsbegriff, 2. Aufl., Wien (u.a.) 1991 (zitiert: Methodenlehre)

Bydlinski, Franz, Fundamentale Rechtsgrundsätze, Wien (u.a.) 1988 (zitiert: Rechtsgrundsätze)
Canaris, Claus-Wilhelm, Lücken im Gesetz, Berlin 1964 (zitiert: Lücken)
Canaris, Claus-Wilhelm, Die Vertrauenshaftung im deutschen Privatrecht, München 1971 (zitiert: Vertrauenshaftung)
Canaris, Claus-Wilhelm, Grundrechte und Privatrecht, AcP 184 (1984), 201
Chiotellis, Aristide, Rechtsfolgenbestimmung bei Geschäftsgrundlagenstörungen in Schuldverträgen, München 1981
Coing, Helmut, Zur Auslegung der Verträge von Personengesellschaften, ZGR 1978, 659
Dauner-Lieb, Barbara, Abfindungsklauseln bei Personengesellschaften, ZHR (158) 1994, 271
Deutsch, Erwin, Allgemeines Haftungsrecht, 2. Aufl., Köln (u.a.) 1995
Dörner, Heinrich, „Mängelhaftigkeit" bei Sperre des transferierten Fußballspielers - BGH NJW 1976, 565, JuS 1977, 225
Düringer, Adelbert/Hachenburg, Max, Das Handelsgesetzbuch, 3. Aufl., 1930 (zitiert: Bearbeiter in Düringer/Hachenburg)
Ebenroth, Carsten/Müller, Andreas, Die Abfindungsklauseln im Recht der Personengesellschaften und der GmbH - Grenzen privatautonomer Gestaltung, BB 1993, 1153
Eidenmüller, Horst, Neuverhandlungspflichten bei Wegfall der Geschäftsgrundlage, ZIP 1995, 1063
Eiselt, Gerhard, Buchwertabfindung in Personalgesellschaften und Pflichtteil, NJW 1981, 2447
Eiselt, Gerhard, Zum Ausschluß des Gesellschafters minderen Rechts unter Buchwertabfindung, Festgabe für Ulrich v. Lübtow, Berlin 1980, 642 (zitiert: Festgabe Lübtow)
Eisenhardt, Ulrich, Gesellschaftsrecht, 9. Aufl., München 2000 (zitiert: GesR)
Eisenhardt, Ulrich, Zum subjektiven Tatbestand der Willenserklärung, JZ 1986, 875
Eisenhardt, Ulrich, Deutsche Rechtsgeschichte, 3. Aufl., München 1999 (zitiert: Rechtsgeschichte)
Emmerich, Volker, Das Recht der Leistungsstörungen, 4. Aufl., München 1997 (zitiert: Leistungsstörungen)
Enneccerus, Ludwig/ Nipperdey, Hans Carl, Allgemeiner Teil des Bürgerlichen Rechts, 15. Aufl., Tübingen 1959
Erichsen, Hans-Uwe, Die Drittwirkung der Grundrechte, Jura 1996, 527
Erman, Walter, Einige Fragen zur gesellschaftsvertraglichen Beschränkung der Abfindung des willentlich aus einer Personenhandelsgesellschaft ausschei-

denden Gesellschafters, Festschrift für Harry Westermann, Karlsruhe 1974, 75 (zitiert: FS Harry Westermann)
Erman, Walter, Handkommentar zum BGB, 1. Band, 10. Aufl., Münster 2000 (zitiert: Bearbeiter in Erman)
Esser, Josef, Fortschritte und Grenzen der Theorie von der Geschäftsgrundlage bei Larenz, JZ 1958, 115
Esser, Josef/Schmidt, Eike, Schuldrecht Band I, Allgemeiner Teil, Teilband 1, 8. Aufl., Heidelberg 1995
Esch, Günter, Gesellschaftsvertragliche Buchwertabfindung im Falle der Ausschließungskündigung, NJW 1979, 1390
Fastrich, Lorenz, Richterliche Inhaltskontrolle im Privatrecht, München 1992
Fecht, Gabriele, Neuverhandlungspflichten zur Vertragsänderung, München 1988
Fikentscher, Wolfgang, Die Geschäftsgrundlage als Frage des Vertragsrisikos, München 1971 (zitiert: Geschäftsgrundlage)
Fikentscher, Wolfgang, Schuldrecht, 9. Aufl., Berlin 1997 (zitiert: SchR)
Fikentscher, Wolfgang, Zu Begriff und Funktion des "gemeinsamen Zwecks" im Gesellschafts- und Kartellrecht, Festschrift für Harry Westermann, Karlsruhe 1974, 87 (zitiert: FS Harry Westermann)
Fischer, Robert, Gedanken über einen Minderheitenschutz bei den Personengesellschaften, Festschrift für Carl Hans Barz, Berlin (u.a.) 1974, 33 (zitiert: FS Barz)
Fischer, Robert, Die Grenzen bei der Ausübung gesellschaftlicher Mitgliedschaftsrechte, NJW 1954, 777
Fischer, Robert, Die Entziehung der Geschäftsführungs- und Vertretungsbefugnis in der oHG, NJW 1959, 1057
Flume, Werner, Gesellschaft und Gesamthand, ZHR 136 (1972), 177
Flume, Werner, Die Abfindung nach der Buchwertklausel für den Gesellschafter minderen Rechts einer Personengesellschaft, NJW 1979, 902
Flume, Werner, Allgemeiner Teil des Bürgerlichen Rechts, Erster Band, Erster Teil: Die Personengesellschaft, Berlin (u.a.) 1977 (zitiert: AT I/1)
Flume, Werner, Allgemeiner Teil des Bürgerlichen Rechts, Zweiter Band: Das Rechtsgeschäft, 3. Aufl., Berlin (u.a.) 1979 (zitiert: AT II)
Flume, Werner, Die Problematik der Zustimmungspflicht des Gesellschafters einer Personengesellschaft zu Gesellschafterbeschlüssen und zur Änderung des Gesellschaftsvertrags, Festschrift für Fritz Rittner, München 1991, 119 (zitiert: FS Rittner)
Flume, Werner, Rechtsgeschäft und Privatautonomie, Hundert Jahre Deutsches Rechtsleben, Karlsruhe 1960, 135 (zitiert: Privatautonomie)
Gernhuber, Joachim, § 242 BGB - Funktionen und Tatbestand, JuS 1983, 764

Grunewald, Barbara, Der Ausschluß aus Gesellschaft und Verein, Köln (u.a.) 1987
Haarmann, Wilhelm, Wegfall der Geschäftsgrundlage bei Dauerrechtsverhältnissen, Berlin 1979
Häsemeyer, Ludwig, Geschäftsgrundlage und Vertragsgerechtigkeit, Festschrift für Hermann Weitnauer, Berlin 1980, S. 67 (zitiert: FS Weitnauer)
Henckel, Wolfram, Die ergänzende Vertragsauslegung, AcP 159 (1960), 106
Hennerkes, Brun-Hagen/Binz, Mark K., Die Buchwertabfindung - ein Fossil unserer Zeit ?, DB 1983, 2669
Hennrichs, Joachim, Treuepflichten im Aktienrecht, AcP 195 (1995), 221
Hesse, Konrad, Grundzüge des Verfassungsrechts der Bundesrepublik Deutschland, 20. Aufl. (Nachdruck), Heidelberg 1999
Hey, Christian, Ergänzende Vertragsauslegung und Geschäftsgrundlagenstörung im Gesellschaftsrecht, Annebek bei Hamburg 1990
Heymann, Ernst, Kommentar zum Handelsgesetzbuch, 2. Band, §§ 105-237, Berlin (u.a.) 1989 (zitiert: Bearbeiter in Heymann)
Heyn, Karl, Grenzen der Buchwertabfindung ausscheidender Gesellschafter von Personenhandelsgesellschaften, Festschrift für Gerhard Schiedermair, München 1976, 271 (zitiert: FS Schiedermair)
Hilger, M.L., Rentenreform und betriebliche Ruhegeldzusagen, BB 1957, 296
Hirtz, Bernd, Die Abfindung des Gesellschafters einer Personengesellschaft nach der Ausschließung ohne wichtigen Grund, BB 1981, 761
Hoeniger, Heinrich, Anmerkung zu RG JW 1924, 671, JW 1924, 671
Hopt, Klaus J./Hehl, Günther, Gesellschaftsrecht, 4. Aufl., München 1996
Horn, Norbert, Neuverhandlungspflicht, AcP 181 (1981), 255
Horn, Norbert, Vertragsbindung unter veränderten Umständen, NJW 1985, 1118
Horn, Norbert, Besprechung von Nelle, Andreas, Neuverhandlungspflichten, ZHR 158 (1994), 425
Huber, Ulrich, Verpflichtungszweck, Vertragsinhalt und Geschäftsgrundlage, JuS 1972, 57
Hübner, Heinz, Allgemeiner Teil des Bürgerlichen Gesetzbuches, 2. Aufl., Berlin (u.a.) 1996 (zitiert: AT)
Hueck, Alfred, Das Recht der oHG, 4. Aufl., Berlin (u.a.) 1971 (zitiert: oHG)
Hueck, Alfred, Anmerkung zum Urteil des BGH vom 10. 6 1965 - II ZR 6/63, JR 1965, 387
Hueck, Alfred, Inwieweit besteht eine gesellschaftliche Pflicht des Gesellschafters zur Zustimmung zu Gesellschafterbeschlüssen?, ZGR 1972, 237
Hueck, Götz, Gesellschaftsrecht, 19. Aufl., München 1991 (zitiert: GesR)

Hüffer, Uwe, Zur gesellschaftsrechtlichen Treuepflicht als richterrechtliche Generalklausel, Festschrift für Ernst Steindorff, Berlin (u.a.) 1990, 59 (zitiert: FS Steindorff)

Hüffer, Uwe, Gesellschaftsrecht, 5. Aufl., München 1998 (zitiert: GesR)

Jarass, Hans D./Pieroth, Bodo, Kommentar zum Grundgesetz, 5.Aufl., München 2000

Jauernig, Othmar, Bürgerliches Gesetzbuch, 9. Aufl., München 1999

Kegel, Gerhard, Empfiehlt es sich, den Einfluß grundlegender Veränderungen des Wirtschaftslebens auf Verträge gesetzlich zu regeln und in welchem Sinn?, Gutachten zum 40. DJT 1953, Band I, 1953, 135 (zitiert: Geschäftsgrundlage)

Kegel, Gerhard, Anmerkung zum Urteil des BGH vom 23. 10. 1951 - I ZR 15/51, JZ 1952, 147

Köhler, Helmut, Unmöglichkeit und Geschäftsgrundlage bei Zweckstörungen im Schuldverhältnis, München 1971 (zitiert: Geschäftsgrundlage)

Köhler, Helmut, Besprechung von Hanno Goltz, Motivirrtum und Geschäftsgrundlage im Schuldvertrag, AcP 175 (1975) 262, 263

Köhler, Helmut, Grundprobleme der Lehre von der Geschäftsgrundlage, JA 1979, 498

Köhler, Helmut, Allgemeiner Teil des BGB, 24. Aufl., München 1998 (zitiert: AT)

Köhler, Helmut, Rückwirkende Vertragsanpassung bei Dauerschuldverhältnissen?, Festschrift für Ernst Steindorff, Berlin (u.a.) 1990, 611 (zitiert: FS Steindorff)

Koller, Ingo, Der Ausschluß ohne wichtigen Grund zum Buchwert bei Familiengesellschaften, DB 1984, 545

Koller, Ingo, Die Risikozurechnung bei Vertragsstörungen in Austauschverträgen, Köln 1979 (zitiert: Risikozurechnung)

Kollhosser, Helmut, Zustimmungspflicht zur Abänderung von Gesellschaftsverträgen von Personengesellschaften?, Festschrift für Harry Westermann, Karlsruhe 1974, 175 (zitiert: FS Harry Westermann)

Kollhosser, Helmut, Noch einmal: Zustimmungspflicht zur Abänderung von Gesellschaftsverträgen von Personengesellschaften?, Festschrift für Johannes Bärmann, München 1975, 533 (zitiert: FS Bärmann)

Konzen, Horst, Gesellschafterpflicht und Abgeordnetenmandat, AcP 172 (1972), 317

Kraft, Alfons/Kreutz, Peter, Gesellschaftsrecht, 11. Aufl., Frankfurt/M. 2000

Kübler, Friedrich, Gesellschaftsrecht, 5. Aufl., Heidelberg 1998

Larenz, Karl, Geschäftsgrundlage und Vertragserfüllung, 3. Aufl., München 1963 (zitiert: Geschäftsgrundlage)

Larenz, Karl, Allgemeiner Teil des deutschen Bürgerlichen Rechts, 7. Aufl., München 1989 (zitiert: AT)

Larenz, Karl, Lehrbuch des Schuldrechts - Allgemeiner Teil, 14. Aufl., München 1987 (zitiert: SchAT)

Larenz, Karl, Lehrbuch des Schuldrechts - Besonderer Teil, 12. Aufl., München 1981 (zitiert: SchBT)

Larenz, Karl, Ergänzende Vertragsauslegung und Rückgriff auf die Geschäftsgrundlage, 25 Jahre Karlsruher Forum, Beilage zu Versicherungsrecht 1983, 156

Larenz, Karl, Ergänzende Vertragsauslegung und dispositives Recht, NJW 1963, 737

Larenz, Karl, Methodenlehre der Rechtswissenschaft, 6. Aufl., Berlin (u.a.) 1991 (zitiert: Methodenlehre)

Larenz, Karl/Canaris, Claus-Wilhelm, Methodenlehre der Rechtswissenschaft (Studienausgabe), 3. Aufl., Berlin (u.a.) 1995 (zitiert: Methodenlehre)

Larenz, Karl/Wolf, Manfred, Allgemeiner Teil des deutschen Bürgerlichen Rechts, 8. Aufl., München 1997 (zitiert: AT)

Lehmann, Heinrich, Allgemeiner Teil des Bürgerlichen Rechts, 6. Aufl., Berlin 1949

Lehmann, Heinrich, Mißbrauch der Geschäftsgrundlage, JZ 1952, 10

Lehmann, Heinrich/Hübner, Heinz, Allgemeiner Teil des Bürgerlichen Gesetzbuchs, 16. Aufl., Berlin 1966

Lindacher, Walter F., Die Klage auf Ausschließung eines oHG- bzw. KG-Gesellschafters, Festschrift für Heinz Paulick, Köln 1973, 73 (zitiert: FS Paulick)

Littbarski, Sigurd, Neue Tendenzen zum Anwendungsbereich der Lehre von der Geschäftsgrundlage, JZ 1981, 8

Lüderitz, Alexander, Auslegung von Rechtsgeschäften, Karlsruhe 1966

Lutter, Marcus, Theorie der Mitgliedschaft, AcP 180 (1980), 84

Mangold, Wolfgang, Eigentliche und ergänzende Vertragsauslegung, NJW 1961, 2284

Mangold, Wolfgang, Probleme der Auslegung des Individualvertrages, NJW 1962, 1597

Martinek, Michael, Die Lehre von den Neuverhandlungspflichten – Bestandsaufnahme, Kritik ... und Ablehnung, AcP 198 (1998), 329

Maurer, Hartmut, Allgemeiner Teil des Verwaltungsrechts, 12. Aufl., München 1999 (zitiert: VwR)

Mayer-Maly, Theo, Die Bedeutung des tatsächlichen Parteiwillens für den hypothetischen, Festschrift für Werner Flume I, Köln 1978, 621 (zitiert: FS Flume I)

Maunz, Theodor/Dürig, Günter, Kommentar zum Grundgesetz, 36. Ergänz., München 1999 (zitiert: Bearbeiter in Maunz/Dürig)

Medicus, Dieter, Vertragsauslegung und Geschäftsgrundlage, Festschrift für Werner Flume I, Köln 1978, 629 (zitiert: FS Flume I)

Medicus, Dieter, Allgemeiner Teil des Bürgerlichen Rechts, 7. Aufl., 1997 (zitiert: AT)

Medicus, Dieter, Bürgerliches Recht, 18. Aufl., Köln (u.a.) 1999 (zitiert: BR)

Medicus, Dieter, Schuldrecht - Allgemeiner Teil, 11. Aufl., München 1999 (zitiert. SchAT)

Merz, Hans, Privatautonomie heute - Grundsatz und Rechtswirklichkeit, Juristische Studiengesellschaft Karlsruhe, Band 95, 1970

Möhring, Philipp, Zur Zulässigkeit von Abfindungsklauseln in den Verträgen der Handelsgesellschaften, Festschrift für Carl Hans Barz, Berlin (u.a.) 1974, 49 (zitiert: FS Barz)

Müller, Gerd, Die Buchwertklausel - ein Dauerthema, ZIP 1995, 1561

Müller, Christoph, Zur Diskussion um die Lehre vom Wegfall der Geschäftsgrundlage, JZ 1981, 337

Müller-Graff, Peter-Christian, Die Außenhaftung des Kommanditisten bei fehlerhaftem KG-Eintritt - BGH, NJW 1977, 1820, JuS 1979, 24

Münchner Handbuch des Gesellschaftsrechts, Band 1, München 1995 (zitiert: Bearbeiter in Münch Hdb. GesR I)

Münchner Kommentar zum Bürgerlichen Gesetzbuch, München Bd. 1: Allgemeiner Teil, §§ 1-240, 3. Aufl., 1993
Bd. 2: Schuldrecht - Allgemeiner Teil, §§ 241-432, 3. Aufl., 1994
Bd. 3: Schuldrecht - Besonderer Teil I, §§ 433-606, 3. Aufl., 1995
Bd. 5: Schuldrecht - Besonderer Teil III, §§ 705-853, 3.Aufl., 1997
(zitiert: Bearbeiter in MünchKomm)

Mugdan, Benno, Die gesamten Materialien zum Bürgerlichen Gesetzbuch für das Deutsche Reich 2, 1899

Nelle, Andreas, Neuverhandlungspflichten, München 1994

Nicklisch, Fritz, Ergänzende Vertragsauslegung und Geschäftsgrundlagenlehre - ein einheitliches Institut zur Lückenfüllung ?, BB 1980, 949

Oertmann, Paul, Die Geschäftsgrundlage, Leipzig (u.a.) 1921 (zitiert: Geschäftsgrundlage)

Pabst, Günter, Die Mitwirkungspflicht bei der Abänderung der Grundlagen von Personengesellschaften, Frankfurt/M. 1976 (zitiert: Mitwirkungspflicht)

Palandt, Otto, Kommentar zum BGB, 59. Aufl., München 2000 (zitiert: Bearbeiter in Palandt)

Pawlowski, Hans-Martin, Allgemeiner Teil des BGB, 6. Aufl., Heidelberg 2000 (zitiert: AT)

Pawlowski, Hans-Martin, Methodenlehre für Juristen, 2. Aufl., Heidelberg 1991 (zitiert: Methodenlehre)
Pieroth, Bodo/Schlink, Bernhard, Grundrechte Staatsrecht II, Heidelberg, 16. Aufl., 2000
Pilz, Hubert, Richterliche Vertragsergänzung und Vertragsabänderung, Freiburg i.Br., 1963
Priester, Hans-Joachim, Nichtkorporative Satzungsbestimmungen bei Kapitalgesellschaften, DB 1979, 681
Rasner, Henning, Abfindungsklauseln bei Personengesellschaften, ZHR (158) 1994, 292
Reuter, Dieter, Die Verfassung des Vereins gem. § 25 BGB, ZHR 184 (1984), 523
RGRK - Kommentar zum Bürgerlichen Gesetzbuch, Berlin (u.a.)
Bd. I: §§ 1-240, 12. Aufl., 1982
Bd. II, 4. Teil: §§ 631-811, 1978
(zitiert: Bearbeiter in RGRK)
Riegger, Bodo, Geschäftsführervergütung und persönliche Haftung des Kommanditisten, DB 1983, 1909
Röhl, Klaus F., Allgemeine Rechtslehre, Köln u.a., 1995
Röhricht, Volker/Graf von Westphalen, Friedrich, Kommentar zum Handelsgesetzbuch, Köln 1998 (zitiert: Bearbeiter in Röhricht/Graf von Westphalen)
Rogier, Joachim, Die Auslegung von Gesellschaftsverträgen und Satzungen privatrechtlicher Personenverbände, Köln 1981
Rosenberg, Leo/Schwab, Karl-Heinz, Zivilprozeßrecht, 14. Aufl., München 1986
Rothe, Gerhard, Richterliches Ermessen und Gestaltungswirkung, AcP 151 (1951), 33
Sachs, Michael, Kommentar zum Grundgesetz, 2. Aufl., München 1999 (zitiert: Bearbeiter in Sachs)
Sandrock, Otto, Zur ergänzenden Vertragsauslegung im materiellen und internationalen Schuldvertragsrecht, Köln (u.a.) 1966
Schilling, Wolfgang, Zur Abfindung bei der Ausschließung ohne wichtigen Grund aus einer Personengesellschaft, ZGR 1979, 419
Schlechtriem, Peter, Schuldrecht Allgemeiner Teil, 4. Aufl., Tübingen 2000
Schlegelberger, Franz, Kommentar zum Handelsgesetzbuch, Band III, 1. Halbband, §§ 105-160, 5 Aufl., München 1992 (zitiert: Bearbeiter in Schlegelberger)
Schmidt-Bleibtreu, Bruno/Klein, Franz, Kommentar zum Grundgesetz, 9. Aufl., Neuwied (u.a.) 1999 (zitiert: Bearbeiter in Schmidt-Bleibtreu/Klein)
Schmidt, Karsten, Gesellschaftsrecht, 3. Aufl., Köln (u.a.) 1997 (zitiert: GesR)

Schmidt, Karsten, "Fehlerhafte Gesellschaft" und allgemeines Verbandsrecht, AcP 186 (1986), 421

Schmidt-Rimpler, Walter, Zum Problem der Geschäftsgrundlage, Festschrift für Hans Carl Nipperdey, München (u.a.) 1955, 1(zitiert: FS Nipperdey)

Schneider, Uwe H., Mehrheitsprinzip und Mitwirkungserfordernis bei Gesellschafterbeschlüssen, AG 1979, 57

Schulze-Osterloh, Joachim, Der gemeinsame Zweck der Personengesellschaft, Berlin u.a. 1973

Simitis, Spiros, Die faktischen Vertragsverhältnisse als Ausdruck der gewandelten sozialen Funktion der Rechtsinstitute des Privatrechts, Frankfurt a.M. 1957

Soergel, Hans Theodor, Kommentar zum Bürgerlichen Gesetzbuch, Stuttgart (u.a.)
Bd. 1: Allgemeiner Teil, 11. Aufl., 1978
Bd. 1: Allgemeiner Teil, 13. Aufl., 1999
Bd. 2: Schuldrecht I, 12. Aufl., 1990
Bd. 4: Schuldrecht III, 11. Aufl., 1985
(zitiert: Bearbeiter in Soergel)

Sonnenberger, Hans Jürgen, Verkehrssitten im Schuldvertrag, München 1969

Staub, Hermann, Großkommentar zum Handelsgesetzbuch, Berlin (u.a.)
12. Lieferung, §§ 105-113, 4. Aufl., 1989
Band 2, 1. Halbband, §§ 105-144, 3. Aufl., 1973
(zitiert: Bearbeiter in Staub)

Staudinger, Julius von, Kommentar zum Bürgerlichen Gesetzbuch, Berlin
§§ 90-240, 12. Aufl., 1980
§§ 134-163, 13. Aufl., 1996
§§ 241-243, 13. Aufl., 1995
§ 242, 11. Aufl., 1961
§§ 244-254, 12. Aufl., 1983
§§ 255-292, 13. Aufl., 1995
§§ 581-606, 13. Aufl., 1996
§§ 652-740, 12. Aufl., 1980
(zitiert: Bearbeiter in Staudinger)

Stein, Ekkehard, Staatsrecht, 16. Aufl., Tübingen 1998

Steindorff, Ernst, Vorvertrag zur Vertragsänderung, BB 1983, 1127

Stelkens, Paul/Bonk, Heinz-Joachim/Sachs, Michael, Verwaltungsverfahrensgesetz, 5. Aufl., München 1998

Stötter, Viktor, Versuch zur Präzisierung des Begriffs der mangelhaften Geschäftsgrundlage, AcP 166 (1966), 149

Stötter, Viktor, Die mangelhafte Geschäftsgrundlage im Mietrecht, NJW 1971, 2281

Stötter, Viktor, Anmerkung zum Urteil des BGH vom 19. 11. 1971 - V ZR 103/69, NJW 1972, 1191

Thomas, Heinz/Putzo,Hans, Kommentar zur Zivilprozeßordnung, 22. Aufl., München 1999

Ulmer, Peter, Wirtschafslenkung und Vertragserfüllung, AcP 174 (1974), 167

Ulmer, Peter, Wirksamkeitsschranken gesellschaftsvertraglicher Abfindungsklauseln, NJW 1979, 81

Ulmer, Peter, Abfindungsklauseln in Personengesellschafts- und GmbH-Verträgen, Festschrift für Karlheinz Quack, Berlin (u.a.) 1991, 477 (zitiert: FS Quack)

Ulmer, Peter, Die Lehre von der fehlerhaften Gesellschaft - gesicherter Bestand des Gesellschaftsrechts oder methodische Irrung, Festschrift für Werner Flume II, Köln 1978, 301 (zitiert: FS Flume II)

Ulmer, Peter, Kündigungsschranken im Handels- und Gesellschaftsrecht, Festschrift für Philipp Möhring, München 1975, 295 (zitiert: FS Möhring)

Ulmer, Peter/Schäfer, Carsten, Die rechtliche Beurteilung vertraglicher Abfindungsbeschränkungen bei nachträglich eintretendem groben Mißverhältnis, ZGR 1995, 134

van Randenborgh, Wolfgang, Abfindungsklauseln in Gesellschaftsverträgen, BB 1986, 75

Weber, Ralph, Entwicklung und Ausdehnung des § 242 BGB zum "könglichen Paragraphen", JuS 1992, 631

Weipert, Lutz, Vorsorgliche Anpassung von Personengesellschaftsverträgen als Bestandteil der Pflicht zur verantwortungsbewußten Unternehmensführung, ZGR 1990, 141

Westermann, Harm Peter, Die Anpassung von Gesellschaftsverträgen an veränderte Umstände, Festschrift für Wolfgang Hefermehl, 1976, 225 (zitiert: FS Hefermehl)

Westermann, Harry, Personengesellschaftsrecht, 3. Aufl., Köln 1971

Wieacker, Franz, Die Methode der Auslegung des Rechtsgeschäfts, JZ 1967, 385

Wieacker, Franz, Gemeinschaftlicher Irrtum der Vertragspartner und Clausula rebus sic stantibus, Festschrift für Walter Wilburg, Graz 1965, 229 (zitiert: FS Wilburg)

Wiedemann, Herbert, Die Auslegung von Satzungen und Gesellschaftsverträgen, DNotZ 1977 (Sonderheft), 99

Wiedemann, Herbert, Gesellschaftsrecht, Band I, München 1980 (zitiert: GesR)

Wiedemann, Herbert, Der Gesellschaftsvertrag bei Personengesellschaften, WM 1990, Sonderbeilage 8, 15

Wiedemann, Herbert, Anmerkung zu BVerfG - 1 BvR 26/84, JZ 1990, 695

Wieling, Hans, Entwicklung und Dogmatik der Lehre von der Geschäftsgrundlage, Jura 1985, 505

Windscheid, Bernhard, Die Voraussetzung, AcP 78 (1892), 161

Windscheid, Bernhard, Die Lehre des römischen Rechts von der Voraussetzung, Düsseldorf 1850

Winkler, Karl, Materielle und formelle Bestandteile in Gesellschaftsverträgen und Satzungen und ihre verschiedenen Auswirkungen, DNotZ 1969, 394

Wolf, Ernst, Allgemeiner Teil des Bürgerlichen Rechts, 3. Aufl., Köln 1982 (zitiert: AT)

Zippelius, Reinhold, Einführung in die juristische Methodenlehre, 7. Aufl., München 1999

Zöller, Richard, Kommentar zur ZPO, 21. Aufl., Köln 1999 (zitiert: Bearbeiter in Zöller)

Zöllner, Wolfgang, Die Anpassung von Personengesellschaftsverträgen an veränderte Umstände, Jur. Studiengesellschaft Karlsruhe, 1979 (zitiert: Anpassung)

Zöllner, Wolfgang, Die Schranken mitgliedschaftlicher Stimmrechtsmacht, München (u.a.) 1963 (zitiert: Schranken)

Friedrich E. Schnapp (Hrsg.)

Finanzierungsfragen der Sozialversicherung

Am Beispiel des Arbeitsförderungsrechts
Tagungsband zum 31. Praktikerseminar des Instituts für Sozialrecht am 28. November 1998 in Bochum

Frankfurt/M., Berlin, Bern, Bruxelles, New York, Wien, 2000. 120 S.
Bochumer Schriften zum Sozialrecht. Herausgegeben von Friedrich E. Schnapp. Bd. 4
ISBN 3-631-35799-0 · br. DM 45.–*

Die aktuelle Situation der Systeme der sozialen Sicherheit ist seit geraumer Zeit durch erhebliche Finanzierungsprobleme gekennzeichnet, die auf die demographische und gesamtwirtschaftliche Entwicklung mit nachlassendem Wirtschaftswachstum und einer zunehmenden Anzahl von Arbeitslosen und Frührentnern zurückzuführen ist. Dem Arbeitsförderungsrecht kommt in diesem Zusammenhang insofern besondere Bedeutung zu, als die anhaltend hohe Arbeitslosigkeit sowohl Einnahmeausfälle als auch Ausgabensteigerungen zur Folge hat. Im Rahmen des 31. Praktikerseminars des Instituts für Sozialrecht haben sich ausgewiesene Fachleute mit dem Problem der Beitragsfinanzierung in der Arbeitslosenversicherung befaßt und alternative Finanzierungsformen vorgestellt.

Aus dem Inhalt: Sozialversicherungsbeitrag und Finanzverfassung · Versicherungsfremde Leistungen und Beitragsfinanzierung · Alternative und ergänzende Finanzierungsformen